环境金融理论前沿与实践

曹 俐 崔 明 编著

中国财经出版传媒集团

经济科学出版社
Economic Science Press

图书在版编目（CIP）数据

环境金融理论前沿与实践／曹俐，崔明编著．—北京：
经济科学出版社，2015.12
ISBN 978 - 7 - 5141 - 6407 - 7

Ⅰ.①环…　Ⅱ.①曹…②崔…　Ⅲ.①金融业 - 环境
经济学 - 研究　Ⅳ.①F83 ②X196

中国版本图书馆 CIP 数据核字（2015）第 294415 号

责任编辑：段　钢
责任校对：徐领弟
责任印制：邱　天

环境金融理论前沿与实践
曹　俐 崔　明 编著
经济科学出版社出版、发行　新华书店经销
社址：北京市海淀区阜成路甲 28 号　邮编：100142
总编部电话：010 - 88191217　发行部电话：010 - 88191522
网址：www. esp. com. cn
电子邮件：esp@ esp. com. cn
天猫网店：经济科学出版社旗舰店
网址：http：//jjkxcbs. tmall. com
固安华明印业有限公司印装
710 × 1000　16 开　19.75 印张　280000 字
2015 年 12 月第 1 版　2015 年 12 月第 1 次印刷
ISBN 978 - 7 - 5141 - 6407 - 7　定价：58.00 元
（图书出现印装问题，本社负责调换。电话：010 - 88191502）
（版权所有　侵权必究　举报电话：010 - 88191586
电子邮箱：dbts@ esp. com. cn）

前　　言

　　20 世纪 90 年代末及 21 世纪初，工业革命在促进现代文明与进步的同时也造成了许多严重的环境问题，日益恶化的生态系统以及环境问题引起世界各国的高度重视，利用金融创新解决环境问题成为治理环境污染、修复生态系统的重要途径。为应对气候变化，1997 年 12 月，世界上 147 个国家和地区的代表在日本东京召开了《联合国气候变化框架公约》缔约方第三次会议，通过了旨在限制发达国家温室气体排放量以抑制全球变暖的《京都议定书》。从那时起，环境因素与金融创新开始融合，环境金融成为学术研究和发展低碳经济的新领域，成为研究所有能提高环境质量和转移环境风险的市场工具的一门学科，同时也标志着现代工业社会解决过去所产生的环境问题的方式和方向发生了根本转变。回顾历史，每一次产业革命的推动，都离不开金融的支持，第一次工业革命的快速发展离不开股份制改造及与之配套的资本融资制度的支持，信息技术革命的完成得益于风险投资的推波助澜，随着全球

"碳减排"需求和碳交易市场规模的扩张，碳排放权进一步衍生为具有投资价值和流动性的金融资产，日渐形成的环境金融体系将对全球经济和金融格局产生深远的影响。

环境金融是对传统金融业的突破与创新，本质上是通过政府配额与市场机制的双重作用，将环境问题的负外部性内部化从而实现环境利益最大化，是金融在环境保护领域中的业务创新和制度安排。环境金融拓展了金融市场的广度和深度，促进金融机构积极投入国际碳金融市场，同时环境金融为资本市场提供了环境金融基础和衍生工具，深化了金融市场，为投资者增加了投资渠道，为可持续发展提供资金支持，此外，可以实现环境资产定价的功能，为节能减排提供了金融激励。环境金融拓宽了金融业的工具和思路，有利于推进金融体制的改革，发挥其在资源配置中的功能，进一步深化了金融企业的改革。

环境金融所追求的公共物品所具有的不可分割性、环境资源的弥散性和流动性以及利益冲突等种种因素，使得环境金融在全球的发展中普遍存在激励不足、监管缺位及基础设施不健全等问题。目前，国外的一些国际组织、政府部门、学术机构、金融企业已经或正在对适应环境保护的金融发展战略进行研究，这些研究主要涉及识别环境风险和机会、资产定价和审核、环境风险管理、金融工具创新以及政府与行业协会的推动等方面。当前，国内也开始在环境与金融结合上进行探索，但是还没有形成独立的理论体系，需要在借鉴其他学科已有成果的基础上，加以消化、再造乃至创新，形成自身独有的理论体系，建设环境金融，提供环境金融创新安排，将成为我国金融业和相关行业的一个重要任务，研究环境金融具有重要的理论和现实意义。

　　本书是在学习和研究环境金融理论和最新成果的基础上，依托金融体系构架，全面梳理环境金融各要素的理论创新与实践探索。全书分为上、中、下三篇，共十三章。上篇为理论篇，主要阐述环境金融的理论基础，包括环境金融概述、环境金融的经济学基础、环境金融的经济学分析、环境金融的基本原理；中篇为前沿篇，重点阐述环境金融工具创新及相应的运作机制。包括国际碳金融市场、碳金融产品、排污权交易市场及产品设计、天气衍生品市场及产品设计、巨灾债券产品及设计；下篇为实践篇，重点对国内外主要环境金融实践予以总结。包括排放权交易实践与经验借鉴、排污权交易实践与经验借鉴、天气衍生品市场的实践与经验借鉴以及巨灾债券的实践与经验借鉴。

　　本书由曹俐总体设计、策划、组织和统稿。其中，第一章、第二章、第三章、第五章、第六章、第七章，第十章、第十一章由曹俐执笔完成，第四章、第八章、第九章、第十二章、第十三章由崔明执笔完成。本书的撰写过程中，第十章、第十一章的撰写得到上海环境科学研究院胡静和邵一平老师的帮助，在此表示感谢，另外，撰写书稿过程中，上海环境能源交易所的陆冰清和李瑾女士给予

3

我们很多启发和思考，在此一并谢过。感谢上海海洋大学经济管理学院对本书给予的指导和支持！

　　本书在编著过程中参阅和引用了国内外大量专家学者的文献，在此特别感谢本书所引用的文献的所有作者！同时对在环境金融领域中做出贡献的学者表示由衷的敬意！环境金融是一个具有挑战性的新课题，由于本领域的研究尚处于起步阶段，限于我们的知识修养和学术水平，本书难免存在不足和错误之处，恳请读者批评！

作者
2015 年 11 月

目　录

│ 中篇　前沿篇 │

| 下篇　实践篇 |

上篇 理论篇

第一章

环境金融概述

第一节 环境金融概念的界定

环境金融（Environmental Finance），是一门环境与金融相结合而产生的学科，学术界和实务界对此说法多样，如低碳金融、气候金融、绿色金融、可持续金融、环保金融和生态金融等，本质上都是金融在环境保护中的盈利模式、业务创新和制度安排等活动的体现。

一、国外主要观点述评

Jose Salazar（1998）对环境金融的定义为：环境金融是金融业根据环境产业的需求而进行的金融创新。金融业和环境产业各自具有自己的体系、语言、方法、对于成功和失败的界定等。环境金融是金融业和环境产业的桥梁，通过分析金融业和环境产业的差异，寻求保护环境、保护生物多样性的金融创新①。

Eric Cowan（1999）对环境金融的理解是：环境金融是环境经济和金融学的交叉学科，其探讨如何融通发展环境经济所需资金。作为环境经济的一部分，环境金融能够从发展环境经济中受益②。Sonia Labatt 和 Rodney R. White（2002）对环境金融的界定是：环境金融研究所有为提高环境质量、转移环境风险设计的、以市场为基础的金融产品③。一个成功的环境金融产品必须满足两个十分截然不同的标准，首先，它必须建立在金融市场上的合适位置上；其次，它必须满足环境风险转移和排放物减少等环境目标④。王卉彤、陈保启（2006）研究了六大英语词典之一《美国传统辞典》第四版（2000）将绿色金融称为"可持续融资"（Sustainable Financing）或"环境金融"（Environmental Finance），对环境金融的定义是：环境金融是环境经济的一部分，研究如何使用多样化的金融工具来保护环境，保护生物多样性。

二、国内主要观点述评

张伟、李培杰（2009）在纵观国内外关于环境金融的论述后，给环境金融的概念做了界定。所谓环境金融，"是指金融业在经营

---

① Jose Salazar, 1998, Environmental Finance：Linking Two World ［R］. Presentedata Workshopon Financial Innovations for Biodiversity Bratislava, Slovakia.

② Eric Cowan, 1999, Topical Issues In Enviromental Finance ［R］. Research Paper was Commissionedby the Asia Branch of the Canadian International Development Ageney（CIDA）.

③ Sonia Labatt, Rodney R White1Environmental Finance ［M］. NewYork：John Wiley and Sons, 2002.

④ 王卉彤，陈保启. 环境金融：金融创新与循环经济双赢的路径. 上海金融, 2006（6）.

活动中要体现环境保护意识，注重对生态环境的保护及对环境污染的治理，通过其对社会资源的引导作用，促进经济发展与生态的协调。它不仅要求金融业率先引入环境保护理念，形成有利于节约资源、减少环境污染的金融发展模式；更强调金融业关注工农业生产过程和人类生活中的污染问题，为环境产业发展提供相应的金融服务，促进环境产业的发展"。[①]

方灏、马中（2010）以环境经济学和金融学的理论体系框架对环境金融的内涵与外延进行了界定，在理论上梳理出环境金融本质、功能及框架体系。他们指出："环境金融是环境经济学的子学科……环境经济学是运用经济学的理论和经济手段来处理环境问题，实现人类和生态系统的可持续发展。以此来界定环境金融的功能，即利用金融手段来优化环境，实现人类的可持续发展。"同时认为，环境金融不仅"存在于污水处理、废气净化和固体废物处置等传统型的污染治理行业和领域，而且也参与到了清洁生产、循环经济、低碳经济和绿色贸易等新型产业中，是金融资本和产业资本结合的产物"。他们认为环境金融的本质是"基于环境保护目的的创新型金融模式"，其内涵从四个维度进行诠释，环境金融是利用创新型金融模式处理和防治环境污染，实现生态环境的可持续发展；规避来源于环境因素而产生的风险，对环境风险进行有效管理；提供信息，使环境管理更有效率，同时解决环境领域中存在的道德风险和逆向选择问题，为环境行为提供正当的激励；提高稀缺性资源的利用效率，实现环境资源和社会资源的优化配置，创造盈利模式，提高社会福利。[②]

---

① 张伟，李培杰. 国内外环境金融研究的进展与前瞻. 济南大学学报（社会科学版），2009（19）：2.

② 方灏，马中. 论环境金融的内涵及外延. 生态经济，2010（9）.

曹爱红、齐安甜（2013）在方灏、马中（2010）对环境金融界定的基础上，对环境金融的含义做了进一步的阐释，她们认为："其一，从金融和环境的关系入手，重新审视金融，将环保理念引入金融，改变过去高消耗低产出、重数量轻质量的金融增长模式，形成有利于节约资源、降低消耗、增加效益、改善环境的金融发展模式"；"其二，以环保理念关注产业发展，为环保产业发展提供相应的金融服务，促进环保产业的发展。"①

邓常春、任卫峰、邓莹（2013）以菲利普·莫利纽克斯《金融创新》理论为依据，认为金融创新的研究多以静态的形式出现，忽视了其扩散过程和创新采纳的战略性和动态性。他们认为，碳金融和环境金融是一种创新，当前碳金融和环境金融的采纳和扩散就成为这一持续创新过程中的主轴。它是一种全新的金融创新模式，除了具备金融创新的一般特征外，与实业相比，还有其自身独特的因素，第一个特征也是其最大的特征，只有在全球公共域治理的国际合作框架下才存在成熟或现实模式；第二个特征，它的兴趣和成熟伴随着对全球气候变化研究的"科学不确定性"；第三个特征，它受世界各国内部对待气候变化的态度、政策和措施等的影响；第四个特征，它的交易具有国际性，它一出现就是一个国际化的市场；第五个特征，发展中国家和发达国家的责任分担不均衡；第六个特征，它与金融界对全球气候变化的认识和参与有关。②

许黎惠（2013）指出，作为一个新兴的金融发展领域，环境金融与诸多概念存在相关和交叉的部分，如责任银行、社会银行（Social Banking）、道德银行（Ethical Banking）、责任投资、伦理投资

---

① 曹爱红，齐安甜. 环境金融. 中国经济出版社，2012：5.
② 邓常春，任卫峰，邓莹. 全球气候变化、低碳经济与环境金融. 光明日报出版社，2013：136－137.

（Ethical Investment）等。虽然环境金融突出的是环境保护原则而非其他的社会性原则标准，但是这些相关领域的研究也拓展了环境金融研究的发展。总体而言，环境金融相关概念日益受到重视，但是概念的界定还缺乏统一的学术定义，许多概念在不同研究和应用场合的内涵和外延常常被放大或缩小，并且常常存在交叉和混用①。

三、本书的观点

总结国内外专家学者对于环境金融的界定，本书作者认为：环境金融是指所有为保护环境、提高环境质量、转移环境风险设计的、以市场为基础的金融创新。

第二节　环境金融发展的背景与意义

一、环境金融发展的背景

金融创新具有明显的时代特征②，20 世纪 60 年代以规避管制为主，主要原因是布雷顿森林体系下的严格管制，70 ~ 80 年代以规避金融风险为主，则源于布雷顿森林体系的崩溃，全球多数发达国家实行浮动汇率制度，浮动汇率带来的风险促使避险性金融工具大量涌现，90 年代，汇率的风险通过市场操作大大降低，加之管制的放松，在外汇市场和资本市场上以资产证券化为特征的金融衍生工

---

① 许黎惠. 市场导向型环境金融创新研究. 武汉理工大学，博士论文. 2013（12）：2 - 3.

② 邓莹. 构建我国环境金融的战略思考. 财经问题研究，2010（7）：70 - 75.

具创新大大增加，20世纪90年代末及21世纪初，工业革命在促进现代文明与进步的同时也造成了许多严重的环境问题，日益恶化的生态系统以及环境问题引起世界各国的高度重视，利用金融创新解决环境问题成为治理环境污染、修复生态系统的重要途径，金融创新在与环境相关的领域十分活跃。1997年12月，为应对气候变化，世界上147个国家和地区的代表在日本东京召开《联合国气候变化框架公约》缔约方第三次会议，通过了旨在限制发达国家温室气体排放量以抑制全球变暖的《京都议定书》。从那时起，环境因素与金融创新开始融合，环境金融成为学术研究和发展低碳经济的新领域①，成为研究所有能提高环境质量和转移环境风险的市场工具的一门学科。它要求并已采取行动来应对环境挑战，标志着现代工业社会解决过去所产生的环境问题的方式和方向发生了根本转变②。

当今世界，气候变化已经成为威胁人类生存和发展的首要问题，为应对气候变化，英国政府在2003年发表了能源白皮书《我们能源之未来：创建低碳经济》，首次提出了低碳经济的概念。西方各国政府不遗余力地推广低碳发展的理念。低碳经济打破了自工业革命以来全球经济高碳发展方式。回顾历史③，每一次产业革命的推动，都离不开金融的支持，第一次工业革命的快速发展离不开股份制改造及与之配套的资本融资制度的支持，信息技术革命的完成得益于风险投资的推波助澜，随着全球"碳减排"需求和碳交易市场规模的扩张，碳排放权进一步衍生为具有投资价值和流动性的金融资产，

---

① 王卉彤，陈保启. 环境金融：金融创新与循环经济双赢的路径. 上海金融，2006（6）.

② 肖序，张彩平. 统计与决策. 2009（21）.

③ 邓常春，任卫峰，邓莹. 全球气候变化、低碳经济与环境金融. 光明日报出版社，2013：1.

日渐形成的环境金融体系将对全球经济和金融格局产生深远的影响。

二、发展环境金融的理论和现实意义[①]

首先，发展环境金融代表了现代金融体系未来的发展方向。

简单来说，金融在低碳经济中的作用可以分为以下几种：一是提供低碳经济发展所需的资金；二是创造合适的低碳金融工具；三是建立有效的低碳金融市场；四是形成准确的碳价格信号；五是推动其他社会资源向低碳经济倾斜。

环境金融建设拓展了金融市场的广度和深度，促进金融机构积极投入国际碳金融市场，同时环境金融建设为资本市场提供了环境金融基础和衍生工具，深化了金融市场，为投资者增加了投资渠道，为可持续发展提供资金支持，此外，可以实现环境资产定价的功能，为节能减排提供了金融激励。

其次，发展环境金融符合可持续发展和建设生态文明的需求。

环境金融建设突破了经济发展中的环境成本"瓶颈"，拓宽了金融业的工具和思路，可以推进金融体制的改革。环境金融的构建是市场主导的金融创新机制，可以发挥其在资源配置上的功能，进一步深化了金融企业的改革。环境金融从一开始就具有国际化的特征，我国参与其中，可以积累经验和智力资本，增强中国金融的国际竞争力。

面向环境的金融产品是一种市场的自然演进，建设环境金融，提供环境金融创新安排，将成为我国金融业和相关行业的一个重要任务，研究环境金融具有重要的理论和现实意义。

---

① 邓常春，任卫峰，邓莹. 全球气候变化、低碳经济与环境金融. 光明日报出版社，2013：10 - 12.

第三节　环境金融发展历程与展望

一、环境金融的产生与发展

20 世纪中期以来，全球有一些公司，而且每年有越来越多的公司记录环境业绩，而不仅仅只记录传统的经济业绩以符合经济、环境、社会的"三重底线"要求。尽管很多公司披露记录环境业绩主要是为了应对股东的压力，但已经有越来越多的人相信，良好的环境管理将可以转变为良好的财务业绩。西方国家为了应对 20 世纪 70 年代以来与石棉案有关的死亡和相关诉讼、石油泄露、被污染的土地问题、气候变化以及对资源耗竭等灾难事件，已明显增加了环境法规的制定和实施。经济全球化也在促进资本全球流动的同时有助于环境组织在全球范围内有效开展活动。这种转变的显著表现是投资基金增长迅速，其资金分配决策主要由环境和社会标准来决定。据估计，这些基金所管理的资金现在已超过了 2 万亿美元。这种投资的增长速度大大超过了投资于传统领域的权益资金的增长速度。除了公司股东关注环境问题以外，环境问题也引起了银行和保险公司的极大关注。有发展前景的借款人所面临的环境风险是银行信贷决策中的重要考虑因素。超过 60% 的银行已制定政策并申明他们的信贷和项目融资决策会考虑环境因素。保险公司也积极采取对策应对环境挑战以转移环境风险。如何利用金融市场和金融工具来提高环境质量和转移环境风险已成为一个重要的现实问题。环境金融因此应运而生。[1]

---

[1] 肖序，张彩平. 环境金融：一门新兴的学科. 统计与决策，2009（21）：163.

环境金融的发展呈现出以下特点：

（一）时代性

环境金融的产生有深刻的历史背景。工业革命带来现代文明的同时也造成了严重的环境问题，如生态系统恶化、环境污染、资源耗竭等。日益恶化的生态环境引起了全球各国政府、NGO、社会公众的高度关注。1992 年在巴西里约热内卢会议上提出的可持续发展观就是全球共同应对环境挑战的例证。治理和解决环境问题的方法有很多，利用金融工具和金融制度就是其中重要的方法之一。因此，环境金融的产生是治理环境污染和修复生态系统时代的产物。

（二）融合性

环境金融的发展融合了环境经济学、金融学、公共物品理论、循环经济学、可持续发展观等理论和观点，是一门综合性的学科。因此，环境金融中每一种方法的应用都必须将金融工具本身的特点和环境问题的现状紧密结合起来。如排污权交易，通过签订协议为每个国家或地区或企业设定排放限额，有多余排污余额的一方可以和超额排放标准的其他方进行交易，这样能较好地缓解温室气体排放所带来的气候变化和环境恶化。因此，排污权交易制度就是环境状况与金融工具融合的产物。

（三）复杂性

虽然环境问题已引起全球的关注，但要真正解决环境问题却依然困难重重。因为环境问题不仅仅是技术问题，也不仅仅是经济问题，还是与全球各国有关的政治、经济、法律、伦理问题。目前虽

11

然环境金融所提出的一些金融产品或方法，如绿色抵押、气候衍生工具、排污权交易、巨灾证券、绿色基金等，在解决环境问题的过程中都具有重要的地位。但是要从根本上解决环境问题，还需要世界各国的共同配合，才能使每一种金融产品或工具真正发挥其最大的作用。①

二、环境金融理论的发展历程

环境金融的提出始于 20 世纪 90 年代中期。在此之前，国外学者对环境产业的融资问题很少涉及，只是沿用传统的公共物品理论。即环境产业提供的产品属于公共物品，总体上需要财政融资，但对于一些准公共物品，可以由民间资本投资。

进入 20 世纪 90 年代，西方发达国家的金融危机不断，且有日趋蔓延和扩大之势，全球性金融危机的爆发便是最好的佐证。此时，金融已成为现代经济的核心，在国民经济中的地位举足轻重。但是，金融动荡不安给全球经济的持续发展带来了潜在的威胁，引起了人们对金融发展模式的重新思考。1992 年，全球性的可持续发展纲领性文件《21 世纪议程》的出台，为金融业的健康发展带来了希望与曙光。同年，在联合国环境与发展大会上，联合国环境署正式推出了银行界关于环境可持续发展的声明，这一声明得到了非常积极的响应，有 100 多个机构和团体在声明上签字。这些变革，构成了环境金融思想产生的背景。

近年来，环境的恶化迫使社会各个方面都面临越来越严峻的挑战，金融业也不例外。在这种情况下，国外逐步把环境问题引入金

---

① 肖序，张彩平. 环境金融：一门新兴的学科. 统计与决策，2009（21）：163.

融研究之中。Jose Salazar（1998）对环境金融的功能进行了研究，认为应当寻求保护环境的金融创新。Eric Cowan（1999）通过对环境金融的界定，探讨了发展环境经济融通所需资金的途径。著名的金融专家 Marcel Jeucken 于 2001 年出版了《金融可持续发展与银行业》一书，分析了金融业和可持续发展的关系，强调了银行在环境问题上的重要作用。Sonia Labatt 于 2002 年出版的《环境金融》也是一个代表，此书主要探讨了金融创新与环境的关系、金融服务业如何进行环境风险评价以及提供金融产品。如今，在一些发达国家，环境金融已经成为学术研究和发展循环经济实践的新领域，如 Sanjeev Bansal（2006）、Perez Oren（2007）等的研究。

国内近年来对环境金融也进行了一些研究。国内较早提出环境金融概念的是张伟（2005）。他在博士论文和相关著作中对环境金融理论的发展进行了梳理，并论述了环境金融学科的特点，希望理论界能够对环境金融的研究引起重视。之后，王卉彤等（2006）引入了国外的环境金融理论，并就如何与中国的现实结合进行了初步探索。与环境金融相接近的研究是关于绿色金融（生态金融）的研究。王军华（2000）探讨了绿色金融发展的必然性和基本发展思路。熊学萍（2004）提出，发展绿色金融，改变金融业的传统考核指标，是弥补传统金融缺陷、促进人类可持续发展的必然选择。陈光春（2005）就绿色金融发展的融资策略进行了探讨，李心印（2006）探讨了绿色金融工具创新的必要性和方式，建议通过许可证抵押贷款证券化和发行环保信用卡，实现金融工具的创新。

环境金融理论的发展经历了以下过程：

一是环境与金融的关系已经逐步被人们所认识。相当长一个时期，人们把金融（投融资系统）作为（生产/消费——自然环境——生产/消费）循环的外生变量，认为金融对自然环境不产生影响，至多是造成排放污染物的直接影响。后来，人们认识到，金融与自然环境密切相关（于永达等，2003）。金融机构对环境的影响除了表现在废弃物、废水等的排放外，还可以通过信贷和投资引起间接污染，并可能引发更为严重的环境问题；反之环境问题也可以影响银行经营，一些引发严重环境问题或存在潜在环境风险的投资项目一旦失败，就会给银行财务表现带来负面影响。

二是国内外理论界在环境金融的研究上尚未形成一个完整的体系。目前国外的一些国际组织、政府部门、学术机构、金融企业已经或正在对适应环境保护的金融发展战略进行研究，这些研究主要涉及以下问题：（1）识别环境风险和机会；（2）资产定价和审核；（3）环境风险管理；（4）金融工具创新；（5）政府与行业协会的推动。2003 年，美国学者 T. E. Gradel 和 B. R. Allenby 把环境与金融的研究推向了一个新阶段。他们在《产业生态学》一书中构建了环境与金融的理论基础，从产业与环境的视角把金融作为服务业的一种纳入服务业与环境的理论框架中。国内在这方面的理论研究主要分布在绿色金融和介绍西方关于金融与可持续发展研究成果方面，例如，关于绿色金融的内涵（高建良，1998）；绿色金融体系的内涵（孙洪庆，2001）；以代际补偿为基础的可持续投资（杜丽群，1999）；以开拓多元融资渠道为主要内容的环境投融资；等等。

三是国内外实务界在环境与金融的结合上进行了一些探索，但缺乏必要的理论指导。例如，在银行业美国进出口银行已经制定了环境评估政策，在考虑项目的环境影响以后才进行决策。在英国，伦敦金融创新研究中心制定了一套环境风险评估方案，对企业的环境风险评级。国际金融机构也在行动，世界银行开始改变传统的贷款方针，使贷款项目更加符合环境保护要求；亚洲开发银行制定的中期发展战略中提出将加强自然资源和生态环境的管理作为战略目标之一。

国内也开始在环境与金融结合上进行探索，最早的实践是将环境投资主要集中在工业污染防治、区域环境综合整治等方面。这些措施推动了环境与金融的结合。但是，从上述情况可以看出，这些实践基本上是自发的，缺乏来自理论的指导。

综上所述，目前国内外关于环境金融的系统理论研究才刚刚起步，加强环境金融理论的研究是非常必要的。其一可以开展环境与金融的系统研究，填补国内外在此方面的理论空白；其二可以通过规划明确研究的重点，将研究引向深入；其三可以整合有关的研究力量，在短期内形成一批高水平的研究成果。①

三、环境金融学科发展展望

对环境金融的研究发展到一定程度，会形成一个新的学科——环境金融学。作为一个未来的学科，它的研究对象是环境与金融结合的理论及实务。

总体来看，此学科具有以下特点：

其一，环境金融学是显著的"绿色"学科。环境金融学与其他学科不同之处在于，环境金融学具有显著的"绿色"特征。其他金融学是以环境可以再生或环境容量无穷大为假设前提的，其研究对象一般不涉及环境问题。而环境金融学是以环境不可再生或环境容量非常有限为假设前提的，它以环境问题为研究对象。因而，环境金融学是显著的"绿色"学科。

---

① 张伟，李培杰. 国内外环境金融研究的进展与前瞻. 济南大学学报（社会科学版），2009（19），2.

其二，环境金融学是典型的交叉学科。环境金融学是一门处于初创期的学科，它自己还没有形成独立的理论体系，需要在借鉴其他学科已有成果的基础上，加以消化、再造乃至创新，形成自身独有的理论体系。例如，环境金融学需要借助环境自然科学的有关理论，需要吸收金融学的有关理论，还需要引进其他学科如财政（税收）学、企业管理学、政治经济学和产业经济学等的有关理论。因而，它是典型的交叉学科。

其三，环境金融学是前景广阔的新生学科。传统的金融学主要研究货币银行理论与实务。随着时代的发展，各种融资方式不断出现，金融创新活动此起彼伏，有力地推动了经济的发展。为此，新金融学的形成已是大势所趋。与传统的金融学不同，新金融学研究的重点是融资理论与实务的创新。环境金融学是新金融学在环境领域中的应用，环境问题的重要性以及新金融学的高速成长性，决定了环境金融学是前景广阔的新生学科。①

第四节　环境金融的框架体系②

一、环境金融理论框架

环境金融已逐步形成自身的框架体系，这种架构体系的建立来源于实务，是多方参与主体行为博弈的结果。对于任何一种金融体系，主要的使用者包括消费者、工商企业、政府和其他国家的居

---

① 张伟，李培杰. 国内外环境金融研究的进展与前瞻. 济南大学学报（社会科学版），2009（19），2.

② 方灏，马中. 论环境金融的内涵及外延. 生态经济，2010（9）：50－54.

民，并相应地利用金融体系来实现其特定的目标。

金融体系由货币流通、金融机构、金融市场、制度和调控机制等五个构成要素组成，所以环境金融体系也是围绕着这五个要素和上述的创新型行为来赋予自身的外延，主要包括制度、投资机构、经营业务、产品和市场这五大部分。

二、环境金融制度

环境金融制度即指国际上现行的在特定环境规制约束下的金融行为准则，包括行业的自律规范、外部的政策规章和标准体系。

具体包括：

（一）主要的行业自律准则与规范

（1）银行业关于可持续发展的声明书（UNEP）；

（2）金融机构关于环境与可持续发展的声明书（UNEP）；

（3）保险业环境举措（UNEP）；

（4）赤道原则；

（5）伦敦可持续金融原则；

（6）世界企业可持续发展委员会金融部门声明；

（7）全球报告倡议（GRI）的金融服务领域补充协议（G3）。

（二）主要的行业间准则和规范

（1）联合国全球协议；

（2）可持续发展商业宪章；

（3）可持续管理的综合指导方针；

（4）企业社会责任（CSR）；

（5）负责任的投资原则（PRI）；

（6）社会责任投资（SRI）。

（三）主要的标准体系

（1）国际金融公司社会和环境可持续政策和标准；

（2）ISO14000 系列标准；

（3）全球报告倡议（GRI）发布的《可持续发展报告指南》（G3，2006）；

（4）社会责任 SA8000。

三、环境金融中的投资机构

环境金融的市场参与者基本上是由企业、政府、私人和国内外组织等主体构成，而企业项目下的投资机构是其中最为活跃的部分，它们在环境金融中的活动集中在中介服务和直接投资上，是环境金融实务领域的主要参与者和推动者。如表 1 – 1 所示。

表 1 – 1 　　　　环境金融中的投资机构及其经营模式

机　　构	主营业务	附属业务	管理形式
商业银行	发放信贷	自有账户投资	避免贷款损失（环境风险）避免贷款后污染责任
保险公司	承保：财产险公司和私人保险	自有账户投资	一般责任险（污染）环境损害责任险（有限承保）全球气候变化（灾害风险管理）
投资银行	咨询：机构客户的投融资方案	自有账户投资	IPO、并购、收购、资产剥离、项目融资、承保（环境领域）

机　　　构	主营业务	附属业务	管理形式
风险投资机构	投资： 　新产业种子资金的风险投资		各类型投资（环境领域）
共同基金	基金资产投资		提供环境类创投基金 股权投资 表决权征集（环境领域）
养老基金	投资： 　职工养老基金管理		表决权征集 环境捐赠及获取环境投资收益

四、环境金融经营业务

与传统的金融业务模式一样，环境金融业务主要也依托于银行、保险、证券和基金等业务部门，并以这些部门为载体来开展在环境中的交易活动。

（一）银行业务

银行业务指银行机构开展环境金融的主要业务模式，在银行的资产业务、负债业务、中间业务和表外业务中都存在环境金融活动的空间，如表1-2所示。

表1-2　　　　　　　　　银行部门的环境金融业务

业务品种	明　　　细	措　　　施
存款	现金账户 存款账户	贷款和投资长期授信 特定储蓄产品（环境类）

业务品种	明　　细	措　　施
贷款	环境友好型项目融资 组织履约特定的生态标准 不动产 环境类抵押贷款	优惠性—揽子银行业务 环境评估和尽职调查 优惠利率
信用卡	附属卡	向环境类非政府组织的捐款
投资银行业务	IPO 尽职调查	风险管理和评估（环境）
咨询服务	中小企业	环境类相关咨询
租赁	为企业家制定财务规划管理	环境类产品的融资租赁
风险投资	为新兴产业风险投资提供资本	达到环境标准时授予资金
保险	财产险承保	优惠保险费（环境类）
投资	自有账户投资	对环境友好性公司的投资

（二）保险业务

保险业务指保险公司作为中介机构使家庭或企业可以通过购买一种名为保单的合约规避特定风险，在特定事件发生时，依合约赔付现金。环境保险业务主要由环境责任保险和自然灾害保险两部分构成。

1. 环境责任保险

环境责任保险又被称为"绿色保险"，是以被保险人因污染环境而应承担的损害赔偿和治理责任为标的的责任保险，它要求投保人依据保险合同按一定的保险费率向保险机构交纳保险费，当被保险人因污染环境而应承担损害赔偿和治理责任时，就由保险公司代为支付法定数额的保险金。涉及领域包括核能和平利用、海洋油污、危险废物等。

主要险种有：核能责任保险、油污责任保险、污染损害责任保险、渗透污染责任险、属地清理责任保险和补救后责任保险、合同承担者环境损害责任保险。

2. 自然灾害保险

自然灾害保险指因气候变化和异常天气给被保险人经营和财产带来了风险，或由于自然灾害如地震、海啸和山林大火等给保险人的经营和财产带来威胁，为规避这种不确定性而产生的一种保险业务模式。主要险种有：气候变化和异常天气保险、巨灾保险。

（三）证券业务

证券业务主要是通过证券业务发行股票和债券，为环境产业提供资金；同时建立环保绩效评估以影响公司股票的市值，引导上市公司的环境行为。

1. 上市业务

包括环境类公司上市和融资的鼓励机制，上市公司融资时的环境标准要求，上市公司开展日常业务时的环境制度约束等。

2. 环境类股票指数

指将环境类上市公司的股价指数化，用于进行投资组合和绩效评估，主要品种有：

（1）标准普尔全球环境指数。此指数成分股包括全球最大生态类行业上市公司30家，领域包括清洁能源、水类基础设施、木材、环境服务和废弃物管理。

（2）股票指数——气候变化与环境指数（荷兰银行）。此指数覆盖8个环境产业分支行业，共有不多于30只成分股，每半年根据各分支行业的市值变动作出调整，以充分反映每个分支行业的实际增长情况。

（四）基金业务

基金业务主要指环境类投资基金的募集和投资业务，以及传统型基金对环境领域的投资和所投项目的环境风险评估。在证券市场上包括共同基金和对冲基金，在环境产业领域以产业投资基金特别是风险投资基金为主导。

五、环境金融产品

金融产品指的是各种经济价值的载体，是环境金融交易的标的物，这些产品的形成是经济学与环境保护、环境利用和环境风险防范互相融合的成果，如表 1−3 所示。

表 1−3　　　　　　　　　　环境类金融产品

品　　种	交易标的
可交易污染物许可证和信用	二氧化硫（SO_2）、氮氧化物（NO_X） 挥发性有机物（voc）、颗粒物（PM） 含铅汽油、碳氧化物、盐浓度 反应性有机气体（ROG_S）、富营养物质或水体质量 绿化和植被种植义务
类银行和基金产品	湿地和濒危物种储备银行 排污权储备和抵押银行业务 环境类基金和生物多样性企业基金 环境冲抵国际债务交换 林木资源证券化
绿色贸易	碳排放权 温室气体
天气衍生产品	气温互换和期权 雨、雪、湿度、风速等衍生产品 巨灾风险互换和期权

品　　　种	交易标的
自然类证券	综合债券化下的巨灾债券和天气债券 或有资本票据
环境投资基金	环境类公司股票或债券 环境类项目

六、环境金融市场

金融市场是各种金融工具交易的场所，是建立在金融商品买卖基础上由融资场所、融资机制和融资活动等组成的统一体，环境金融市场是环境商品交易依托于金融市场而形成的一种特定类型的市场①，如表1－4所示。

表1－4　　　　　　　　　环境金融的主要市场

市场类型	功　　　能
排放权交易市场	各类污染物排放许可证的交易、登记、结算和过户
股票市场	环境类公司上市、交易和融资 对上市公司的环境绩效评价及指数化 环境类公司的重组和并购
债券市场	环境类债券发行和交易
衍生品市场	环境类期货和期权设计和交易 环境类衍生产品 环境类产品证券化
碳交易市场	碳配额交易 碳项目交易
基金市场	环境类投资基金募集和交易

---

① 方灏，马中. 论环境金融的内涵及外延. 生态经济，2010（9）.

第二章

环境金融的理论基础

第一节　资源、环境及生态经济学

从经济学诞生之日起，资源配置，特别是稀缺资源配置就是经济学的研究对象。古典经济学主要关注的是资源的稀缺程度与经济发展的关系。古典经济学所指的"资源"，主要是指人口、土地和资本。重农学派、亚当·斯密、大卫·李嘉图和马尔萨斯等对土地的稀缺程度与经济发展的关系都曾作过论述。新古典经济学主要关注的是在资源稀缺或资源数量一定的条件下，如何配置资源使得达到帕累托最优状态。诞生于 19 世纪的马克思主义，对人与自然、物质变换和能量转换、废物的再循环、环境保护等方面的论述却相当丰富。始于 20 世纪 20 年代末 30 年代初的资源经济学，形成于 20 世纪 50 年代和 60 年代之间的环境经济学以及 20 世纪 60 年代初期以美国经济学家肯尼斯·鲍尔丁（Kenneth Ewert Boulding）的重要论文《一门科学——生态经济学》为标志的生态经济学的发展为环境金融提供了丰富的经济学基础。

一、资源经济学

资源经济学是经济学的一个分支①，是研究自然资源的经济问题和政策的一门应用学科。它利用经济学的理论和分析方法，揭示、分析和评价有关自然资源的经济问题和政策。资源经济学通过观察和分析社会经济发展与自然资源之间的相互关系，研究人类社会为满足自身需要而利用自然资源，研究资源政策对自然资源的开发和利用将会产生哪些影响。

（一）资源经济学的产生和发展

纵观世界历史的发展，围绕着人与自然的关系、人类对自然资源的认识和利用这一问题，人们的认识和看法有一个逐步发展的过程。这个发展过程也就代表着资源经济学的形成和发展过程。这个过程可以分以下三个阶段。

第一阶段：是指前资本主义时期，可以追溯到亘古时代。在这个方面大多为古人的经验，主要是一些朴素而带有规律性的资源经济学原理。这是整个资源经济学发展过程的初级阶段。

第二阶段：是指从资本主义初级阶段到 20 世纪 40 年代。这一时期由于资本主义经济的快速发展，在客观上产生了人与自然、生产与资源环境的尖锐矛盾。在主观上，则由于人们掌握了一定的科学技术，提高了对自然资源的认识能力和利用能力，从而促进了资源经济学的逐步形成。随着人们对自然资源、人类生产与资源环境的关系的进一步分析和研究，也就逐步形成了资源经济学的理论和

① 王伟. 资源经济学. 中国农业出版社，2007.

方法。

在资本主义初期，人类与自然的矛盾的焦点主要集中在土地上，所以在资源经济学发展的初期，便产生了资源经济学的重要部分——土地经济学。在这一时期的主要代表人物有《赋税论》的威廉·配第、《政治经济学及赋税原理》的大卫·李嘉图、《孤立国》的屠能、《经济学原理》的马歇尔、《资本论》的马克思、《自然辩证法》的恩格斯、《土地问题》的考茨基等。

独立的资源经济学的形成始于20世纪20年代末30年代初①，以1929年出版的伊利（Ely）和莫尔豪斯（Morehouse）合著的《土地经济学原理》为开端。之后，伊利和韦尔万（Wehrweln）于1940年又发表了《土地经济学》，从而第一次把土地问题当作一个整体来阐述有关的经济问题。1931年，美国经济学家哈罗德·霍特琳（H. Hotelling）发表了《可耗竭资源的经济学》，提出了资源的保护和稀缺资源的利用和分配问题。

第三阶段：是20世纪40年代以后的阶段。由土地经济学逐步拓展到其他领域，并最终形成了跨多学科的、综合性的资源经济学，在这一期间，人们更加关注自然资源的保护问题和稀缺资源的分配问题。20世纪70年代，随着生态保护主义运动的深入，资源经济学进入了一个辉煌的时期。以查尔斯·豪（Charles W. Howe）的《自然资源经济学》为代表作，重点论述了自然资源的经济问题，讲述了自然资源的属性、公享资源的管理、自然资源非市场效益的评价、稀缺度量、自然资源的最优利用条件、项目经济分析、帕累托效率。进入20世纪80年代，资源经济学已经形成了完整的学科体系，出版了美国阿兰·兰德尔（Alan Randall）的《资源经

---

① 崔兆杰，张凯. 循环经济理论与方法. 科学出版社，2008：63.

济学：从经济角度对自然资源和环境政策的探讨》。他认为，资源经济学是微观经济学的一个分支，是研究自然资源和环境政策的一门应用经济学，它是利用经济学理论和定量分析的方法来揭示、分析、评价和指导制定自然资源和环境方面的政策。

（二）资源经济学的研究对象

自然资源经济学主要是研究开发可再生资源和不可再生资源的最佳途径及其利用的优化配置的交叉科学，社会经济再生产的过程，就是不断地从自然界获取资源进行加工，同时又不断地把各种废弃物排入环境的过程。社会经济以生产过程与自然资源再生产过程为前提，而自然资源再生产过程的变化又取决于社会经济再生产的方式、结构和规模。人类经济活动和所处环境之间的物质资源流动，说明社会经济的资源再生产只有遵循客观经济规律又遵循自然资源科学规律才能顺利进行。资源经济学就是研究合理调节人与自然之间的资源分配，是社会经济活动符合资源供求平衡和物质循环规律，既能取得近期直接的经济效益，又能取得远期间接的经济效益，实现资源开发和利用的最优配置①。

（三）资源经济学研究的主要问题

1. 资源的可持续利用问题

在原位资源储量有限、可再生资源遭到破坏、环境系统功能有限的条件下，地球上人类的生命将能维持多久呢？这是人们最关心的问题。有些事实是明确的，目前的某些至关重要的资源储量是有

---

① 齐建国，尤完，杨涛. 现代循环经济理论与运行机制. 新华出版社，2006：101.

限的。例如，石油的储量是有限的，而这类资源的开采速度近几十年来一直在加快。还有一些可再生资源，如海洋渔业资源、地下水资源等，也正在遭受着破坏，而且环境同化污染物质的能力已不及污染的速度。当今人类对资源的消耗量逐年加速增长，而资源的再生速度远远赶不上消耗增长的速度。为了使资源枯竭耗尽的那一天永远推迟下去，人类必须研究资源的可持续利用问题[①]。

2. 资源的价值与价格问题

资源的价值与价格问题一直是资源经济学的基本问题[②]。随着资源有偿使用的不断深化，由于资源的使用、买卖、转让、抵押、课税、入股、占用等业务的不断扩大，资源价值和价格评定方法也日趋多样化。对资源价值和价格的研究目前主要集中在资源价值和价格的起源、构成、影响以及计量标准和方法。人们对资源经济稀缺度和影子价格问题给予关注，对资源的生态经济价值和价格也给予重视。中国学者对于探讨自然资源价值问题的理论起点是马克思的政治经济学[③]。针对马克思自然资源无价值的命题可以归结为四种不同的观点：第一种观点认为，自然资源无价值但又价格，自然资源的价格是地租的资本化。第二种观点是完全否认自然资源无价值的命题。其中代表性的论述是："自然资源是有价值的。这种价值决定于自然资源对人类的有用性、稀缺性和开发利用条件。我们设想可以在有关自然资源的财富论、效用论、地租论的基础上确立起自然资源价值观和价值理论。这样确定的自然资源的价值或价格，应该包括两个部分：一是自然资源本身的价值；二是社会对自然资源进行的人财物投入的价值。前者，可根据地租理论确定，后

---

① 王伟. 资源经济学. 中国农业出版社，2007：11.

② 崔兆杰，张凯. 循环经济理论与方法. 科学出版社，2008：67 – 68.

③ 付晓东. 循环经济与区域经济. 经济日报出版社，2007.

者可根据生产价格理论确定。"所谓自然资源定价就是根据价格理论确定自然资源价格。基于对自然资源价值理论的认识，目前价格理论主要有三种：马克思主义的价格理论、市场经济价格理论和边际价格理论。马克思主义的价格理论的核心是劳动价值论，它认为价格是价值的表现形态，价值是价格的基础，制定价格必须以价值为基础，而价值量的大小取决于所消耗的社会必要劳动时间的多寡。市场经济价格理论的核心是效用价值论，它认为在市场经济中，决定市场价格的是供给和需求。任何商品的实际的市场价格是供给和需求相等时的价格，即均衡价格。在边际价格理论中，资源产品（已经被开发的资源）的价格中应该包括三个组成部分的成本：边际生产成本、边际使用者成本与边际外部成本。

3. 资源经济的核算问题①

随着市场经济的发展，资源有偿使用已经越来越被人们接受，实行资源经济核算，可以真实地反映我国国民财富的富裕程度，同时可以促进我国经济、科技、社会和环境生态持续、稳定、协调的发展。资源经济核算包括两个方面的内容：一是资源的实物账户，表示由相应的实物单位计算各类资源价值的存量和流量；二是资源的价值账户，在对资源进行评估的基础上核算各类资源价值及增减，确定自然资源财富价值，并在此基础上确定国民总财富。资源经济核算首先为各类资源制定合理的定价提供依据，其次按资源折旧理论对各类资源进行单项核算，包括实物核算和价值核算，然后进行综合核算，最后把自然资源核算纳入国民经济核算体系。资源经济核算是很复杂的基础性工作，加强资源经济核算有利于全面、客观地评价社会经济发展状况和未来经济发展潜力，有助于资源的

---

① 崔兆杰，张凯. 循环经济理论与方法. 科学出版社，2008：68–69.

有效管理。

4. 资源管理政策问题①

资源管理政策的研究是指对资源的权益管理、宏观调控、监督职能、检测职能以及资源的综合管理等有关政策的制定实现以及执行的效果评价。资源管理的目的是促进经济的可持续发展，使其结构达到生态环境效益、社会效益和经济效益相统一。目前我国对资源管理主要采取的手段是行政管理手段、法律管理手段、经济管理手段和科学技术管理手段。今后要把资源当作资产来管理，建立资源核算制度，科学地评估资源的经济价值和社会价值，从而节约利用资源、发挥资源的最大潜力。同时，还要加强资源的动态监测，加强资源监测系统的建设，提高资源的宏观管理水平。

二、环境经济学

环境经济学是研究如何运用经济科学和环境科学的原理和方法，分析经济发展和环境保护之间的相互关系，探索合理调节人类经济活动和环境之间的物质交换的基本规律的新兴学科和交叉学科。其目的是使经济活动能取得最佳的经济效益和环境效益，以最小的环境代价为人类创造清洁、舒适、优美的生活和工作环境②。

（一）环境经济学的产生和发展

环境经济学是在环境污染日趋严重和环境资源稀缺性出现的背景下产生与发展的。主要可以分为三个阶段：

---

① 崔兆杰，张凯. 循环经济理论与方法. 科学出版社，2008：68 – 69.
② 刘天齐. 环境经济学. 中国环境科学出版社，2003：9.

第一阶段：是 20 世纪 20～30 年代。英国的经济学家庇古（Arthur Pigon）是研究环境经济学的先驱，他研究污染的外部效应问题。他首先分析了私人净产出与社会净产出之间的差异，指出污染者需要负担与其污染排放量相关的税收，后人称之为庇古税。庇古税旨在把外部成本内部化，以优化资源配置，其主要的目的并非筹集财政收入[①]。格蕾（Gray）和霍特琳（Hotelling）分别在 1914 年和 1931 年对可耗竭资源如煤及金属矿藏的折耗过程做过分析。

第二阶段：是 20 世纪 50～70 年代。环境经济学作为一门学科，主要形成于 20 世纪 50 年代和 60 年代之间，其发源地是在北美洲，由于新的环境法规的刺激，克尼斯（Allen Kneese）以及他在未来资源研究所的同事们对环境项目的经济成本和效益以及政策进行评价，并把市场经济为依托的刺激手段如排污收费制度同环境法规的作用相比较。这一阶段主要是环境影响的价值评估技术，特别是在水和大气污染方面[②]。在 1975 年以前，主要研究环境污染和经济活动的关系，即污染治理中的经济问题和经济活动中的污染破坏问题[③]。因此一些学者把它称为污染经济学或公害经济学。主要研究内容包括四部分：（1）污染防治技术的技术经济分析；（2）污染控制的费用效益分析；（3）经济意义上的污染控制最佳水平确定；（4）引入环境污染的投入产出分析技术等。

第三阶段：是 20 世纪 70 年代中期以后。1975 年以后到现在，其研究从较为单纯的工程技术经济分析转向环境破坏和污染的系统经济学分析，并逐步建立了环境经济学的理论体系，分析研究方法和环境经济手段的应用框架。自 1975 年以来，西方国家的一些大学

---

① 覃成林，管华. 环境经济学. 科学出版社，2003.
② 崔兆杰，张凯. 循环经济理论与方法. 科学出版社，2008：52－59.
③ 左玉辉. 环境经济学. 高等教育出版社，2003：4－5.

和研究机构相继出版了许多环境经济学的专著和教材，同时积极开展关于环境质量效益评估与污染控制经济手段方面的实例与应用研究。典型的著作有：Joseph J. Seneca 和 Michael K. Taussing 合著的《环境经济学》（1979 年），Julian Lowe 和 David Lewis 合著的《环境管理经济学》（1980 年），David W. Pearce 和 Jeremy J. Warford 合著的《无终结的世界：经济学、环境和持续发展》（1993 年），以及美国未来资源研究所出版的环境经济学系列丛书等。

环境经济学以福利经济学为主要理论基础，宏观方面侧重于规范经济学的研究方法，而微观方面侧重于实证经济学的研究方法。从西方研究进程来看，环境经济学早期研究侧重于理论如外部性理论、公共物品经济学等；而近期则转向环境经济分析技术以及环境管理经济手段的研究和政策建议，如在环境经济系统规划中引入投入产出法、把费用效益分析方法应用于一般的环境决策问题，以及如何在现代环境管理应用市场经济手段等。

（二）环境经济学的研究对象

环境经济学的研究对象是客观存在的环境经济系统。环境经济系统是由环境系统和经济系统复合而成的。环境系统和经济系统之间存在着复杂的关系。在环境与经济共同发展的过程中，通过物质、能量和信息的双方流通和相互作用，两者逐步耦合成为一体，即环境经济系统①。

它研究的核心是环境与经济的协调关系。也就是说，环境经济学的研究对象是作为传统经济学研究对象的社会经济再生产和作为自然环境科学研究对象的自然环境再生产过程的结合部。这是因为

---

① 陈喜红. 环境经济学. 化学工业出版社，2006：7.

经济再生产过程以自然再生产过程为前提，而自然再生产过程又取决于经济再生产的方式、结构和规模。因此，环境经济学必须研究如何使经济再生产过程与自然再生产过程协调地进行，以便使两个再生产过程持续健康稳定的发展①。具体地讲，社会经济的再生产过程，包括生产、流通、分配和消费，它不是在自我封闭的体系中进行的，而是与自然环境有着密切的关系。自然界提供劳动以资源，而劳动则把资源变为人们需要的生产资料和生活资料。劳动和自然界一起才成为一切财富的源泉。社会经济再生产的过程，就是不断地从自然界获取资源，同时又不断地把各种废弃物排入环境的过程。人类经济活动和环境之间的物质变换，说明社会经济的再生产过程只有既遵循客观经济规律又遵循自然规律才能顺利进行，环境经济学就是研究合理调节人与自然之间的物质变换，使社会经济活动符合自然生态平衡和物质循环规律，不仅能取得近期的直接效果，还能取得远期的间接效果②。

（三）环境经济学研究的主要内容

环境经济学的研究内容，随着学科的发展不断充实、不断完善，从目前来看，主要有以下几个方面。

1. 环境经济学基本理论的研究

外部性理论是著名的经济学家阿弗里德·马歇尔（Alfred Marshall）③ 在 1890 年出版的《经济学原理》中首先提出的，马歇尔在书中指出："我们可把任何一种货物的生产规模的扩大而发生的

---

① 崔兆杰，张凯. 循环经济理论与方法. 科学出版社，2008：52 - 59.
② 陈喜红. 环境经济学. 化学工业出版社，2006：7.
③ 马歇尔. 经济学原理. 华夏出版社，第四篇，第九章第七节，专门技能与机械的比较，外部经济与内部经济. 2005：223 - 225.

经济分为两类：一是有赖于此工业的总体发展的经济；二是有赖于从事此工业的个别企业的资源、组织和经营效率的经济。前者称为外部经济，后者称为内部经济……外部经济往往因许多性质相似的小型企业集中在特定的地方——通常所说的工业地区分布——才能得到。"由定义可以看出，马歇尔再次着重阐明的现象是"集聚经济"，他以企业为边界，把企业内部经济组织方式改变所导致的生产函数相对变化称为"内部经济"，而把通过企业与外部环境之间关系影响决定的生产函数相对改变称为"外部经济"①。随后英国的经济学家庇古发展了外部性的思想②。他运用边际产值的分析方法，提出了边际私人净产值和边际社会净产值，提出如果某厂商或其他个人与组织给其他人或整个社会造成不需要付出代价的损失，那就是外部性。概括地说，外部性实在没有市场交换的情况下，一个生产单位的生产行为（或消费者的消费行为）影响着其他生产单位（或消费者）的生产过程（或生活标准），如果按照传统的福利经济学的观点来看，外部性是一种经济力量对于另一种经济力量的"非市场性"的附带影响，是经济力量相互作用的结果。

新古典经济学认为，在完全竞争市场条件下，社会边际成本和私人边际成本相等，社会边际收益和私人边际收益相等，从而可以实现资源配置的帕累托最优。但是当理想世界市场经济的任一假设条件得不到满足或不成立时，就会出现"市场失灵"。"市场失灵"有狭义和广义之分。狭义的"市场失灵"指资源配置无效率，即资源配置达不到帕累托效率的状态。广义的"市场失灵"是指微观经济无效率，宏观经济不稳定，社会不平等。环境污染是典型的

① 窦学诚. 环境经济学范式研究. 中国环境科学出版社，2004：53-55.
② 付晓东. 循环经济与区域经济. 经济日报出版社，2007：224-227.

"市场失灵"。当"市场失灵"时，必须依靠外部力量，即政府干预加以解决。政府可以通过税收和补贴等经济手段使边际效率（边际补贴）等于外部边际成本（边际外部收益），使外部性"内部化"。例如，一方面由政府对造成负外部性的生产者征税，限制其生产；另一方面，给产生正外部性的生产者补贴，鼓励其扩大生产。通过征税和补贴，外部效应就内部化了，实现私人最优和社会最优的一致。这就是庇古提出的"修正税"办法。

外部性概念应用最多的就是环境污染问题的处理。在理论上，最著名的观点是"污染者付费原则"（Pollution Pay Principle, PPP)[1]，排污收费办法自20世纪60年代以来开始在欧洲一些国家开始实施，在广泛实践的基础上，经合组织（OECD）环境委员会于1972年5月在关于环境政策的国际经济方面的控制原则报告中正式提出了"污染者付费原则"的经济原则。

PPP原则的提出是"庇古税"的应用。而这种行为则暗含了一个重要的默认理论前提，环境容纳污染的能力也就是环境容量或环境质量是一种"公共品"。公共品严格的定义是萨缪尔森给出的[2]。他指出："正外部性的极端情况是公共品"，"公共品（Public Goods）是这样一类商品：将此商品的效用扩展于他人的成本为零，无法排除他人参与共享。"与公共品相对照的就是"私人品"，与"私人品"相比，公共品[3]"具有消费的不可分性和非排他性，是环境资源中相当复杂的一个种类"。"无排他性是指即使没有能

① 经济合作与发展组织. 环境税的实施战略. 张世秋等译, 中国环境科学出版社, 1996.
② ［美］保罗·萨缪尔森, 威廉·诺德豪斯. 萧琛主译. 宏观经济学. 人民邮电出版社, 2008: 32.
③ 汤姆·惕腾伯格著. 朱启贵译. 环境经济学与政策. 上海财经大学出版社, 2003: 6.

力支付的人也享有某种权利。当一个人的消费不会减少别人可消费的数量时，我们说这种消费是不可分的。"作为"公共品"的环境，由于消费的不可分往往导致"公地悲剧"而出现过度使用，由于消费的非排他而导致"搭便车"从而出现供给不足。

政府管制和政府买单是有效解决公共品的机制之一，而制度创新，通过让受益者付费，能够产生环境保护的有效激励。科斯（R. Coase）依据他在《企业的性质》一文中提出的"交易成本"概念，将交易分析引入环境外部性的研究，由此撰写了著名的《社会成本问题》，他立足于"使用（环境的社会）机会成本"概念和"通过比较各种要素在不同的使用和安排中产生的产品价值来研究问题"的经济学思路，在文章开篇就指出了庇古对环境外部性问题处理方式的片面与肤浅。科斯着眼于环境公共品竞争性利用的客观性质，创造性地将"产权"由传统上归属于法律制度的外生变量，转变为支持经济系统运行并具有理论基础（假定经济制度或经济机制的决定先于制度或机制对经济状况的调节行为）意义的经济学内生变量，从而开辟了一个全新的产权分析手段与知识领域。科斯通过涉及种麦者和放牛者之间环境外部性的"定价制度"（实为产权配置制度运行结果）的比较分析，发现从社会纯产值角度比较分析，不可能先验地得出环境外部性处理原则（如环境政策上可以依据具体情况选择采取根本对立的"收费"或"补贴"措施等），如果不考虑产权初始配置的财富分配影响，理性的环境公共品产权的配置方向就应该遵循帕累托最优原则①。

2. 环境经济评价与核算的研究

环境资源为社会提供了一系列直接和间接的服务。这些生态系

① 窦学诚. 环境经济学范式研究. 中国环境科学出版社，2004：53－55.

统和相应的生物多样性水平提供了无限量的颇有价值的服务，所以对环境资源的估价以及环境成本收益的分析成为环境经济评价中一个基础的内容。

一般环境性服务价值的衡量方法是意愿支付（WTP）和意愿接受（WTA），是建立在理性选择为基础的经济价值理论的三个逻辑构件：偏好集合、效用函数和消费者剩余的基础上的。具体讲以理性选择为基础，我们假设个体总是能够对环境性服务的变化做出估价，尽管它们并没有进入这个市场。一种情况，如果有变化发生，可以使其福利状况改善，那么其可能愿意支付货币以确保这种改善。这种意愿支付反映了其对改善后的环境性服务的经济评价。另一种情况，如果这种改变使其福利状况恶化，其可能就会愿意接受允许这种恶化的赔偿。这样环境性服务和其他非市场物品就可以纳入关于公共财务如何进行排序和分配的政策决策中①。

环境成本和收益的估价"关注于分析经验性估计环境价值"②。例如，改善河水水质的收益或者损失一块荒地发展机会的成本的方法。关于环境成本和收益的估价方法可以分为两类：直接法和间接法。直接法是试图通过让个体表明他们对于环境的偏好而直接推断个体对环境质量的偏好。间接法是试图通过观察个体在相关市场中的行为而重新获得个体对环境质量意愿支付的估计值。

关于环境经济核算，许多国家开展了大量环境经济核算研究工作③。例如，法国早在1978年就成立了自然资源核算委员会，并

---

① Nick Hanley, Jason F. Shogren, Ben White 著. 曹和平, 李虹, 张博译. 环境经济学教程（麦克米伦经济学丛书中文版）. 中国税务出版社, 2005: 321.
② Nick Hanley, Jason F. Shogren, Ben White 著. 曹和平, 李虹, 张博译. 环境经济学教程（麦克米伦经济学丛书中文版）. 中国税务出版社, 2005: 344.
③ 王金南. 环境经济学. 清华大学出版社, 1994, 236.

于 1987 年发表了《法国自然资源账户》；挪威 1987 年建立了比较
完整的资源核算委员会；美国于 1989 年成立了环境统计局，专门
从事环境与资源统计和核算工作，1994 年美国商务部又公布了包
含环境账户的国民经济扩充账户；中国则从 1988 年开始研究自然
资源核算体系，并陆续积累了数据①。目前世界上最流行的国民经
济核算体系（SNEA）主要是联合国统计署于 1953 年建立的价值
型国民经济核算体系（SNA）。

3. 环境管理手段研究

尽管关于一种污染物社会可接受的累积程度存在着相应的法律
标准，生产者还是有激励规避污染的控制。既然生产者的利润一般
来自不反映社会环保偏好的市场价格，生产者就没有经济激励去供
给社会需要的污染控制水平。如果市场没有向生产者发送正确的关
于社会最优污染控制水平的信号，总体来说，监管者可以求助于三
种管理工具：技术限制，如规定减轻污染的方法；监管者、污染者
和受害者共享信息的合作制度；增加经济激励，使逃避污染控制的
成本增加。经济激励可以分三大类：价格配给、额度配给和责任法
规。价格配给通过对生产者的行为或产品设置收费、赋税或补贴来
增加规避的成本。对废气或废水收费是讨论最多的价格配给方式。
额度配给作为经济激励，就是通过分配可交易的市场许可证来设定
一个可接受的污染水平，而市场许可证为污染控制成本较低的生产
者提供了减少污染并将其多出的许可证卖给污染控制成本较高的生
产者的动机。责任法规是设定一个为社会多接受的行为准则，因
此，如果生产者违背了这个准则，他就会承受经济损失。违约金、

---

① 窦学诚. 环境经济学范式研究. 中国环境科学出版社，2004：56 – 57.

押金偿还计划和履行保证金就是不同形式的责任准则①。

三、生态经济学

生态经济学的内涵国内外不同的学者有不同的表述和研究，但可以这样来认识"生态经济学是综合不同学科（包括生态学、经济学、生物物理学、伦理学、系统论等）的思想，是对目前人类经济系统所产生的问题及其对地球生态系统的影响而研究整个生态系统和人类经济亚系统应该如何运行才能达到可持续发展的科学"②。

（一）生态经济学的产生与发展

生态经济学的产生应归功于生态学向经济社会问题方面研究领域的拓展③。生态经济学的发展经历了以下三个阶段。

第一阶段：20 世纪 20 ~ 40 年代。美国科学家麦肯齐（Mek-enzie）首次把植物生态学与动物生态学的概念运用到对人类群落和社会的研究上，提出了经济生态学的名词。主张经济分析不能不考虑生态学过程。20 世纪 30 年代，英国生态学家坦斯利（A. G. Tansley）在长期对植物群落研究的基础上，总结了前人研究的成果，于 1935 年提出了生态系统（Ecosystem）的概念。坦斯利认为，地球上的生物不是单独存在的，而是各种生物通过各种渠道、各种方式，彼此相互联系在一起，组成一个生物群落，他们之

---

① Nick Hanley, Jason F. Shogren, Ben White 著. 曹和平，李虹，张博译. 环境经济学教程（麦克米伦经济学丛书中文版）. 中国税务出版社，2005：53.

② 唐建荣. 生态经济学. 化学工业出版社环境科学与工程出版中心，2005：29.

③ 赵桂慎，于法稳，尚杰. 生态经济学. 化学工业出版社，2009：1 - 4.

间相互依存，彼此制约，共同发展形成一个不可分割的自然整体。40 年代，苏联科学家斯德鲁·米林曾把生态环境、自然资源及社会经济等要素结合起来研究，提出了具有生态经济体系内容的"经济观"。

第二阶段：20 世纪 60～80 年代。20 世纪 60 年代初期，美国生物学家卡尔逊发表了《寂静的春天》，揭露美国农业和商业部门为追逐利润，滥用农药而造成生物和人体受害的事实。生态经济学作为一门学科，产生于 60 年代后期。美国经济学家肯尼斯·鲍尔丁（Kenneth Ewert Boulding）在他的重要论文《一门科学——生态经济学》中首次正式提出了"生态经济学"的概念，标志着这门学科的诞生。在反传统经济学思想的基础上。鲍尔丁明确阐述了生态经济学的研究对象，首次提出了"生态经济协调理论"，并对利用市场机制控制人口和调节消费品的分配、资源的合理开发利用、环境污染以及国民生产总值衡量人类福利的缺陷等做了富有创见性的论述。对生态经济学产生最大影响的是鲍尔丁的关于地球太空船的思想。1968 年"罗马俱乐部"的成立，西方国家出现了世界范围的生态大讨论。

20 世纪 70 年代初期，以英国生态学家哥尔德·史密斯为首的一批科学家发表了生态经济学的名著《生存的蓝图》（1972 年），随后日本科学家坂本腾良的世界第一部《生态经济学》专集出版（1976 年），同一期还发表了《增长的极限》、《封闭的循环》、《只有一个地球》、《2000 年的忧虑》等生态经济学方面的专著。这些著作震动了世界，引起世界各国的高度重视和支持。

第三个阶段：20 世纪 80 年代至今。生态经济学的真正兴起是在 80 年代，1980 年世界自然保护同盟等组织、许多国家政府和专家参与制定的《世界自然保护大纲》第一次明确提出了可持续发

展的思想。1987 年挪威首相布伦特兰夫人向联合国提交的《我们
共同的未来》的报告，对可持续发展内涵做了详尽描述。其后，
有许多经济学家和生态学家致力于生态经济的研究，其中一个里程
碑的事件是 1989 年国际生态经济学会（International Society Ecolog-
ical Economics）的成立以及《生态经济》杂志的创刊，自那以后，
成立了两个著名的生态经济学研究结构：一个是位于美国马里兰大
学的国际生态经济研究所（International Institute for Ecological Eco-
nomics），另一个是位于瑞典斯德哥尔摩的瑞典皇家学会的北界国
际生态经济学研究所（Beijer International Institute for Ecological Eco-
nomics）。这两个研究所及学会会员的研究大体代表和左右着西方
国家生态经济学界的动向。

进入 20 世纪 90 年代以后开始将生态观点和经济理论、方法结合
起来进一步扩大生态经济学的研究领域。美国经济学家莱斯特·布朗
2002 年出版了《生态经济——有利于地球的经济构想》，书中提出，
必须把经济视为地球生态的子系统，以环境中心论取代了经济中心论，
亟须一场环境革命加速实现传统经济向生态经济的转换，经济学家与
生态学家联手，共建有利于地球的经济模式——生态经济。

（二）生态经济学研究对象

由于对生态经济学的研究侧重点不同，学术界对于生态经济学
的研究对象也有不同的看法，概括起来主要存在以下几种观点：
（1）强调生态系统的经济方面。这种观点认为生态经济学是以生态
经济这个复合系统为研究对象，从中探索人类经济活动和自然生态
之间的相互关系。其特点是以经济系统为主，对这一复合系统进行
研究。（2）强调生态经济学应该研究生态变化的社会经济因素。这
种观点认为，生态经济学把生态系统和社会经济系统作为一个整体

来研究，从生态系统来看待社会经济问题，研究生态变化的社会经济因素，用生态方法来计算经济效益。（3）强调生态经济系统的矛盾运动。这种观点认为，生态经济系统是生态系统和经济系统的矛盾统一体。生态经济学不是一般地研究这个复合系统，而是以统一体内部矛盾运动的规律为对象，着重研究人类需求的无限性与自然生态系统的有限之间的矛盾运动规律。生态系统与经济系统之间的矛盾联系虽然多种多样，但本质的联系是两者之间存在的物质、能量、价值、信息、智力等的循环与转化，生态系统与经济系统的联系需要一个中间环节，即由各种技术手段组成的技术系统①。所以生态经济学的研究对象可以概括为：生态系统、技术系统和经济系统所构成的复合组织的结构、功能、行为、运行机制及其规律性。

（三）生态经济学研究的内容

生态经济学作为一门新兴学科，目前的研究还不够成熟，针对它的研究还要在实践中不断地摸索、归纳、总结和完善。现在，生态经济学研究的内容包括三个重要的组成部分，即理论研究、应用研究和方法论研究。

1. 理论研究

理论来源于经验与丰富的实践，是在不断丰富的实践中逐渐完善的。生态经济学的研究内容就是在不断的实践中获得完善的，同时它也综合借鉴了其他一些学科的理论，生态经济学的理论研究包括：生态经济学的性质及学科体系；生态经济系统的结构、功能、目标及生态经济模型的理论；经济学中的资源配置理论和分配理论；生态学中的物质循环和能量流动理论；生态平衡与经济平衡、

---

① 姜学民. 生态经济学概论. 湖北人民出版社, 1984.

生态规律与经济规律、生态效益与经济效益的相互关系，生态系统的物流、能流、价值流与经济系统的物流、能流、价值流的关系；可持续发展理论研究以及技术经济系统在其中所起的作用研究等。

2. 应用研究

基于生态经济学研究的重点和研究方法的不同和现实生活中存在问题的差异性，碎语生态经济学在应用上的研究也各不相同，在应用生态经济学原理或其他一些相关理论来解决社会经济发展中遇到的种种问题时要区别对待。应用研究涉及各级政策的设计与执行、国家政策与立法、国际组织与协议的制定等。包括：建立高效率、低能耗、无污染的良性循环系统；运用生物物种间相生相克的原理，建成多种群共栖共生的立体农业结构；运用自然生态系统的物质循环原理和食物链法则，建立农、林、牧、渔综合发展的生态农业体系；选择符合中国特点的技术体系，技术政策；对生态系统的结构、功能、目标进行生态效益、经济效益评价；建立既有利于经济发展，又有利于生态平衡的决策机构；制定符合生态经济原理的政策和法令；利用生态经济学的价值理论，对国际贸易、纠纷及冲突进行评估，建立可持续发展的世界新秩序。

3. 方法论的研究

生态经济学还处于摸索完善阶段，方法论的研究将影响到其理论研究与应用研究的质量和可靠性，同时由于生态经济学具有综合性、实用性和跨学科性的特点，因此方法论的研究对于完善生态经济学的理论有很大的帮助。生态经济学有独立的方法论，但也借鉴了其他学科较为成熟的方法。诸如环境经济学中解决环境外部性的方法、相关的法律的方法、哲学和伦理学的方法、系统科学的方法、控制论的方法等①。

第二节　可持续发展理论

一、可持续发展理论的形成

为了有效地解决经济发展与环境保护之间的矛盾，自 20 世纪以 60 年代起，世界各国采用了多种方式的污染治理和环境保护措施为全球环境的改善做出了不懈努力。可持续发展的思想就是人类在探索环境与经济协调发展的过程中逐步形成的。

1962 年，美国海洋生物学家 R. 卡逊（Rachel Carson）所著的《寂静的春天》（Silent Spring）一书问世，这标志着人类生态环境意识的觉醒和"生态学时代"的开始。卡逊在书中科学地论述了 DDT 等农药污染的迁移、转化与空气、土壤、河流、海洋、动植物和人的关系，警告人们：要全面权衡和评价使用农药的利弊两面，要正视由于人类社会自身的生产活动而导致的严重后果。卡逊指出，杀虫剂，如 DDT 大量喷洒将导致在昆虫体内产生抗药性——产生抗药性仅仅需要 2 ~ 6 年的时间，也就是说任何用化学药品杀虫剂杀灭昆虫的成功只能持续较短的时间。1971 年夏，加利福尼亚州的 15 个主要地区宣布，每一种市售的杀虫剂（包括 DDT）对蚊虫都没有多大作用，卡逊的预言被证实了②。

---

① 赵桂慎，于法稳，尚杰. 生态经济学. 化学工业出版社，2009：31.
② 蕾切尔·卡逊著. 寂静的春天. 吉林人民出版社，1997.

44

1972 年，在罗马俱乐部①威廉·瓦特写的前言中解释了罗马俱乐部。1968 年 4 月，来自十个国家的科学家、教育家、经济学家、人类学家、实业家、国家的和国际的文职人员，约 30 个人聚集在罗马山猫科学院。他们在意大利的一位有远见卓识的工业企业经理、经济学家，奥莱里欧·配切依博士的鼓动下聚会，讨论现在的和未来的人类困境这个令人震惊的问题。罗马俱乐部就是经过这次会议产生的。罗马俱乐部是一个非正式的组织，恰当地说，是一个"无形的学院"。它的目的是促进对构成我们生活在其中的全球系统的多样性但相互依赖的各个部分——经济的、政治的、自然的社会的组成部分的认识，促使全世界制定政策的人和公众都来注意这种新的认识，并通过这种方式，促进具有首创精神的新政策和行动。罗马俱乐部作为一个非正式的国际协会，现在其成员增加到大约 25 个国籍的 70 个人。它的成员没有一个担任公职，这个团体也不局限于任何特定的意识形态，政治的或国家的观点，他们完全因为一种压倒一切的信念联合起来。人类正面临着复杂而相互联系的各种问题，而这些问题是传统的制度和政策所不能应付的，甚至也不能把握它们的基本内容。罗马俱乐部成员的背景，像他们的国籍一样多样化，佩切依博士在这个团体范围内仍然是首要的动力。他是菲亚特和奥莉维蒂的成员，并经营一家有关经济和工程发展的咨询企业，意大利咨询公司——欧洲最大的一家咨询机构。罗马俱乐部的其他领导人包括：日内瓦巴特尔研究所负责人雨果·西曼；担任经济合作和发展组织（OECD）科学主任的亚历山大·金；东京日本经济研究中心负责人 Saburo okita；西德汉诺威技术大学的爱德

---

① ［美］丹尼斯·米都斯等著. 罗马俱乐部关于人类困境的报告. 增长的极限. 吉林人民出版社，1997.

华·佩斯特尔以及麻省理工学院的卡洛尔·威尔逊。现在罗马俱乐部的成员虽然有限,未来也不会超过100个,但它的成员范围却在扩展,必将包括越来越多样化的文化、国家和价值系统的代表。其出版的《增长的极限》一书中,根据数学模型预言:(《增长的极限》英文版序)"如果在世界人口、工业化、污染、粮食生产和资源消耗方面现在的趋势继续下去,这个行星上增长的极限有朝一日将在今后的100年中发生。最可能的结果将是人口和工业生产力双方有相当突然的和不可控制的衰退。改变这种增长趋势和建立稳定的生态和经济的条件,以支撑遥远未来是可能的。"也就是说,在未来一个世纪中,人口和经济需求的增长将导致地球资源耗竭、生态破坏和环境污染。主张应将环境问题及社会、经济问题提高到"全球性问题"的高度去认识,指出地球资源是有限的,得出了"零增长"的悲剧结论,也为可持续的发展思想的萌芽提供了土壤①。1972年6月在瑞典召开的斯德哥尔摩召开的人类环境会议,标志着人类对环境问题的觉醒,世界各国由此走上了保护和改善生态环境的艰难而漫长的历程。

"可持续发展"是人类社会求得生存发展的唯一途径。可持续发展是一个重要的经济范畴,同时又是一个环境与经济相结合的范畴②。1987年由挪威首相布伦特兰夫人主持的世界环境与发展委员会(WECD)在提交给联合国大会的报告——《我们共同的未来》中首次正式使用了"可持续发展"(Sustainable Development)的概念,可持续发展是指既要满足当代人的需要,又不损害后代人的满足需要的能力的发展。并从政策的高度提出了要实现这一战略目标

---

① 王军. 循环经济的理论与方法. 经济日报出版社, 2007 (6): 28-29.
② 黄琛. 可持续发展与循环经济. 理论与实践, 2003 (6).

必须做到 7 件大事：提高经济增长速度，解决贫困问题；改善经济
增长的质量，改变以破坏环境和资源为代价的问题；千方百计地满
足人们对就业、粮食、能源、住房、水、卫生、保健等的需要；把
人口限制在可持续发展的水平；保护和加强资源基础；技术发展要
与环境保护相适应；把环境和发展问题落实到政策、法令和政府决
策中去。这是人类环境与发展思想的一次飞跃。

1992 年在巴西里约热内卢召开的"第二次世界环境与发展大
会"（UNCED）上，对"搞消费、搞污染"的传统发展模式进行
反思，走环境保护与经济发展相协调的可持续发展道路成为会议基
调与会各国的共识。会议通过了《里约热内卢环境与发展宣言》、
《21 世纪议程》等一系列纲领性文件，使可持续发展作为一种国际
化发展的大趋势得到了世界上大多数国家的普遍认同。这次会议使
人类认识到环境与发展是密不可分的，环境问题必须在发展中加以
解决，可持续发展的理念被世界各国广为接受，实现了人类对环境
与发展问题认识的历史性飞跃。

二、可持续发展理论的发展

2002 年 8 月 26 日至 9 月 4 日，在南非首都约翰内斯堡召开的
可持续发展世界首脑会议总结了 10 年来实施可持续发展的战略的
成就和存在的问题，通过了《约翰内斯堡可持续发展承诺》的政
治宣言和《执行计划》等文件，再次深化了人类对可持续发展的
认识，确认经济发展、社会进步与环境保护互相联系、互相促进、
共同构成可持续发展的三大支柱。

可持续发展的核心是发展①，强调以自然资源环境为基础，通过高效利用使社会、经济发展保持在资源承载力以内，在与环境相协调的前提下实现较大发展，而不是以环境污染、生态破坏为代价取得经济福利的增长。

可持续发展是一个综合的概念，其丰富的内涵概括起来三点：生态可持续性、经济可持续性和社会可持续性。三者相互联系、相互制约，共同构成了一个复合系统。生态可持续性是基础；经济可持续性是条件；社会可持续性是目的。

可持续发展是人类与自然协调的必然选择，循环经济的内涵、原则与可持续发展是一致的。因此，循环经济是顺应可持续发展战略需要的产物，是使人类社会、经济系统的结构和运行模式与生态系统相协调，促进可持续发展的深化措施和有力保障②。

第三节　金融创新

一、金融创新及分类

（一）创新理论

创新理论一般认为最早是熊彼特在 1912 年出版的《经济发展理论》中首次提出的，并在他 1939 年出版的《商业周期》一书中进一步发展完善。熊彼特认为："创新指新的生产函数的建立，也就是企业家对生产要素实行新的组合，它包括五种情形：（1）新

---

① 崔铁宁. 循环型社会及其规划理论与方法. 中国环境科学出版社，2005：20.
② 崔铁宁. 循环型社会及其规划理论与方法. 中国环境科学出版社，2005：41 - 43.

产品出现；（2）新生产方法或技术的采用；（3）新市场的开拓；（4）新原材料供应来源的发现；（5）新企业管理方法或组织形式的推行。"熊彼特分析了创新与经济发展的内在联系，用创新来解释经济发展的原因和动力。他认为，经济的循环流转是一种静态的经济过程，而经济发展则是经济本身发生的连续的变化和移动，是一种动态的经济过程，创新是经济发展的灵魂，经济发展的过程就是企业家不断破坏和创新的过程。

（二）金融创新

在熊彼特看来，金融创新是创新理论在金融领域的应用，1986年十国集团中央银行研究小组编写的《近期国际银行业的创新》研究报告中认为，金融创新就其最广义的含义来说，包含两种不同的现象：一是金融工具的创新，二是金融创新的三大趋势，即金融领域的证券化趋势、资产表外业务逐渐增加的趋势、金融市场全球一体化的趋势①。

随着资本资产定价模型和市场效率理论在 20 世纪 60 年代出现，以及跨时资本资产定价和期权定价理论在 20 世纪 70 年代出现，理论上对金融创新可以定义为：在标的资产基础上，通过组合和拆分创造出新的金融衍生品的过程（Dufey & Giddy，1981）②。20 世纪 80 年代出现了行为金融学，在金融分析中加入心理学，两者的交叉，丰富了金融创新的研究（Robert J. Shiller，2006）③。

---

① 雷立钧. 碳金融——国际经验与中国实践. 经济科学出版社，2010：18 – 19.

② 邓常春，任卫峰，邓莹. 全球气候变化、低碳经济与环境金融. 光明日报出版社，2013：17.

③ Robert J. Shiller，"Tools for Financial Innovation：Neocalassical versus Behavioral Finance"，The Financial Review 41（2006），pp. 1 – 8.

后来的研究把产品的扩散纳入创新过程中，Philip Molyneux 和 Nidal Shamroukh（1999）认为金融领域的创新是一个发展、采纳和扩散以及风险分担的过程，强调了金融产品被创造以后的采纳和扩散过程，采纳和扩散是创新的主线。金融工程成熟以来，金融工具创新作为风险资产管理工具而大量出现在风险管理中，所以最近几年的研究中，转向运用金融工具进行证券设计和用一般均衡模型来解释金融创新。

金融创新是促进金融体系在整个经济中发挥更有效的资源配置功能的强大动力（斯科特·梅森，2001），采纳金融创新可以减少产品的成本，增加创新采纳者的收益，完善市场并通过价格发现提供更高的信息含量，是一国金融深化的主要标志①。

国内对于金融创新的理解主要有：

金融创新就是在金融领域内建立"新的生产函数"，它"是各种金融要素的新的结合，是为了追求利润机会而形成的市场改革"。泛指金融体系和金融市场出现的一系列新事物，包括新的金融工具、新的融资方式、新的金融市场、新的支付手段以及新的金融组织形式与管理方法等内容②。金融创新是金融领域内部通过各种要素的重新组合和创造性变革所创造的或引进的新事物，包括金融制度创新、金融业务创新、金融组织结构创新③④。

金融创新是金融业各种要素的重新组合，具体是指金融机构和金融管理当局出于微观利益和宏观效益的考虑而对机构设置、业务

① 邓常春，任卫峰，邓莹. 全球气候变化、低碳经济与环境金融. 光明日报出版社，2013：18.
② 陈岱孙，厉以宁. 国际金融学说史. 中国金融出版社，1991.
③ 李健. 金融创新与发展. 中国经济出版社，1998.
④ 雷立钧. 碳金融——国际经验与中国实践. 经济科学出版社，2010：18 - 19.

品种、金融工具及制度安排所进行的金融业创造性变革和开发活动①（生柳荣，1998）。

（三）金融创新的分类

从不同的角度金融创新可以分为多种类型。根据创新主体的不同，金融创新可以分为管理创新和市场创新。根据动机的不同，金融创新可以分为提高金融效率的创新、规避管制的创新、转移风险的创新和谋求最大利润的创新。提高金融效率的创新主要包括金融观念的创新、金融组织的创新、金融市场的创新。规避管制、转移风险和追求最大利润的创新则表现为活跃的金融工具创新。根据金融创新是否主动，可以分为防御型创新和进取型创新②。Silber（1983）的约束诱导性金融创新理论认为，金融创新是微观金融组织为了寻求最大的利润，减轻外部对其产生的金融制而采取的"自卫"行为。根据环境金融创新主体中政府与市场的不同，环境金融创新可以划分为政策性环境金融创新和商业性环境金融创新。

二、希克斯和帕特里克的金融创新理论③

希克斯（John Richard Hicka，1969）④ 在对英国经济史研究的基础上对金融与技术创新的关系做了精辟的论述。他指出，金融市场的发展是产生英国工业革命的重要原因。英国工业革命所使用的技术早在工业革命之前就已经被发明出来，真正引发工业革命的是

---

① 生柳荣. 当代金融创新. 中国发展出版社，1998.
② 许黎惠. 市场导向型环境金融创新研究. 武汉理工大学，博士论文，2013：16 – 17.
③ 雷立钧. 碳金融研究——国际经验与中国实践. 经济科学出版社，2012：38.
④ 希克斯. 经济史理论［M］. 商务印书馆，1987.

金融系统的创新而不是单纯的技术创新。英国资本市场的发展将流动性金融工具转化为企业生产所需的长期资本，金融市场的发展有效降低了金融风险，集聚了资本，使金融资产长期化，满足了长期性、大规模投资和技术创新，提高了经济增长率。金融创新使得优势技术得以实现并贡献于经济增长。

希克斯和尼汉斯（Niehans）还提出了金融创新理论。他们认为，金融创新降低了交易成本，实质上是对技术进步带来的交易成本降低的反应。尽管这些分析有失片面，但它为分析金融创新提供了新的视角，及交易成本分析。

1966 年，帕特里克（Hugh T. Patrick）发表了《欠发达国家的金融发展和经济增长》一文①，提出了需求追随型（Demand Following）金融发展和供给引导型（Supply Leading）金融发展。需求追随型随着经济的发展，微观主体会产生金融需求。金融体系通过不断发展来满足微观主体的金融需求，这是对实际经济中微观主体金融需求做出的反应，这种反应是被动的。供给引导型金融体系、金融服务的发展超前于经济发展对金融的需求，通过金融机构和金融市场的金融活动引导资金转向微观主体，从而拉动经济发展。

第四节　博弈论②

一、博弈论概述

博弈是指一些人、团体或组织，面对一定的环境条件，在一定

① 该文 1996 年 1 月发表于《经济发展和文化变迁》（*Economic Development and Cultural Change*）。

② 郭濂. 低碳经济与环境金融，理论与实践. 中国金融出版社，2011：16.

的规则下，同时或先后，一次或多次，从各自允许选择的行为或策略中进行选择并加以实施，各自从中取得相应结果的过程。

"博弈论"在20世纪80年代开始进入主流经济学，博弈论寻求各博弈方合理选择策略的情况下博弈的解，并对这些解进行讨论分析。博弈论是研究决策主体行为发生直接相互作用时的决策以及这种决策的均衡问题的一门学科，换句话说，它主要研究理性个体之间的相互冲突与合作，即当一个主体，例如说是一个人或一个企业的选择受到其他人、其他企业的选择的影响，而且反过来影响到其他人、其他企业选择时的决策问题和均衡问题（张维迎，1997）。

我们所讨论的博弈问题大多是建立在"个体行为理性"基础上的"非合作博弈"，即博弈方彼此间不能公然存在"共谋"的博弈问题。

二、博弈论的产生与发展

（一）博弈论的产生阶段

博弈论开始于1944年由冯·诺依曼（Von Neumeun）和摩根斯坦恩（Morgenstern）合作的《博弈论与经济行为》一书，该书提出了标准型、扩展型和合作型博弈模型的概念和分析方法，奠定了博弈论的学科理论基础。

（二）博弈论的成长阶段

20世纪50～80年代，以纳什（Nash）、泽尔腾（Selten）、海萨尼（Harsantlyi）以及克瑞普斯（Kreps）和威尔逊（Wilson）为代表的学者对博弈论的发展做出开创性的贡献，纳什在1950年和

1951 年发表了非合作博弈的论文，杜克（Tucker）在 1950 年定义了"囚徒困境"，二人奠定了现代非合作博弈的理论基础。20 世纪 60 年代以后，泽尔腾将纳什均衡引入动态分析，提出了"完美纳什均衡"的概念，海萨尼则把不完全信息引入博弈论的研究。20 世纪 80 年代，克瑞普斯和威尔逊在 1982 年发表了关于动态不完全信息博弈的论文，至此，博弈理论基本框架形成。

（三）博弈论的发展及推广阶段

到 2009 年为止，博弈论在政治学、军事、外交、国际关系、公共选择、犯罪学等领域得到广泛应用，但是在经济学领域的应用最为成功。1994 年度诺贝尔经济学奖授予三位博弈论专家纳什、泽尔腾、海萨尼。博弈论在经济学中广泛的应用源于两者的研究模式的一致性，两者都强调个人理性，都是在给定的约束条件下追求效用最大化。

三、博弈的概念及均衡

（一）基本概念

博弈论中主要包括的基本概念（张维迎，1997；Rasmusen，1994；Fudenberg，1991）：

局中人（参与人）：在博弈中选择行动以最大化自己效用（收益）的决策主体，局中人有时也称参与人，可以是个人，也可以是企业、国家等团体。

除了一般意义上的局中人之外，为了研究的方便，在博弈论中，"自然"作为"虚拟局中人"来处理，这里"自然"是指决定外生随机变量的概率分布的机制，在不完全信息博弈中，自然选择局中人的类型。与一般参与人不同的是，"自然"作为"虚拟局中人"没有自己的支付和目标函数（即所有结果对它都是没有差异的）。

信息：是指局中人在博弈中的知识，尤其是指有关其他局中人的特征和行动的知识。

行动：是局中人在博弈的某个时点的决策变量，一般地用 ai 表示第 i 个局中人的一个特定行动，Ai = {ai} 表示可以供 I 选择的所有行动方案的集合。

策略：是指局中人选择行动的规则，一般令 si 表示第 i 个局中人的所有可能选择的策略的集合，如果 n 个局中人每人选择一个策略，n 维向量 s = {s1，s2，…，si，…，sn} 称为一个策略组合，其中 si 是第 i 个局中人选择的策略。

支付：指局中人在博弈中获得的效用水平，即收入、利润、损失量化的效用，社会效用和经济福利等，可以是正值，也可以是负值。支付是所有局中人策略或行动的函数，令 ui 为第 i 个局中人的支付（效用水平），u = u (u1，…，ui，…，un) 为 n 个局中人的支付组合。博弈的一个基本特征是一个局中人的支付不仅仅取决于自己的策略选择，而且取决于其他局中人的策略选择，就是说，ui 是所有局中人的策略选择的函数。Ui = ui (s1，…，si，…，sn)

结果：是指博弈分析者感兴趣的要素的集合，常用损益矩阵来表示。

均衡：是指所有局中人的最优策略或行动的组合，一般记为 s* = s* (s1*，…，si*，…，sn*)，其中，si* 是第 i 个局中人在均衡情况下的最优策略。

（二）博弈的分类

博弈的划分可以从两个角度进行。第一个角度是局中人行动的先后顺序，从这个角度，博弈可以分为静态博弈和动态博弈。静态博弈是指在博弈中，局中人同时选择或虽非同时选择但后行动者并不知前行动者采取了什么具体行动；动态博弈是指局中人的行动有先后顺序，且后行动者能够观察到先行动者所选择的行动。划分博弈的第二个角度是局中人双方的特征、策略空间及支付函数的知识。从这个角度，博弈可以分为完全信息博弈和不完全信息博弈。完全信息是指每一个局中人对其他局中人的特征、策略空间及支付函数有准确的知识；否则就是不完全信息。

将上述两个角度的划分结合起来，就得到四种不同类型的博弈：完全信息静态博弈、完全信息动态博弈、不完全信息静态博弈、不完全信息动态博弈。与上述四类博弈相应的是四个均衡概念，即纳什均衡、子博弈完美纳什均衡、贝叶斯纳什均衡以及精炼贝叶斯纳什均衡。

第三章

环境金融的经济学分析

第一节 环境金融与资源环境的稀缺性

一、资源环境的稀缺性

环境资源稀缺性的显现①，以及由此产生的环境资源的分配和利用问题是环境经济学理论研究的出发点，也是排污权交易制度产生的经济原因。"资源稀缺"是经济学研究的出发点。著名经济学家保罗·萨缪尔森（Paul A. Samuelson）曾认为：经济学研究的是社会如何利用稀缺资源以生产有价值的产品，并将它分配给不同的个人。但是必须认识到，稀缺资源是一个相对的概念，在不同的社会发展阶段对它有着十分不同的认识。在地理大发现时代，拥有丰富的自然资源对于一个国家来说是国家实力和财富的象征。工业革命后，一些原本十分丰裕的自然资源（如土地、森林）和一些新

---

① 赵文会. 排污权交易市场理论与实践. 中国电力出版社，2010：29.

发现的自然资源（如矿石、石油），由于社会需求的迅速增长而变得日益稀缺。到了今天，我们发现，即使是清洁的空气和水体等这些传统的自由取用的物品，也变得日益稀缺。这对传统的经济学是一个挑战。因为传统经济理论的研究仅仅限于环境作为工业原材料和能源输入的功能，而忽略了环境在经济活动中所发挥的生产和生活废弃物容纳场所，以及生活支持和服务的功能。到了20世纪五六十年代，随着发达国家经济的迅猛发展，日益严重的环境污染困扰着人类，环境质量的下降构成了对生态平衡和人类生活的严重威胁。环境污染这一问题对传统资源稀缺理论提出了挑战，现在人们已经普遍认识到，稀缺的环境资源除了具备提供工业所需的材料和能源这一经济功能外，还具备吸收、容纳、降解废弃物的功能，环境有限的承载力表明了这一功能也具有稀缺性，即环境容量资源也具有稀缺性。

过去由于环境容量资源十分丰富，不具有稀缺性，因此并没有进入经济分析系统，导致各种技术创新都是朝着如何利用更多的环境容量资源来满足人们的欲望和需求方向发展，节约环境容量资源以及增加环境容量资源供给的技术创新没有显示市场需求。需求与供给的尖锐矛盾导致环境容量资源稀缺程度的不断提升，并给人类的生存和发展带来了巨大压力。因此，对稀缺的环境容量资源进行合理配置以有效利用环境容量资源，就成为各国政府、国际组织和学术界广泛关注的问题。

二、环境金融与稀缺资源利用的关系

环境资源本身具有的稀缺性，使得与之相关的环境金融产品成为国际各经济体争相追捧的对象。环境金融的实质是以环境保护为目的的创新型环境治理方式，它要求金融业在经营活动中要体现环境保护与可持续发展的意识，注重对生态环境的保护及对环境污染的治理，注重环保产业的发展，应用金融工具对其掌握的社会资源的引导，促进环境保护的相关项目及产业的发展，实现经济的可持续发展和人与自然的协调，为环境治理提供更多更广的金融创新渠道。

环境金融在环境治理方面可以通过创新金融工具，预防和治理环境污染，实现人与自然、生态与环境的可持续发展；通过创新金融模式，有效降低金融风险和环境风险；在提高环境治理绩效的同时，充分提高稀缺性资源的利用效率，创造新的盈利模式，促进社会经济发展，实现环保与发展的共赢①。

第二节　环境金融与外部性

一、外部性理论

现代产权理论为用经济学方法研究环境资源配置的制度性问题提供了一条重要思路。与一切经济活动一样，环境经济活动的前提是人们相互之间行使一定环境经济行为的权利安排。只有各自的权利明晰，并合理行使，才可能提高整个环境资源的利用效率。

产权既是财产、资产和所有物的总称，也指财产权和所有权。产权是经济当事人对其资产的法定权利。产权是一种通过社会强制

---

① 李妍辉. 论环境治理的金融工具. 武汉大学，博士论文，2012（5）：36.

而实现的对某种经济物品的多种途径进行选择的权利。产权不同于所有权，所有权的着眼点在资产的归属上，其隐含前提是，除了法律明确禁止的，其他一切权利都归资产所有者；而产权的着眼点是与资产有关的某一权利归谁所有，其隐含前提是，某一资产的某种法定权利有可能归非资产所有者。产权是一种社会工具，其重要性就在于它能帮助一个人形成与他人进行经济交往时的合理预期。产权的一个主要功能是引导人们实现将外部性较大地内在化的激励。产权具有排他性、价值性、可转让性、延续性和稳定性等特征①。

阿弗里德·马歇尔（Alfred Marshall）1890 年在其经典著作《经济学原理》中，首次提出"外部经济"概念。马歇尔指出："我们可把任何一种货物的生产规模的扩大而发生的经济分为两类：一是有赖于该工业的总体发展的经济；二是有赖于从事该工业的个别企业的资源、组织和经营效率的经济。前者称为外部经济，后者称为内部经济……外部经济往往因许多性质相似的小型企业集中在特定的地方——通常所说的工业地区分布——才能得到"（阿弗里德·马歇尔，2005）。由定义可以看出，马歇尔在此着重阐明的现象是"集聚经济"，他以企业为边界，把企业内部经济组织方式改变所导致的生产函数相对变化称为"内部经济"，而把通过企业与外部环境之间关系影响决定的生产函数相对改变称为"外部经济"②。随后英国的经济学家庇古发展了外部性的思想。他运用边际产值的分析方法，提出了边际私人净产值和边际社会净产值，提出如果某厂商或其他个人与组织给其他人或整个社会造成不需要付出代价的损失，那就是外部性。概括地说，外部性是在没有市场

---

① 赵文会. 排污权交易市场理论与实践. 中国电力出版社，2010：31.
② 窦学诚. 环境经济学范式研究. 中国环境科学出版社，2004：56 - 57.

交换的情况下，一个生产单位的生产行为（或消费者的消费行为）影响其他生产单位（或消费者）的生产过程（或生活标准）。如果按照传统的福利经济学的观点来看，外部性是一种经济力量对于另一种经济力量的"非市场性"的附带影响，是经济力量相互作用的结果①。

　　萨缪尔森指出"正外部性的极端情况是公共品"。解决具有公共品特性的外部性的办法有"庇古税（或庇古补贴）"和"科斯定理"。其中政府管制和政府买单是有效解决存在正外部性的公共品的机制之一，而制度创新，通过让受益者付费，则能够产生环境保护的有效激励。科斯于1937年发表的《企业的性质》提出了"交易费用"的概念，为产权经济学奠定了基础。科斯于1960年发表的《社会成本问题》将"产权"的概念正式纳入了经济学体系。科斯（R. Coase）依据他在《企业的性质》一文中提出的"交易成本"概念，将交易分析引入环境外部性的研究，由此撰写了著名的《社会成本问题》，他着眼于环境公共品竞争性利用的客观性质，创造性地将"产权"由传统上归属于法律制度的外生变量，转变为支持经济系统运行，并具有理论基础意义的经济学内生变量，从而开辟了一个全新的产权分析手段与知识领域。科斯通过涉及种麦者和放牛者之间环境外部性的"定价制度"（实为产权配置制度运行结果）的比较分析，发现从社会纯产值角度比较分析，不可能先验地得出环境外部性处理原则，如环境政策上可以依据具体情况选择采取根本对立的"收费"或"补贴"措施等，如果不考虑产权初始配置的财富分配影响，理性的环境公共品产权的配置

---

　　① 付晓东. 循环经济与区域经济. 经济日报出版社，2007.

方向就应该遵循怕累托最优原则（窦学诚，2004）。[①]

在汤姆·踢腾伯格（Tom Tietenberg）的《环境经济学与政策》（第三版）（*Environmental Economics and Policy*）一书中，认为有效的产权结构有三个特点：

（1）排他性：所有因为拥有和使用资源而增加的利益和成本，能够并且只能直接或间接地通过卖给别人而归拥有者所有。

（2）可转移性：所有的财产权都可以自愿地从一方让渡给另一方。

（3）强制性：在未经授权的情况下取得的财产权是无效的。

一个拥有明确产权的资源所有者因为了解资源价值的下降就意味着个人的损失，所以具有最优处置这些资源的潜在动机，从而能够相对有效地利用这些资源。

外部性的根源不在外部性本身。外部性的产生于产权安排有关。有些制度经济学家根据科斯的"许多负外部性的产生都与产权安排失效有关"，将产权制度的主要功能定为引导人们实现将外部性较大地内在化的激励，认为排他性产权制度的过程就是将外部性内在化的过程。

二、科斯定理

1960年，芝加哥大学教授科斯（Coase）发表的《社会成本问题》中证明了，在交易费用为零的条件下，无论初始的权利如何分配，最终资源都会得到最有价值的使用，理性的主体总会将外溢成本和收益考虑在内，社会成本问题从而不复存在。科斯认为，外

---

① 曹俐. 液态生物质燃料补贴政策机理与实证研究. 经济科学出版社，2014.

部性的产生并不是市场制度的必然结果，而是由于产权没有界定清楚，即产权模糊导致外部性问题。由于环境资源等属于公共物品的范畴，公共品具有非排他性和非竞争性消费的特征，即产权通常是不明晰的，私人对其的损耗和破坏带来的后果皆由社会承担，因而会刺激单个利益主体对其的过度利用，以谋求自身利益的最大化，从而导致外部不经济性的产生，有效的产权可以降低，甚至消除外部性，而且科斯将其进一步发挥成所谓的科斯定理，即在产权界定明确且可以自由交易的前提下，如果交易费用为零，那么无论法律判决最初产权属谁都不影响资源配置效率，资源配置将达到最优（此为科斯第一定理）；在存在交易费用为正的情况下，不同的权利界定会带来不同效率的资源配置（此为科斯第二定理）。这种理论将外部不经济性与所有权联系起来，强调通过或依靠私人行为来解决外部不经济性问题。也就是说，在存在外部性的场合，并不一定需要政府干预，只要权利界定清楚，市场机制自身同样可以解决外部性问题，达到资源优化配置。此理论在环境保护领域的运用就是"自由市场环境主义"的提出，其主张解决环境外部不经济性的关键在于建立一套界定完善的自然资源产权制度，这里的产权不仅局限于传统的财产所有权或物的所有权，还包括各种涉及环境资源的其他权利，如环境权、排污权和排污权的转让权、水和土地的所有权、使用权、转让权等。这个理论认为"市场能够决定资源的最优使用，而要建立有效率的市场、充分发挥市场机制的作用，关键在于界定清晰、可以执行市场转让的产权制度，如果产权界定不清或得不到有力的保障，就会出现过度开发资源或浪费，破坏、环境污染的现象；公有的环境资源管理的最大问题在于资源的公共财产制度，即所有者与管理者分开，权责不一；如果资源权利明确且可以转让，资源所有者和利用者必然会详细评估资源的成本和价值，并有效分配资源。"①

三、环境金融与外部性理论之间的关系

环境产权理论认为环境问题从经济学上看其实就是外部性的问题。产权不是指人与物之间的关系，而是指由物的存在及关于它们的使用所引起的人与人之间互相认可的行为关系。环境产权理论的贡献在于它促进了传统的外部性理论的实质性发展，用经济学方法研究负外部性的制度根源，提出了一切经济交往活动的前提是制度安排，而这种制度安排的标准是效益的最大化，在效益最大化的标准上，引导人们不仅要关注经济行为的结果及效率，还要高度注重由这类生产、消费、流通等活动对社会和环境造成的影响，而这种影响是可以通过市场机制的调节有所改观的。

环境金融是环境产权理论在金融可持续发展与环境治理中的实践和体现，基于产权理论，形成环境金融产品的市场化和资产化，并将其运用于环境损害与环境利益行为的分析及环境可持续发展的经济制度的选择之中。从外部性角度考察环境污染与损害问题，当环境满足人类需要的程度提高，环境价值就会增大，环境收益也会增加，这是环境的正价值；反之，则是环境成本的提高，环境的负价值扩大。因此，可以看出类似污染这种环境负外部性是源于资源本身的稀缺性及欠缺以效益最大化为目标的产权制度，环境产权的确定是解决环境问题的关键所在。"科斯定理"更进一步地证明了产权不仅可以被清晰地界定，而且一旦被明确界定的产权还可以进入市场进行交易，这种将环境问题市场化的做法，能够促使环境利

---

① 赵文会. 排污权交易市场理论与实践. 中国电力出版社，2010：33.

益的各方当事人如污染者与受损害方可以通过自愿的方式如谈判、产权交易等来实现环境问题负外部性的内部化。

　　在产权理论的基础上形成了排放权理论，环境金融就是在环境产权和排放权理论的基础上，将环境要素的价值以信用货币、证券等方式进行量化并拿到金融市场中进行交易，将环境价值转化为经济价值，这种转化的实质就是从节能减排保护环境的行为中获利，它改变了过去的以污染环境、耗损资源来获利的模式，是一种新的互利性交易①。

第三节　环境金融与经济增长②

一、经济增长与环境协调发展

　　从亚当·斯密《国富论》诞生开始，200多年来，人类对经济增长的探究一直没有停止过，一直在探寻到底什么是决定并影响经济增长的关键性因素？从古典经济增长理论、新古典经济增长理论、现代经济增长理论到内生经济增长理论，人类对影响经济增长因素的认识逐步清晰，由古典经济增长理论提出的劳动力数量和提高劳动生产率，到哈罗德—多马模型的资本对经济增长的影响，从新古典增长理论的储蓄、人口增长、技术进步对经济增长的影响，再到内生经济增长理论中对技术进步、人力资本内生化的分析，经济增长的理论研究的核心集中在如何提高经济增长的速度，促进经

---

① 李妍辉. 论环境治理的金融工具. 武汉大学, 博士论文, 2012 (5): 24.

② 雷立钧. 碳金融研究——国际敬仰与中国实践. 经济科学出版社, 2012: 26, 27, 28, 34.

济增长。经济增长理论的发展在促进经济增长的同时带来了一系列问题，资源过度开发，过度使用农药、化学肥料、石化能源，导致环境污染、自然环境恶化、生态环境失调、自然灾害频发。20 世纪 60 年代后期，经济学家提出要考虑经济增长的代价。

1972 年德内拉·梅多斯出版的《增长的极限》以及 1987 年世界环境和发展委员会发布的《我们的共同未来》研究报告对于地球极限和人类社会可持续发展的观点，使人类在研究经济增长时开始关注环境、资源因素。

关于经济增长与环境协调发展理论研究的内容主要有两个方面：

（1）关于增长极限的研究。

悲观主义者认为，经济增长是有极限的，甚至是停滞的，代表性的观点：一是认为经济增长为人类社会提供物质财富的同时，也带来了环境污染，导致环境质量下降，从而使人类的福利变为负效应（Mishan，1967）；二是认为经济活动带来的物质和能量转换过程中，一部分能量会转换为无法利用的废弃物，导致环境污染，资源的稀缺性会越来越突出，经济增长从而最终会终止（Georgescu，1971）。

乐观主义者认为不存在经济增长的极限。代表性的观点：一是人类社会不存在经济增长的极限问题，理由是只要资源增长的速度快于人口和消费的增长的速度，经济系统就不会崩溃；二是产业结构的调整以及要素的替代即使用效率的提高会减轻环境压力，当资源的投入量及环境污染的下降速度等于或高于经济增长的速度，经济将会保持持续增长；三是考虑技术创新的因素可以使耗散的物质和能量转化成其他形式的资源存量，将废弃物转化为可以利用的经济资源，从而使资源持续供给，经济增长不会达到极限。

（2）关于经济与环境协调发展的条件研究。

早从 20 世纪 70 年代开始，一些经济学家利用经济增长理论模型来研究经济与环境协调发展的条件问题。

首先是新古典增长模型的研究，一些经济学家把技术进步因素引入新古典经济增长模型，认为技术进步是经济持续增长的动力，技术进步能够抵消自然资源的稀缺性对经济增长的影响。只要保持足够快的技术进步速度，自然资源的有限供给不会限制经济的增长，尽管自然资源会随着人口的增长和经济发展的消耗必然会减少，但是技术进步会提高自然资源对经济增长的贡献度，经济将持续增长。

其次是内生经济增长理论的研究。内生经济增长理论出现，是在 20 世纪 80 年代中后期，一些经济学家在内生经济增长模型中引入环境或资源因素，作为经济增长的约束条件，试图回答在资源或环境约束下经济与环境协调发展的条件问题。研究同样强调促进经济增长与环境协调发展的重要因素是技术进步。

二、环境金融促进低碳经济发展的机制分析

关于金融与经济增长关系的研究最早可以追溯到 20 世纪 50 年代，1955 年，约翰·格利（John Gurley）发表《经济发展中的金融方面》，1956 年爱德华·肖（Edward Shaw）发表论文《金融中介机构与储蓄—投资》，开创了金融发展理论的研究，1969 年，罗纳德·W. 歌德斯密斯（Raymond W. Goldsmith）在《金融结构与金融发展》中提出了金融相关率与经济发展水平具有密切关系的观点。20 世纪 70 年代学术界基本形成金融发展理论。具有代表性的有 1973 年麦金农（Ronald Mckinnon）和爱德华·肖（Edward Shaw）发表的《经济发展中的金融深化》、《经济发展中的货币与资本》中提出的金融压抑论和金融深化论。进入 20 世纪 90 年代，以本斯维格（Bencivenga）和史密斯（Smith）、达塔（Dutta）和卡

普尔（Kapur）等为代表的内生金融中介理论，格林伍德（Green-wood）和史密斯等为代表的内生金融市场理论以及默顿（Meton）和莱文（Levin）的金融功能理论成为主导。

对于金融如何促进经济增长，1993年意大利博科尼大学帕加诺（Pagano）对内生经济增长模型重新做了解释，分析金融作用于经济增长的机制，他的论文《金融市场与经济增长》发表在《欧洲经济评论》。其主要思想是金融发展是影响经济增长的直接因素，金融发展影响经济增长的路径是通过影响资本的边际产出率、储蓄率、储蓄—投资转化率间接地影响经济增长。在此基础上，国外学者以帕加诺思想为基础，进一步研究金融作用于经济增长的机制，思路更加开阔。根据帕加诺的思想，金融发挥各种功能促进资本积累和技术创新，资本积累和技术创新推动经济增长，低碳经济增长是资源环境约束下的经济增长，要想保持经济增长与环境协调发展，关键的因素是技术创新，通过金融手段促进技术创新，引导资金流向低碳经济，低碳技术，尤其是推动节能环保技术、新能源技术、循环经济技术等，有效分散风险，从而实现经济与环境协调发展[①]。

第四节　环境金融与帕累托最优

一、福利经济学

福利经济学从规范的角度，对完全竞争经济的一般均衡状态进

---

① 雷立钧. 碳金融研究——国际经验与中国实践. 经济科学出版社，2012：34 - 35，39 - 40.

行经济效率分析，即研究如何在生产者和消费者之间分配生产要素和商品，才能获得最佳经济效益的问题，并从社会经济福利的观点出发，对经济体系的运行进行评价。

福利经济学于 20 世纪初形成于英国，后来在美国、瑞典和法国得到传播，1920 年，马歇尔的学生庇古（Pigou）出版了《福利经济学》，标志着福利经济学的创立，1930 年以后，意大利经济学家帕累托对庇古的福利经济学在批判的基础上进行修改，创立了新福利经济学。

二、帕累托最优

以帕累托为代表的新福利经济学认为，福利经济学应该研究的是效率而不是公平，他们主张在既定的收入分配下，经济效率的最优状态，统称帕累托最优状态（Pareto Optimaltity）。当完全竞争市场达到长期均衡时，产品在消费者之间的分配达到最优状态，生产要素在不同产品部门的投入达到最优，产品产出的组合达到最优，这一状态称为帕累托最优，也称为福利经济学第一基本定律。

三、环境金融与公平、效率的关系

效益是金融市场发展的目标之一，而效益的实现有赖于金融效率的提高。经济学中效率指的是投入与产出的比较，它强调的是资源的有效利用与配置；而效益则指的则是预期目标实现的有效程度。通过金融体制来调节环境保护与社会、经济之间的关系，运用其金融杠杆作用引导资本对环境的供给和改进不合理的经济结构，最大限度地实现环境治理与经济发展的统一，正是其效率与效益的体现。

《京都议定书》从公平性角度，对发达国家具体规定具有法律约束力的排放限额的同时，也从效率角度提供了如附件Ⅰ中的排放贸易机制、联合履约机制、清洁发展机制等的灵活机制。以全球温室气体减排来分析，根据国际法中的国家主权原则，每一个国家为了经济的发展都有一定的排放温室气体的权利。在国际商品领域，这种权利是可以通过金融机制和其他市场机制进行交易的，环境金融市场就是其未来发展的主要载体。那么无论在世界的什么地方采取减排措施，只要温室气体的排放有所减少，对全人类而言都能从中受益。

从理论上看，这种受益对发达国家与发展中国家都具有一致性。客观来看，采用环境金融机制进行温室气体排放权证交易对发达国家来说，可以避免其因履行强制的温室气体排放控制承诺而可能导致的对国内经济发展的阻碍；对发展中国家来说，环境金融机制则可为其带来更多的国际资金流入和技术引进，提高国内的能源利用效率。金融效率的提高源自于金融业的自由竞争和金融创新，从整体上看，环境金融可以以相对较低的成本，高效地实现全球的温室气体浓度和数量的减少。借助金融机制的工具理性在全球减排事宜上，充分调动和促成发达国家与发展中国家开展合作，进行减排额度交易的合理性是显而易见的①。

---

① 李妍辉. 论环境治理的金融工具. 博士论文，武汉大学，2012（5）：38－39.

第四章

环境金融的基本原理

环境金融是典型的学科交叉领域，是金融机构针对环境保护以及为推动环境友好型产业发展而开展的高级投融资活动，是金融业根据环境产业的需求而进行的金融创新。环境金融包含很多高级的金融创新产品，本章主要论述这些金融创新产品背后的以金融工程为代表的主要金融原理。

第一节　金融工程

诞生于 20 世纪 80 年代的金融工程作为一门独立学科的时间还不是很长，因此理论界与实务界对于金融工程的定义、研究内容等问题的认识也不尽相同。英国学者洛伦茨·格立茨认为："金融工程运用金融工具重新构造现有的金融状况，使之具有所期望的特性（即风险/收益组合特性）。"最早提出金融工程学概念的学者之一美国金融学家 John Finnerty（1988）认为：金融工程将工程思维引入金融领域，综合地采用各种工程技术方法（主要有数学模型、

数值计算、网络图解、仿真模拟等）设计、开发和实施新型的金
融产品，创造性地解决各种金融问题。1991 年"国际金融工程师
学会"（International Association of Finance Engineers）的成立是金
融工程学系统形成的主要标志。国际金融工程师学会常务理事
Marshall 等（1992）认为 Finnerty（1988）的上述定义对金融工程
的研究范围作了准确的概括。在此基础上，他们又作出了进一步的
阐述：在定义中提到的金融产品是广义的，它包括所有在金融市场
交易的金融工具，如股票、债券、期权、互换等金融商品，也包括
金融服务，如结算、清算、发行、承销等。而设计、开发和实施新
型的金融产品的目的也是为了创造性地解决金融问题，因此金融问
题的解也可看作金融产品。在定义中提到的"新型和创造性"有
三个层次的含义：一是指金融领域中思想的跃进，其创新程度最
高；二是对已有的观念做重新地理解与运用；三是指对已有的金融
产品和手段进行分解和重新组合。目前层出不穷的新型金融工具的
创造，大多建立在这种组合分解的基础上。

金融工程的核心是对新型金融产品或业务的开发设计，其实质
在于提高效率。金融工程的研究内容主要包括三个方面（Finnerty，
1988）：（1）新型金融产品和工具的开发。包括面向大众的金融产
品（如新型银行账户、新型共同基金等）和面向企业的金融工具
（如期货、期权、新型可转换债券、新型优先股等）。（2）新型金
融手段的开发。主要目的是降低交易成本。典型实例有证券发行的
存架登记方式、电子化证券交易等。（3）创造性地解决金融问题，
如现金管理策略的创新、公司融资结构的创造等。

在金融工程中，既需要风险收益关系、无套利定价等金融思维
和技术方法，又需要"积木思想"（即把各种基本工具组合形成新
产品）和系统性思维等工程思维，还需要能够综合采用各种工程

技术方法如数学建模、数值计算、网络图解和仿真模拟等处理各种金融问题。最后，由于数据处理和计算高度复杂，金融工程还必须借助信息技术的支持。除了需要计算机网络及时获取和发送信息外，还需要先进的计算机硬件和软件编程技术的支持，以满足大量复杂的模拟与计算的需要。

第二节　估值理论

公司估值是投融资、交易的前提。一家投资机构将一笔资金注入企业，应该占有的权益首先取决于企业的价值；财务模型和公司估值是投资银行的重要方法，广泛运用于各种交易。上市公司是证券市场的基石与核心，上市公司估值的最终目的是股票估值。估值是一种对上市公司的综合判定，无论宏观分析、资本市场分析、行业分析还是财务分析等，估值都是其最终落脚点，投资者依据估值做出投资建议与决策。公司估值理论与方法可以分为两大类，即绝对估值法与相对估值法。

1. 绝对估值法

绝对估值法中最主要的是估值贴现模型。估值贴现模型中使用最多的是股利贴现模型、自由现金流量贴现模型、收益（盈余）贴现模型等三种模型，其中前两种在实际中使用较多。这些方法在理论及逻辑推理上是最为完备、最为严密的体系，在实际中被广为采纳，但是不同模型也存在各自的缺陷。

（1）股利贴现模型最早由 Williams（1938）提出，他认为股票价值等于持有者在公司经营期内预期能得到的股息收入按合适折现率计算的现值，这是公认最基本的估值模型。但是由于我国资本市场发展现状等原因，股利政策更多的是公司管理层人为主观决策行为，股利发放与否与价值没有必然联系，盈利公司不支付股利与亏损公司支付股利现象多有发生，使此模型在某些时候显得力不从心。

（2）自由现金流量模型认为公司价值等于公司未来各年自由现金流量按照适当贴现率计算的现值之和，并由此扣除债权价值得出股权价值与股票价值。此模型假定公司面临一种相对完善的市场环境，即制度环境、经营环境是稳定的，公司持续经营，投资者具有理性一致预期等。但是此模型不适用于引入期公司，不适用于那些经营周期相对于经济周期变化不确定的公司等。

股权自由现金流定义为：

FCFE = 净收益 + 折旧 - 资本性支出 - 营运资本追加额 - 债务本金偿还 + 新发行债务

（3）收益贴现模型通过将未来会计盈余贴现作为估值基础。此方法基于以下原理：Watts 和 Zimmerman（1986）提出的会计盈余可以视为已实现现金流量替代变量，或者基于 Beaver（1998）提出三个假说把会计盈余与估值联结起来，即现在会计盈余与未来会计盈余相关联，未来会计盈余与未来股利相关联，未来股利与现在估价相关联。

股利贴现和股权自由现金流模型的基本差别在于现金流的定义，股利贴现使用的现金流是股票的预期红利，而 FCFE 使用的股权现金流是广义的，在对可能发生控制权变动的公司进行估价时，FCFE 模型提供的结果较理想。股票的价格总是围绕着股票的内在价值上下波动，发现价格被低估的股票，在股票的价格远远低于内在价值的时候买入股票，而在股票的价格回归到内在价值甚至高于内在价值的时候卖出以获利。股利贴现方法看似十分精确，但要精确估计公司的未来股利是相当困难的，因此此方法实际使用中受到限制，在实际股票分析中，用得最多的还是比率分析法，即相对估值法。

2. 相对估值

Aswath Damodaran（1967）提出相对估价法，即通过寻找可比资产或公司，依据某些共同价值驱动因素如收入、现金流量、盈余等变量，借用可比资产或公司价值来估计标的资产或公司价值。根据价值驱动因素不同可以分为市盈率估价法、市净率估价法、重置成本法、市价与销售收入比率法、企业价值与 EBITDA 比率法等。相对贴现法而言，相对估值法更容易被投资者理解，只需要较少假设与数据，计算更快，衡量的是相对价值，有助于公司间进行对比。然而相对价值法运用单一乘数估值，容易忽略诸如现金流、风险、增长、战略等重要估值因素；乘数选择、可比公司或资产选择具有较大主观性，容易被操纵；相对估值使标的价值容易受可比公司或资产价值高估或低估影响。

相对估值常使用市盈率（Price/Earning Ratios，P/E）、市净率（Price/Book Value Ratio，P/BV）、市售率（Price/Scale Ratio，P/S）、市现率（Price/Cash Flow Ratio，P/CF）等价格指标进行计算确定股票价值。市盈率又称价格与收益比率，它是每股价格与每股收益之间的比率（每股价格/每股收益）。经济含义是按照公司当前的经营状况，投资者通过公司盈利要多少年才能收回投资。国际上公认市盈率 20 倍以内为投资区域。市净率是股票的当前市价与公司权益的每股账面价值的比率（每股市场价格/每股净资产），市净率常用来对公司的市场价值进行比较估计，对于资产中包含大量现金的公司，市净率是更为理想的比较估值指标。市售率是股票价格与每股销售收入的比率（每股市价/每股销售收入），使用的是损益表的有关数据，此比率弥补了市盈率的不足。市现率是价格与现金流的比率（价格/现金流），使用现金流比收益指标稳定，在公司收益波动较大时采用此指标较为合适。相对估值法反映的是，公司股票目前的价格是处于相对较高还是相对较低的水平。通过行业内不同公司的比较，可以找出在市场上相对低估的公司。但这也并不绝对，如市场赋予公司较高的市盈率说明市场对公司的增长前景较为看好，愿意给予行业内的优势公司一定的溢价。因此，采用相对估值指标对公司价值进行分析时，需要结合宏观经济、行业发展与公司基本面的情况，具体公司具体分析。所以有时也会使用结合绝对估值和相对估值的联合估值法，寻找股价和相对指标都被低估的股票。

第三节　投资组合理论

投资组合理论是现代金融理论及投资理论的基础，由美国经济学家哈里·马柯维茨（1953）在其《证券组合选择》一文中提出。人们进行投资，本质上是在不确定性的收益和风险中进行选择，马柯维茨通过建立均值方差模型，对风险和收益进行了量化，提出了确定最优投资组合的方法。

假定有 n 项风险资产，它们的预期收益率记为 $E(r_i)$，$i=1$，2，$\cdots$，n；彼此之间的协方差记为 σ_{ij}，i，$j=1$，2，$\cdots$，n；w_i，$i=1$，2，$\cdots$，n，表示相应的资产在组合中的比重。一个投资组合由组成的各风险资产及其权重确定，因此组合的预期收益率是各组成资产预期收益率的加权平均，记为：

$$E(r) = \sum_{i=1}^{n} w_i E(r_i) \tag{4-1}$$

组合的风险由其收益率的标准方差来刻画，而方差与各组成成分的方差、权重以及成分间的协方差有关，因此组合的方差为：

$$\sigma^2 = \sum_{i=1}^{n} \sum_{j=1}^{n} w_i w_j \sigma_{ij} \tag{4-2}$$

因为协方差又与任意两成分的相关系数成正比，所以马柯维茨提出两种风险资产相关性越小，投资组合的总体风险就越小，这也成为金融投资上最著名的论断之一。

要求最优投资组合，就是在给定预期收益率水平下风险最低的投资组合，或者在给定风险水平下预期收益率最大的投资组合，用数学模型表示如下：

$$\min\sigma^2 = \sum_{i=1}^{n} \sum_{j=1}^{n} w_i w_j \sigma_{ij}, s.\,t. \sum_{i=1}^{n} w_i E(r_i) = E(r), \sum_{i=1}^{n} w_i = 1 \tag{4-3}$$

或者：

$$\max E(r) = \sum_{i=1}^{n} w_i E(r_i), s.\,t. \sum_{i=1}^{n} \sum_{j=1}^{n} w_i w_j \sigma_{ij} = \sigma^2, \sum_{i=1}^{n} w_i = 1 \tag{4-4}$$

马柯维茨的模型开创了现代投资组合理论的先河，将多项风险资产组合到一起，不仅没有降低平均预期收益率，而且可以对冲掉部分风险。但是此模型在实际应用中，需要计算大量风险资产间的协方差，因此受到了一定限制。此后，威廉·夏普（1963）提出了可以对协方差矩阵加以简化估计的单因素模型，极大地提升了投资组合理论的应用价值。

如今，投资组合理论已被广泛应用到投资组合中各资产类型最优配置的活动中，并被实践证明是行之有效的。此理论对现代机构投资者的资产管理的实际运作产生了深远的影响，不仅对资产的风险和收益进行了准确的衡量，解决了长期困扰投资者们的重大难题，而且对投资组合作了合理性阐述，形成了系统化的认识，也使资产管理者或基金经理从过去关注单个证券转向了对构建有效投资组合的重视，从而促使资产管理业务发生了革命性的变化。

第四节　资本资产定价理论

资本资产定价模型（Capital Asset Pricing Model，CAPM）是20世纪60年代在马柯维茨投资组合理论的基础上，由威廉·夏普、约翰·林特、简·莫森等人发展起来的。CAPM 将市场上的风险分为非系统风险和系统风险，其中系统风险是指资本市场本身所固有的风险，不能通过分散消除。此理论考察的正是系统风险对资产预期收益率的影响，这些风险能够让投资者获得风险溢价。风险溢价表示了有风险投资的平均收益与无风险投资的收益的差，也是委托人愿意委托资产管理人进行风险投资的主要动机。

此理论的核心观点是，如果人们对预期收益率和风险的预测相同，并且都愿意持有有效投资组合，那么均衡时任意资产的风险溢价等于此资产的风险系数（β系数）和市场组合风险溢价的乘积。

设市场组合 M 的预期收益率为 $E(r_M)$，方差为 σ_M^2，无风险收益率为 r_f，n 项风险资产组合 P 中各项资产的比重是 w_i，i = 1，2，…，n，第 i 项资产的风险系数为 β_i，其风险溢价就为：

$E(r_i) - r_f = \beta_i(E(r_M) - r_f)$，即第 i 项资产的预期收益是：

$$E(r_i) = r_f + \beta_i(E(r_M) - r_f)。 \qquad (4-5)$$

那么，对任意的可行投资组合 P 而言，组合的风险系数和预期收益率即：

$$\beta_p = \sum_{i=1}^{n} w_i \beta_i, E(r_p) = r_f + \beta_p(E(r_M) - r_f) \qquad (4-6)$$

资本资产定价模型是第一个关于金融资产定价的均衡模型，它通过建立资本风险与收益的关系，明确指出资产的预期收益率就是无风险收益率与风险溢价两者之和，从而对资产报酬的内部结构进行了揭示。

资本资产定价模型最基本的应用是计算资产的预期收益率，即资产的均衡价格，这与资产的内在价值也是一致的，从而为投资者的投资行为提供了关键的指导作用。同时，CAPM 帮助投资者根据绝对风险而不是总风险，对各种竞争报价的金融资产作出评价和选择，这种方法已经被金融市场上的投资者广为采纳，用以解决投资决策中的一般性问题。此外，由于不同资产在不同时期都具有不同的收益特征，因此 CAPM 能够根据投资者的要求或风险偏好，进行资产组合管理，优化资源配置。

正是由于资本资产定价模型在资产管理上的诸多优势以及简单、易懂、实用性强等优点，一经推出，就成为普通投资者、基金管理者和投资银行进行资产投资的重要工具之一，在金融市场中得到广泛的应用。1980 年，这一理论在指导美国 650 亿美元养老基金的投资策略上就发挥了举足轻重的作用，也为后来众多机构投资者的资产管理业务的顺利发展奠定了良好的基础。

第五节　行为金融理论

在 20 世纪 80 年代后期，随着金融学研究的深入，在理论和实证方面传统的金融学理论面临挑战，尤其是对有效市场假说，一系列实证研究都发现市场存在诸如"长期反转""中期惯性""反应过度""波动率之谜"等市场异象。实证研究所发现的市场异象推动了金融学对更为基本的问题进一步思考。有效市场理论基于"理性经济人"的假设，而现实中的投资者能否如此"理性"？投资者非理性行为的影响是否微乎其微？这些实证研究发现的市场异像也许是投资者非理性行为的结果。对于行为人的决策，心理学具有大量的研究，其研究发现现实中人们的决策行为与经济学的理性假设有一定的差异。因此，根据心理学的研究成果来放松"理性经济人"假设，并以此为基础来研究金融问题，就产生了行为金融学。

根据行为金融学对理性假设修正的主要出发点可以将其分为基于信念的模型和基于偏好的模型。基于信念的模型主要应用的心理学基础是情感心理学和认知方式及认知偏差；而利用前景理论（Prospect Theory）（Kahneman and Tversky，1979）的相关假设来捕捉投资者的偏好特征是基于偏好模型的最常用做法，它也给行为金融学的发展奠定了基础。可以说，作为一门新兴学科，行为金融学将心理学与金融学有机结合起来，从投资者正常行为出发，企图通过对投资者决策的心理分析，以比传统金融学更适合的人性模型揭示投资者的行为特征和市场规律。

本节将介绍行为金融学在资产定价领域基本理论。

资产定价是金融学的核心问题。行为金融学在资产定价领域的研究思想与经典金融学相同，不同的是行为金融应用心理学成果来修正行为人的信念和偏好的形成方式。到目前为止，行为金融在这一领域的主要工作是为那些市场异象提供解释。

Shefrin 和 Statman（2000）以前景理论为基础提出了行为资产投资组合理论。这个理论讨论了单一心理账户和多心理账户的投资组合问题，在同一心理账户考虑资产间相关关系，在不同心理账户不考虑资产间相关关系。在这个组合中，投资者既买债券又买彩票。最优选择是把债券和彩票结合起来。行为资产组合理论类似于一个"金字塔"，塔身有几个层次——由几个不同的心理账户组成，位于塔尖的是风险资产，位于塔底的是无风险资产。风险资产满足投资者追求财富的需求；无风险资产保障投资者的最低生活水平。各种心理账户之间的计算方式（记账方式）不相同，因此，不同账户之间不能进行通约（马可维茨的资产组合理论中，投资者把所有的投资行为放入一个心理账户，用一个标准——风险—收益来衡量）。行为资产组合理论很好地解释了投资者既买保险又买彩票的矛盾行为。

金融学在解决资产定价问题的一类方法是均衡定价。Barberis，Huang 和 Santos（2001）（BHS）将前景理论引入股票的一般均衡定价模型中。BHS 假设投资者偏好的形成分为两个部分，一部分是投资者消费获得的效用，而另一部分则是投资者持有风险资产的价值变化所带来的效用。另外，心理学研究发现人们的损失厌恶程度依赖于以前的收益和损失。BHS 将损失厌恶的这种变化引入投资者的偏好模型中，模型的思想是：现金流的利好消息推动股票价格上升，使投资者产生前期收益，此时投资者对损失的厌恶程度会变小，他们会用较低的折现率对未来的现金流进行折现，从而将价格推到相对于当前红利更高的水平；相反，现金流的利空消息推动股票价格下跌，使投资者产生前期损失，此时投资者对损失的厌恶程度会变大，他们会用较高的折现率对未来现金流进行折现，从而将价格推到相对于当前红利更低的水平。由此引起价格红利比的过度波动，即解释了波动率之谜。BHS 模型也可以解释股权溢价之谜，直观的思想是：BHS 模型论证了损失厌恶程度的变化可以产生股票价格的过度波动，而损失厌恶本身又使投资者不愿意看到股票市场存在频繁的下跌过程，因此投资者将对持有风险资产要求更多的溢价。

Shefrin 和 Statman（1994）通过对噪声交易行为分析提出了行为资产定价理论，认为如果市场价格是有效的，新信息就是决定市场波动的唯一因素，它决定着均值方差有效集、市场组合的收益分布、风险溢价、期限结构和期权价格。但由于噪声交易者存在，当市场所有交易者的财富与估计误差和为零时，价格才有效，否则是无效的。如果价格无效，新信息不是市场波动的完全统计量，旧信息也是决定市场价格的因素，影响所有资产和交易量，反映在期限结构、风险溢价、期权价格中。此理论还给出了与 CAPM 相对应的行为资产定价模型 BAPM：

$$E(r_i) = r_f + \beta^B [E(r_{MB}) - r_f] \qquad (4-7)$$

其中，$E(r_{MB})$ 是市场行为组合期望收益率，β^B 是证券对市场行为组合的贝塔。

行为金融学解决问题的方式基本上还是在不同的情况下给出不同的假设，对不同的金融市场现象给出各自的解释，而这种状况显然难以令人满意。因此，怎样建立一个能够适应不同状态下投资者行为的统一的行为金融学理论框架是行为金融学面临的最大的挑战之一。

第六节　期权定价理论

期权是环境金融领域的一种主要产品形式。期权是一种特殊的衍生产品，期权买方可以从中避免坏的结果，而从好的结果中获益；同时，期权卖方可能获利也可能产生巨大的损失。当然，期权不是免费的，这就产生了期权定价问题。期权定价理论是现代金融理论最为重要的成果之一，它集中体现了金融理论的许多核心问题，理论艰深，方法众多，应用广泛。

期权定价理论的演化过程可以分为三个阶段：Black-Scholes 之前的期权定价理论；Black-Scholes 期权定价理论；Black-Scholes 之后的期权定价理论。

一、Black-Scholes 之前的期权定价理论

期权的理论和实践可以追溯到古希腊时期，早在公元前 1200 年的古希腊和古腓尼基国的贸易中就已经出现了期权交易的雏形，而期权的思想萌芽也可以追溯到公元前 1800 年的《汉穆拉比法典》。此后期权在 17 世纪荷兰 "郁金香投机泡沫" 和 18 世纪美国农产品交易中相继出现。期权定价的理论模型的历史却比较短。期权定价理论的研究始于 1900 年，由法国数学家巴舍利耶（L. Bachelier）在博士论文《投机理论》中提出。他首次引入了对布朗运动的数学描述，并认为股票价格变化过程就是一个无漂移的标准算术布朗运动。巴舍利耶通过高斯概率密度函数将布朗运动和热传导方程联系起来，得出到期日看涨期权的期望值公式：

$$V_t = K\,S_t\Phi\left(\frac{S_t - K}{\sigma\sqrt{t}}\right) - X\Phi\left(\frac{S_t - K}{\sigma\sqrt{t}}\right) + \sigma\sqrt{\tau}\,\varphi\left(\frac{S_t - K}{\sigma\sqrt{t}}\right) \quad (4-8)$$

其中，S 是 t 时刻股票价格，K 是期权执行价格，σ^2 是股票价格遵循的布朗运动的方差，T 是期权期限，Φ 与 φ 是标准正态分布的分布函数和密度函数。

这一模型的主要缺陷是绝对布朗运动允许股票价格为负，并可推导出股票价格变化期望为零的结论，这与现实不符，也未考虑资金的时间价值。令人难以理解的是，长达半个世纪之久巴舍利耶的工作并没有引起金融界的重视，直到 1956 年被克鲁辛格（Kruizenga）再次发现。但其蕴涵的随机游走思想与引入布朗运动描述股票价格变动，都具有开创性意义。巴舍利耶的期权定价理论标志着金融数学的诞生。

20 世纪 40 年代，概率论和随机过程的发展为期权定价理论进一步奠定了数学基础，特别是日本数学家伊藤清建立了伊藤随机微分方程和伊藤过程。这成为金融领域中的基本数学工具，在期权定价领域非常重要。在巴舍利耶以后，期权定价模型的最新发展，当属斯普里克尔（Sprenkle, 1961），他假设股票价格服从具有固定平均值和方差的对数分布，这样就消除了巴舍利耶公式中股票价格为负的可能性。同时允许正向漂移，考虑了利率和风险厌恶。但此模型仍然忽略了资金的时间价值。斯普里克尔的看涨期权定价公式为：

$$
\begin{aligned}
V_t = {} & S_t e^{\alpha t}\Phi\left(\frac{\ln(S_t/K) + (\alpha + \frac{1}{2}\sigma^2)\,t}{\sigma\sqrt{t}}\right) \\
& - (1-\pi)K\Phi\left(\frac{\ln(S_t/K) + (\alpha - \frac{1}{2}\sigma^2)\,t}{\sigma\sqrt{t}}\right) \quad (4-9)
\end{aligned}
$$

其中，参数 π 是市场"价格杠杆"的调节量，α 是股票预期收益率（不是无风险收益率）。

这一期间，卡苏夫（Kassouf，1969）、博内斯（Boness，1964）和萨缪尔森（Samuelson，1965）也相继给出了看涨期权定价公式，特别是博内斯和萨缪尔森的看涨期权定价公式基本上接近了 Black-Scholes 的期权定价公式。1973 年之前的期权定价理论都缺乏实用价值，被称为"不完全模式"。但期权定价理论的发展是一脉相承的，他们的工作为随后的 Black-Scholes 模型奠定了基础。

二、Black-Scholes 期权定价理论

1973 年芝加哥期权交易所创建了第一个用上市股票进行看涨期权交易的集中市场，首次在有组织的交易所内进行股票期权交易，在短短的几年时间里，期权市场发展十分迅猛，1977 年看跌期权的交易也开始出现。有趣的是美国芝加哥大学教授布莱克（F. Black）和舒尔斯（M. Scholes）发表《期权与公司负债定价》一文也是在 1973 年，同年麻省理工学院的莫顿（R. C. Merton）独立地提出一个更为一般化的模型，并提出了一系列的改进和完善。不久，德州仪器随即推出固化了 Black-Scholes 公式的期权计算器，并迅速得以推广。交易者只需键入包括标的资产价格、标的资产价格的波动率、货币利率和期权到期日等几个变量就很容易解出此方程，后来有人用这个方程对历史期权价格进行了验证，发现实际价格与理论价格基本接近，这一理论研究成果直接被应用到金融市场交易的实践中，推动了各类期权交易的迅猛发展。Black-Scholes-Merton 模型（后简称 B-S-M 模型）也由此迅速

成为一场"里程碑"式的革命，影响深远。其不仅为创立者赢得了 1997 年诺贝尔经济学奖的殊荣，也在期权定价实践中占据着主导地位，至今无可取代。

B-S-M 模型给出了欧式股票期权的定价公式，但其模型建立在严格的假设前提之上，包含以下六点：

（1）股票价格的随机过程——遵从几何布朗运动；

（2）股票在期权有效期内无红利及其他现金收益；

（3）市场是无摩擦的：不存在税收和交易费用；

（4）允许卖空股票，且股票是完全可分的；

（5）无风险利率为常数，投资者能以此利率贷入资金；

（6）不存在无风险套利机会。

B-S-M 模型的期权定价的基本思想是无套利复制。衍生资产的价格及其所依赖的标的资产价格（如股票价格与期权价格）都受同一种不确定性的影响，两者遵循相同的几何布朗运动，只是对随机因素变化的反应程度不同。通过构造一个包含恰当数量的衍生资产头寸和标的资产头寸的投资组合，可以消除不确定性，标的资产头寸与衍生资产头寸的盈亏可以相互抵消。由这样构成的资产组合为无风险的资产组合。在一个无套利市场中，此资产组合的收益必定等于无风险利率。由此可以得到期权价格的 B-S-M 微分方程：

$$\frac{\partial V}{\partial t} + rS\frac{\partial V}{\partial S} + \frac{1}{2}\sigma^2 S^2 \frac{\partial^2 V}{\partial^2 S^2} - rV = 0 \qquad (4-10)$$

结合边界条件：$c(S_t, T) = \max\{S_t - K, 0\}$，求解微分方程得到期权价值的解析解。

看涨期权定价公式为：

$$c = S_0 e^{-qt}\Phi(d_1) - Ke^{-\gamma t}\Phi(d_2) \qquad (4-11)$$

看跌期权定价公式为：

$$c = Ke^{-\gamma t}\Phi(-d_2) - S_0 e^{-qt}\Phi(-d_1) \qquad (4-12)$$

$$d_1 = \frac{\ln\left(\dfrac{S}{K}\right) + \left(r + \dfrac{1}{2}\sigma^2\right)t}{\sigma\sqrt{t}} \qquad (4-13)$$

$$d_2 = \frac{\ln\left(\dfrac{S}{K}\right) + \left(r - \dfrac{1}{2}\sigma^2\right)t}{\sigma\sqrt{t}} = d_1 - \sigma\sqrt{t} \qquad (4-14)$$

其中，S_0 是标的资产现货价格，K 是执行价格，r 是连续复利的无风险率，q 是连续支付的红利率，σ 是标的资产价格的波动率，T 是期权到期期限。$\Phi(x)$ 是标准正态分布变量的累计概率函数。

B-S-M 模型微分方程和期权定价公式的特点之一是：不再有主观变量。因为消去了漂移项——股票的期望收益率，不包含任何反映投资者风险偏好的变量，所以无需对风险中性进行假定。期权的合理价格与投资者的风险偏好无关，风险中性定价成为衍生品定价中的重要方法。这和直觉有悖，对这一点的理论证明涉及后来金融研究中的测度论、鞅和在金融衍生品中极其重要的吉尔萨诺（Girsanov）定理。

在 B-S-M 模型中，期权价格所依赖的变量都是可观察得到的：股价、执行价格、到期期限、无风险利率和股价的波动率（可由历史数据估计），使 B-S-M 模型的使用非常方便。

B-S-M 微分方程也适用于其他金融衍生品，而不仅仅限于期权。只是在不同的边界条件下，数学上可能找不到衍生品价格对应的解析解，需要用数值方法来求解其价格。B-S-M 模型在其他经济领域也有广泛的应用，如公司资产结构问题、可转化债定价等方面。

三、B-S-M 模型之后的期权定价理论

B-S-M 模型为金融衍生品市场的发展铺平了道路，在实践中也得到了充分的检验。但局限性在于其严格的前提假设和实际金融市场的不符。这削弱了其定价的效率、精度和适用性。而后的期权定价理论在 B-S-M 模型基础上做了大量的改进，主线有两条：第一，放松其前提假设以符合实际；第二，推广到更复杂的衍生品定价：

● 标的资产价格的随机过程假定的放松是最主要的一方面。标的资产价格并不完全是一个几何布朗运动，对数正态分布也不能完全刻画资产价格。针对现实中的资产回报的非对称、尖峰厚尾、跳跃、波动率不恒定等情况，期权定价理论不断提出新的改进。

● 对市场无摩擦条件的放松，考虑交易成本下的期权定价。

● 考虑资产红利时和无风险利率不恒定时的期权定价。

● 非欧式期权定价：美式期权、奇异期权的定价更加复杂。

● 非股票期权：利率期权、外汇期权等标的物不是股票的情况。

● 非完全金融市场下的期权定价：B-S-M 模型的内涵是无套利复制定价思想，在非完全市场中期权无法完全复制，价格是一个区间而非确定的值。

这些内容就构成了 B-S-M 模型提出后迄今的期权定价理论的进展，这点的改进主要有两个方向：跳跃扩散和随机波动率。如莫顿（R. Merton）的跳跃—扩散模型（Jump-Diffusion）；赫斯顿（H. Heston）

随机波动率模型（SV）；赫格（T. Hoggard）、威利（A. Whalley）和威尔莫特（P. Wilmott）提出的 H-W-W 模型和赫杰斯（S. Hodges）、纽伯格（A. Neuberger）和戴维斯（M. Davis）等人提出的效用无差异定价方法。后面两个理论是考虑交易成本的期权定价理论。

期权定价理论发展在多个方面不断深入。如戈曼（M. Garman）和柯尔哈根（S. Kohlagen）以 B-S-M 模型为基础，提出外汇期权的 G－K 定价模型。布莱克提出的针对期货期权的 Black 定价模型。对于不完全市场下的期权定价采用的最优化套期保值、均值方差套期保值、超套期保值等方法。此外，综合性的改进也是一个方向，例如，贝茨（D. Bates）将随机波动率和随机跳跃结合起来推导出的 SVJ 模型。期权定价理论和实践中常常无法或难以得到解析解的，如美式期权，主要采用各类数值方法来为期权定价。

中篇　前沿篇

第五章

国际碳金融市场

第一节　碳金融市场框架体系

一、什么是碳金融

世界银行在 1999 年成立首支碳基金与 2005 年欧洲气候交易所相继推出碳排放期货、期权使碳排放权具有了金融的属性，碳金融由此发展起来[①]。目前"碳金融"在国际上尚未形成统一的认识，世界银行（2006）的金融部曾将碳金融定义为，泛指以购买减排量的方式为能够产生温室气体减排量的项目提供资源[②]。全球唯一的环境金融杂志《全球环境金融杂志》（*Environmental Finance Magazine*）将与气候变化问题相关的金融问题简称碳金融，碳金融主要包括天气风险管理、可再生能源证书、碳排放市场和"绿色"

[①]　杜莉等著. 低碳经济时代的碳金融机制与制度研究. 中国社会科学出版社，2014：4.

[②]　参见世界银行碳金融网站。http：//www. carbonfinance. org.

投资等内容①。索尼娅·拉巴特和罗德尼·怀特（Sonia Labatt and R. R. White，2009）在出版的《碳金融：气候变化的金融对策》中对碳金融进行界定，他们认为，碳金融探讨生活在一个碳限制世界，一个排放二氧化碳必须付出代价的世界中产生的金融问题。因此碳金融的定义包括三个方面：其一，代表环境金融的一个分支；其二，探讨与碳限制社会有关的社会财务风险和机会；其三，预期会产生相应的基于市场的工具，用于转移环境风险和完成环境目标②。这个定义比世界银行所采用的定义更加广泛。他们认为碳限制社会未来对各产业和投资者都会带来极大的挑战，将使企业暴露在不同程度的气候风险中，如限制温室气体排放的法规、气候变化带来的实体影响、不完善法律制度所面对的法律挑战，企业因气候变化导致竞争地位变化对声誉产生影响，以及由于生产成本改变和产品为应对碳限制社会而发生变更所带来的竞争压力。从事金融行业的决策者，应该担负起双重责任：一是由于气候变化可能影响客户和自身营运，因而要准备好随时应对可能的各种负面效应；二是提供相关产品与服务，以帮助降低碳限制社会中可能的经济风险，同时这些挑战在为金融公司带来风险的同时也为公司提供了机会。金融服务业应当制定适当的内部政策、程序、产品和服务，以帮助客户解决问题和保证自身的生存。此外气候变化也为金融服务业创造机会。

我们认为，碳金融可以从广义和狭义两个角度去理解，狭义的碳金融是指运用金融市场工具规避环境风险实现环境优化目标，这个界定与索尼娅·拉巴特和罗德尼·怀特的理解保持一致，另外，

---

① 参见世界银行碳金融网站。http：//www.carbon-financeonline.com.

② Sonia Labatt and Rodney. R. White，Carbon Finance. New Jerscy：Hoboken，2009.

从广义上来看，杜莉（2014）在《低碳经济时代的碳金融机制与
制度研究》① 中认为，碳金融"是指为减少温室气体排放所进行的
各种金融制度安排和金融交易活动，既包括碳排放权及其衍生品产
品的交易、低碳项目开发的投融资，也包括碳保险、碳基金，以及
相关的金融服务等业务"。王遥（2010）在《碳金融：全球视野与
中国布局》② 中则认为："碳金融就是应对气候变化的金融解决方
案，包含市场、机构、产品和服务等要素，是应对气候变化的重要
环节，是实现可持续发展，减缓和适应气候变化，灾害管理三重目
标的低成本路径，是低碳发展的核心经济手段。"叶岩（2006）在
《温室气体催生碳金融》③ 中指出："顾名思义，碳金融就是与碳
有关系的金融活动，也可以叫碳融资，大体上可以说是环保项目投
融资的代名词，也可以简单地把碳金融看成是对碳物质的买卖。"
索尼娅·拉巴特和罗德尼·怀特的理解在《碳金融》④ 一书中则认
为，"广泛的定义涵盖了'解决气候变化的金融方法'"。

　　综合已有文献来看，碳金融的研究内容应包含所有与减少温室
气体排放相关的金融市场、金融机构、金融产品和金融服务等
要素。

　　碳金融的发展伴随着"碳信用""碳足迹""碳中和""碳币"
等一系列新概念的产生，它们从不同的层面揭示了碳金融的内涵与
特征。碳信用（Carbon Credits）也称为碳权，是指国家或企业通
过减少碳排放量得到的经过认证可以进入碳市场交易的碳排放计量

　　① 杜莉等著. 低碳经济时代的碳金融机制与制度研究. 中国社会科学出版社，
2014：4 - 5.
　　② 王遥. 碳金融：全球视野与中国布局. 2010：29 - 30.
　　③ 叶岩. 温室气体催生碳金融. 海外投资和出口信贷，2006：2.
　　④ 索尼娅·拉巴特（Sonia Labatt）和罗德尼·怀特（R. R. White）著.《碳金融：
气候变化的金融对策》王震、王宇等译、石油工业出版社，2010.

单位，一单位的碳信用通常等于一吨二氧化碳的减排量，AAUs，ERUs，CERs 等都属于碳信用，碳足迹（Carbon Footprint）是指个人、企业或者国家的碳消耗量，2007 年 12 月联合国开发署（UN-DP）发布的 2007/2008 年人类发展报告《应对气候变化：分化世界中的人类团结》对于"碳足迹"作了如下评论：一个国家的碳足迹可以通过存量和流量进行衡量，国家碳足迹的深浅与过去和现在的能耗方式密切相关，碳中和（Carbon Neutral）是与碳足迹相对应的一个概念，最早是于 1997 年由英国伦敦的未来森林公司提出的，它是指计算出个人或者企业的二氧化碳的排放总量，然后通过植树等方式把这些排放量抵消掉，以此达到环保的目的。碳币表示碳信用交易市场上每单位碳信用的价值，有些国家提出可以将碳币作为国家外汇储备，并使其拥有与石油和黄金价格同等重要的地位①。

纵观国外现有的碳金融研究，可以发现碳金融是一门综合环境经济学、金融学、社会学、法学等的交叉学科，尽管国外在碳金融领域的理论研究对应对气候变化和推进碳金融业务发展发挥重要作用，但是，与碳金融的实践相比较，目前的研究还未形成系统的理论体系，今后在政策设计、机制探讨、市场建设、定价以及风险管理等方面有待进一步深入探讨。

二、碳金融市场界定

由于有了《京都议定书》的国际法律约束，将温室气体排放权界定为私有产品，使排放温室气体的权利成为一种稀缺的资源、

---

① 刘思跃，袁美子. 国外碳金融理论研究进展. 国外社会科学，2011（4）：105－111.

一种资产，因而具备了商品的价值和交易的可能性，并最终催生出一个以二氧化碳排放权为主的碳交易市场或碳金融市场。由于二氧化碳是最普遍的温室气体，国际惯例是将其他温室气体折算成二氧化碳当量来计算最终的减排量，因此国际上把这一市场简称为碳市场。

碳金融市场通常可以理解为狭义和广义两个层次，狭义的碳金融市场是指由国际上的相关主体根据法律规定依法买卖温室气体排放权指标的标准化市场，在温室气体排放权市场上，温室气体排放者从其自身利益出发，自主决定其减排程度以及买入和卖出排放权的决策。广义的碳金融市场则是在此基础上，还包括与碳交易发展紧密联系的清洁能源的投融资市场以及节能减排项目投融资市场①。

三、碳金融市场框架

随着全球碳金融市场的蓬勃发展，碳交易机制与制度不断完善，交易规模不断扩张。目前已经形成了由"两类法律框架"、"两类机制基础"、"两类交易动机"、"四个交易层次"构成的碳交易市场框架②，如图 5-1 所示。

"两类法律框架基础"，一类是基于《全球气候变化框架公约》和《京都议定书》的国际法律框架；另一类是美国、澳大利亚的国家区域碳市场的法律依据。因此，以是否受《京都议定书》辖定为标准，国际碳交易市场可以分为京都市场和非京都市场。其中

---

① 王遥. 碳金融：全球视野与中国布局. 中国经济出版社，2010：30.

② 王遥. 碳金融：全球视野与中国布局. 中国经济出版社，2010：38-39.

京都市场主要由欧盟排放交易体系（EUETS）、CDM 市场和 JI 市场组成；非京都市场主要包括自愿实施的芝加哥气候交易所（CCX）和强制实施的澳大利亚新南威尔士气候减排体系（GGAS）和零售市场等。

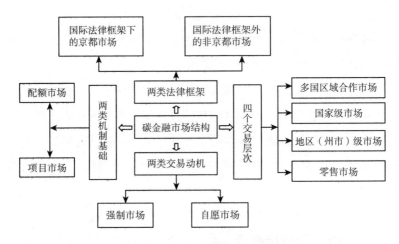

图 5 – 1　国际碳市场结构框架

资料来源：王遥. 碳金融：全球视野与中国布局. 中国经济出版社，2010：38.

"两类机制基础"。全球碳市场版图可以根据交易机制不同划分为基于项目的市场（Project-based Markets）和基于配额（Allowance-based Markets）的市场。配额是基于总量限制与交易机制（Cap and Trade）创建的，项目市场的碳信用则是基于基线与信用机制（Baseline and Credit）创建的。这两类市场所产生的减排单位都属于可交易的碳信用范畴，由于其归属分配和实际使用并非发生在一个时间点上，使碳信用具备了金融衍生品的某些特性，为国际金融充分介入碳交易奠定了基础。

"两类交易动机"。按照交易动机不同，碳金融市场还可以划分为强制履约碳市场（Regulatory/Compliance Markets）和自愿碳市场（Voluntary Carbon Markets）。其中强制履约碳市场（《京都议定书》下的碳市场）是整个国际碳市场的基础，在此基础上，很多国家以履约为目的发展了本国和本区域的强制减排计划。而自愿减排市场交易额还比较小，尚处于标准竞争阶段。目前，强制市场的主要障碍在于各方利益的平衡，而自愿市场的主要障碍在于市场供求关系的充分发掘，两者的发展驱动力完全不同，构建一个强制市场所需要的成本要远远高于自愿市场，这个特性决定了两个市场的定位和发展方式有着根本的区别。

"四个交易层次"。目前，全球既有欧盟排放交易计划等多国区域合作市场，也有加拿大、日本、印度等国家级的排放交易体系，美国、澳大利亚也正在积极发展州级的排放交易体系。总体来看，全球的碳交易市场可以划分为：多区域合作市场、国家级市场、区域（州市）级市场以及一些正在发展中的零售市场四个交易层次。

四、碳金融市场的分类

根据不同的标准，碳金融市场可以进行几种不同的分类①。

（一）配额市场与项目市场

配额市场基于"总量限制交易"（Cap and Trade）机制，总量的确定形成有限供给，有限供给造成一种稀缺，由此形成对配额的需求和相应价格。这一市场主要包括欧盟排放交易体系（EU ETS，其减排指标为 EUA）、新南威尔士温室气体减排机制（the New

---

① 王遥. 碳金融：全球视野与中国布局. 中国经济出版社，2010：61 - 63.

（South Wales GHG Abatement Scheme），其减排指标为 NGAG；芝加哥气候交易所（CCX）、地区温室气体倡议（RGGI）以及《京都议定书》IET 机制，减排指标为"分配数量单位"（Asigned Amount Unit，AAU）。

基于项目的交易指标减排量是由具体的减排项目产生的，每个新项目的完成就会有更多的碳信用额产生，其减排量必须经过核证。最典型的项目市场是基于《京都议定书》的清洁发展机制和联合履约机制。这两种机制分别产生"经核证的减排量"（Certified Emission Reduction，CER）和"减排单位"（Emission Reduction Untits，ERU）。配额市场和项目市场在交易对象、创立机制、可用数量、市场状态、排放源企业等方面都存在差别（见表 5 - 1）。目前在国际碳交易发展格局中，以配额市场为主，项目交易为辅。2008 年，基于配额的市场占排放权交易总量的 68%，其交易额占到交易总额的 74%。

表 5 -1   配额市场和项目市场的特征区别

特　　征	配额市场	项目市场
交易对象	配额（Allowance）	碳信用（Carbon Credit）
创立机制	总量限制与交易机制（Cap and Trade）	基线与信用机制（Baseline and Credit）
可用数量	由总量来决定	每个项目所产生的减排量
市场状态	卖家和买家在配额交易中既有竞争又有平衡的利益	卖家和买家有使项目产生的碳抵消额最大化的共同利益
排放源企业	通常是高排放者，比如能源部门和能源密集行业	由各个标准来定义，并不限定在高排放部门
独立第三方	在确认减排过程中作用很小	在核证基线可信度和减排额的方面扮演重要角色

在主要配额交易体系中，欧盟排放交易体系属于强制性的配额交易体系，没有加入《京都议定书》的美国和澳大利亚于2003年自愿设立的美国芝加哥气候交易所等则为自愿配额交易体系（Voluntary Cap and Trading Scheme）。强制的配额市场交易特点是"双强制"，按照减排计划各阶段涵盖范围，排放源企业强制进入减排名单，承担有法律约束力的减排责任。自愿配额市场交易特点是"单强制"，排放源企业自愿参与，承担有法律约束力的减排责任，减排往往是参与企业共同协商认定，配额市场的分类如表5-2所示。

表5-2 配额市场的分类

自愿配额市场	芝加哥气候交易所（CCX）减排计划、VER等期货、期权	自愿减排 CFI	单强制，自愿加入、强制减排
	北美自愿减排交易体系（RGGI）	区域减排量 RGGI	
强制的配额市场	欧洲排放交易计划（EU ETS）	欧盟排放许可 EUA	双强制，强制加入、强制减排
	澳大利亚新南威尔士州减排计划		
	新西兰排放交易体系	NZUS	
	加州全球变暖解决方案		
京都机制	《京都议定书》下的分配数量单位	分配排放量 AAU	

（二）场内交易与场外交易

根据交易地点的不同，可以将排放权交易分为场内交易和场外交易。场内交易是指在集中额交易所进行的交易，即在气候交易所进行的交易。场外交易是英文 Over the Counter（OTC）的中文名，因此也被译为柜台交易。

场内交易与场外交易在交易特点、交易标的、风险以及价格等方面有区别，具体如表5-3所示。

表5-3 场内市场和场外市场的主要差异

项　目	场内交易	场外交易
交易特点	集中性交易	分散性交易
交易场所	有形	无形
交易标的	标准合约	非标准合约
交易风险	较小	较大
交易的数额单位	最低交易额的整数倍	无交易起点与单位限制
交易的价格	集中竞价	协议价格
报价和询价之间的时间间隔	较短	较长

（三）区域内交易与区域外交易

目前，全球尚未形成统一的全球性的交易机制，各地形成多层级的交易体系。根据交易范围的不同，一类是区域内的交易，相对的则是跨区域或称区域外交易。区域内交易是指在排放交易体系设定的区域内进行的交易。例如，在欧盟范围内，为了达到《京都议定书》规定的减排目标，在温室气体减排方面的合作、交易都属于区域内交易。区域外交易则是指欧盟国家为了达到减排目的，与欧盟以外的国家和地区进行清洁发展机制项目的合作与交易。

第二节　基于强制配额的碳金融市场

一、欧盟基于配额的碳金融市场[①]

(一) 市场规模

目前，在以配额为基础的碳交易市场中，欧盟温室气体排放计划（EU ETS）在交易量和交易额方面都远远大于其他碳交易市场，且发展势头最猛。

经过 8 年的实践，欧盟已形成具有一定规模的碳资本市场并完成了碳定价。2005 年以来，欧盟碳排放权贸易体系的交易量和交易额逐年上升，2011 年的交易量和交易额分别达到 79 亿吨二氧化碳当量和 1478 亿美元，比 2010 年分别增加了 16% 和 11%，是全球最大的碳市场，如表 5 - 4 所示。

表 5 - 4　　　　　EUA 交易量和交易额（2005 ~ 2011 年）

年份	交易量（亿吨二氧化碳当量）	交易额（亿美元）
2005	3. 21	79. 08
2006	11. 04	244. 36
2007	20. 60	490. 65
2008	30. 93	1005. 26
2009	63. 26	1184. 74
2010	67. 89	1335. 98
2011	78. 53	1478. 48

资料来源：世界银行《2007 ~ 2012 年碳市场现状与趋势》。

[①]　郑爽. 国际碳市场发展及其对中国的影响. 中国经济出版社，2013：125 - 139.

（二）交易品种

欧盟碳排放权贸易体系交易的基本标的为 EUA，CER 交易也很活跃。近年来，欧盟碳市场出现了 EUA 和 CER 的现货、期货、期权、掉期和远期等碳交易品种，其中，期货交易量占比例最大。虽然碳金融市场没有融资功能，但它提供了通过利用衍生品市场进行风险管理的功能，同时，碳金融市场的流动性可以对市场价格变化做出灵活反应，并随基础交易头寸的变动而随时调整，较好地解决传统风险管理中的时滞问题，如表 5 – 5 所示。

表 5 – 5　　　　　　　　　　EUA 期货与 EUA 期权合同

项目	EUA 期货		EUA 期权
交易单位	1000 份欧盟二氧化碳排放额 1 手，每份配额相当于 1 吨二氧化碳排放	交易单位	1 份洲际交易所 ECX 欧盟 EUA 期权合同
最小交易量	1 手	最小交易量	1 手
交割方式	为"实物"交割。在国家登记系统将欧盟配额从卖方账户中转入买方账户，完成合同结算。交付发生在最后一个交易日的第 3 天	行权价格区间	每个合同月会自动列出 109 个行权价，价格区间为 1 ~ 55 欧元或 1 ~ 100 欧元，必要时交易所会增加 1 ~ 2 个行权价
计价单位	欧元/吨。欧分/吨	计价单位	欧元/吨。欧分/吨
最小价格变动	0.01 欧元/吨	最小价格变动	0.01 欧元/吨
最小价格增幅	0.01 欧元/吨	最小价格增幅	0.01 欧元/吨
最大价格增幅	没有限制	最大价格增幅	没有限制

项目	EUA 期货		EUA 期权
合同月份	上市合同按照季度到期，合同分为 3 月、6 月、9 月和 12 月。目前上市的年度合同，到期时间是 12 月份，时间跨度为从 2013 年到 2020 年	基础合同	期权的基础合同是相关年度 12 月份的期货，例如 2010 年 5 月份的期权，其基础是 2010 年 12 月份的期货
收盘价格及清算	每天闭市阶段（伦敦当地时间为 16：50：00～16：59：59）的加权平均交易价格。若流动性低，则按照报价计算。清算 LCH. Clearnet	期权模式及行权	欧式期权期权在行权时将按照欧洲模式转化为期货合同，到期时，实值期权将自动行权，平价期权和虚值期权将自动作废

资料来源：笔者根据相关资料整理。

在欧洲，排放权衍生品被定义为金融产品（Financial Instrument），可以成为投资产品，受欧盟金融工具市场法规（Mi FID）管制。但现货属于一般商品范畴，因此排放权现货市场缺乏监管。美国则将排放权衍生品定义为能源产品。

交易所中最主要的交易品种是期货合约，它是交易所统一制定的，在交易所内集中买卖的、规定在将来某一时间和地点交割一定数量和质量商品的标准化合约。合约本身不是实货，而是实货的象征和代表，也可以称其为"虚货"。在合约中，EUA 的数量、交货时间和地点是既定的，唯一可变的是价格，EUA 期货价格在交易所内以公开竞价方式达成，价格发现来自交易所的交易结果。

（三）交易价格

碳交易市场的重要功能是碳价格的发现功能。欧盟碳市场 EUA 价格与国际经济走势、主要能源价格和欧洲期货变化政策密切相关，自2005年以来，其价格走势经历了三个阶段。

第一阶段：试行阶段（2005～2007年）

这个阶段的特点有三方面：

一是价格波动较大。2005～2007年的EUA价格从2005年年初的7欧元达到峰值31欧元后高位运行了一段时间，到2006年4月开始走弱，几个月后跌破10欧元。之后反弹到20欧元后进入下行通道，随着EU ETS第一阶段的结束和EUA的过剩，EUA价格逐步接近零。二是交易量逐年攀升，成为世界主要碳交易市场。到2007年年末，EUA的交易量已经达到20.6亿吨，高出2005年5倍多，交易额约500亿美元，占全球碳市场的78%以上。三是配额发放多。由于排放数据准确性不足，根据2006年的第一份排放报告，实际排放要比预期低，结果导致配额价格出现急剧调整。

第二阶段：曲折发展阶段（2008～2012年）

这个阶段的特点有三个方面：

一是EUA价格多处于低价位运行。除了2008年欧盟颁布了气候和能源一揽子措施后，EUA的价格达到30欧元外，从2008年下半年开始，随着全球金融危机的加剧，欧盟经济受到冲击，碳市场价格开始走软，到2009年2月下降到不到8欧元。2009年后半年开始EUA价格在12～16欧元小幅波动，2011年12月14日的EUA价格跌至6.3欧元/吨。2012年基本在6～10欧元波动。二是欧盟允许EUA进行储备。欧盟调整了对价格走势造成影响的部分条款，开始允许EUA进行储备，即本年度有过剩的配额，可以存储到下一年。这一政策的出台，促进了低价位时的买入需求。三是配额发放仍然存在过剩现象。根据2012年公布的2011年排放数据，EU ETS覆盖的2011年排放量仍然存在1.79亿吨的二氧化碳当量的过剩配额。2012年11月欧盟委员会提出冻结配额与已达到"限量保价"的目的，价格有所回升，随着欧洲危机造成的经济衰退，欧盟部分国家大量出售配额，EUA 价格跌到 6 欧元以下。

第三阶段：（2013～2020 年）

这个阶段的特点：

一是初期价格继续下行。经济危机影响下的欧洲，复苏缓慢，EUA 价格在 2013 年年初持续下跌。二是否决"折量拍卖（Back - loadig）计划"。欧洲议会投票否决了欧盟委员会提出的折量拍卖，EUA 价格暴跌至 3 欧元之下。

总之，欧洲碳市场价格由市场的供求决定，市场的供给指每年分配给受管制工业设施的 EUA 数量，需求则是这些工业设施的年实际排放量，实际排放量的影响因素涉及多个方面，如经济发展情况、能源价格以及天气因素等。

（四）交易形式

碳市场的交易形式和其他商品市场相似，主要分为两类交易形式：场内交易和场外交易，在交易所交易的是标准化期货合约或现货，而在经纪人市场上交易的是远期合约，不是期货。远期合约和期货占市场交易总量的较大比重，其余是现货交易和期权交易。除了交易所外，在场外进行产品交易的目的是要扩大参与，因为场外市场便于参与者交易。

1. 场内交易

场内交易也可以称为"交易所交易"，是在排放权交易所内进行的 EUA（欧洲排放配额）和经核证的减排量（CER）等物的交易。场内交易一般比较规范，有标准化的合约、交割日和清算系统。场内交易的 EUA、CER 可以是现货交易，但主要是开展标准化合约的 EUA 衍生品，即相关期权和期货的交易。交易所一般有清算机构担保，因此交易商面临风险比较低。

在欧盟排放权交易体系实施的起始阶段，大多数的交易为场外交易，随着市场的发展，场内交易平台才逐渐建立，2005 年开始出现交易所，2005 年 2 月，北欧电力交易所完成了第一笔配额交易，之后，莱比锡、巴黎、维也纳和伦敦相继成立了四家交易所。这些交易所发展迅速，能够提供各种产品，包括即期合约、期货、期权和掉期等。EUA 的期货交易主要集中在欧洲气候交易所（ECX），它已经被欧洲期货交易所收购，所以目前欧洲期货交易所是最为活跃的二氧化碳配额交易市场，交易规模占所有交易市场规模的 85% 左右。

2. 场外交易

在排放权交易所外进行的交易统称为场外交易。场外交易与场内交易相比，是一种非组织性的市场，没有标准化的合约。它可以为不能入场的企业提供交易，手续简便、交易费用低，同时交易价格和交易量不透明。场外交易最常见的为"柜台交易"（Over the Counter）。

（五）市场参与者

欧洲碳排放权交易体系完全市场化运行，除了履约的主体以外，参与者为大量的金融机构及金融服务产业。伦敦金融大街有很多从事碳排放权交易的公司，它们提供碳排放资讯、咨询和经纪服务。从业者为股票或者期货交易所获得专业证书的金融专家和环保专家。

欧盟碳市场中参与市场上碳排放交易的企业有几千家，行业涉及能源、电力、建材、航空和化工行业等。金融市场的创新吸引了众多投资者、金融机构和经纪商参与，专业进行碳排放权买卖。

交易所的交易商大致可以分为三类：

（1）欧盟排放权体系下有履约责任的公司和企业。如西班牙电力公司、英国石油公司、壳牌石油公司、苏格兰电力公司、英国天然气公司等。

这些企业往往持有国家分配方案（National Allocation Plan，NAP）分配的排放配额。其中电力行业和热力行业是主要的交易商，交易的主要目的是回避和转移价格风险，利用期货合约为未来在现货市场上买卖 EUA 进行套期保值。当公司生产经营导致的二氧化碳排放高于或者低于被分配的 EUA 数量时，由于要履行法定的减排义务或者获利，这需要在现货市场上操作，由于 EUA 价格风险的存在，这些交易商就参与期货市场，利用期货市场和现货市场盈亏相抵进行套期保值来规避价格波动风险。

（2）投机者。主要通过与预测市场价格的未来走势，不断买入和卖出期货合约，从价格波动中赚取买卖价差。当预测 EUA 的价格上涨时，选择买进期货合约，并待机对冲，即做多或"买空"，当预测预测 EUA 的价格下跌时，选择卖出期货合约，并待机补进，即做空或"卖空"。其兴趣在于从价格变动中获利，而不在于所交易的 EUA 的实际交割。投机商是欧洲气候交易所中最为活跃的，如高盛集团、摩根士丹利、JP 摩根、花旗、美林、汇丰、富通等。这些投机商的存在成为 ECX 期货市场不可缺少的重要组成部分，不仅活跃了市场，而且提供了是市场的流动性，成为碳市场中重要的交易主体。

（3）期货经纪公司。期货交易所实行严格的会员交易制度，非会员不能进入交易所内进行期货交易，经纪商接受客户的委托或者指令以自己的名义为客户进行交易并收取交易手续费。

二、澳大利亚碳金融市场

（一）市场规模

在地方层面的碳市场，澳大利亚新南威尔士州排放权贸易体系（NSW Greenhouse Gas Reduction Scheme，NSW GGAS）2005 年的减排单位（NGACs）交易总量为 610 万吨二氧化碳当量，交易额为 5900 万美元，2007 年交易量大幅上升达到 2000 万吨，交易额增长到 2.25 亿美元，截至 2008 年 6 月 30 日，NSW GGAS 共签发了约 6900 万吨减排单位，由于经济危机的影响，2009 年交易量为 3400 万吨，交易额下降至 1.17 亿美元。[1]

（二）市场价格

澳大利亚议会在 2011 年 11 月通过了清洁能源一揽子法案，碳价格的形成实施渐进式碳价格机制[2]，主要分为三步：第一步为固定价格阶段。2012 年 7 月 1 日 ~ 2015 年 6 月 30 日实施三年的固定碳价，2012 ~ 2013 年为 23 澳元/tCO_2-e（约合 24.7 美元、人民币 150 元），之后的两年按物价指数每年提高 2.5%，即 2013 年 7 月 ~ 2014 年 6 月，增至 24.15 澳元/tCO_2-e；2014 年 7 月 ~ 2015 年 6 月，为 25.40 澳元/tCO_2-e。企业将被要求按以上固定价格购买碳排放许可。第二步为碳交易价格浮动制度，自 2015 年 7 月 1 日起，澳大利亚建成碳排放交易系统后，将通过碳排放配额拍卖等方式，实现碳价市场化、灵活化，固定碳价也将过渡为上下限约束的弹性

---

[1] 郑爽. 国际碳市场发展及其对中国的影响. 中国经济出版社，2013：150.

[2] 陈洁民，李慧东，王雪圣. 澳大利亚碳排放交易体系的特色分析及启示. 生态经济，2013（4）：72.

价格机制，其最高限价将高于国际预期价格，为 20 澳元/吨 CO_2 - e，每年实际增长 5%；同时为保持市场活力，澳政府规定，碳价格的最低限价为 15 澳元/吨 CO_2 - e，每年实际增长 4%。第三步为完全市场浮动制度，自 2018 年起，由有上下限约束的浮动制度过渡到完全由市场决定碳价格，届时还将与国际上其他碳排放市场接轨，碳排放价格也将与国际碳市场一致。

这种从固定价格到完全放开的渐进式碳价格机制，在碳排放交易机制建立初期，可以使澳大利亚的碳价格具有一定的稳定性，避免像欧盟排放交易体系（EU ETS）那样由于排污许可证供过于求而令碳价格跌至谷底。

2012 年 8 月 28 日，澳大利亚与欧盟达成协议，同意对接双方的碳排放交易体系。按照协议，2015 年 7 月开始对接，2018 年 7 月 1 日后完成对接，届时双方互认碳排放配额，碳排放价格也将一致。为了实现与 EU ETS 的对接，澳大利亚将做出两项重要调整：一是取消 2015~2017 年原定的 15 澳元/tCO_2 - e 的最低限价；二是澳大利亚企业原可通过京都市场使用国际碳减排信用额度（清洁发展机制（CDM）项目的核证减排量（CERs）和联合履行（JI）项目减排单位（ERUs）来抵消 50% 的碳排放，与 EU ETS 对接后，其中 37.5% 必须通过 EUAs 来实现。欧盟是国际碳市场的支柱，是全球的碳定价中心，澳大利亚与其的对接将促进碳交易机制的完善与发展。

与此同时，澳大利亚也加强了与其他国家碳排放权交易机制的联系、合作。2015 年，澳大利亚与邻国新西兰的 ETS 实现互联。那么世界上三个国家级的碳排放交易机制就实现了对接，这对全球碳交易市场将起到巨大推动作用。2012 年 4 月，澳大利亚和韩国也提出将加强两国气候变化政策的合作，尤其是在碳排放权交易机制的设计、实施上的合作。同时澳大利亚一直积极推进亚太区碳交易市场的建立。2006 年 7 月，由澳大利亚、中国、美国、日本、印度和韩国 6 国参与的"亚太清洁发展和气候合作体"启动，强调通过技术合作来限制和减少碳排放量。

（三）配额发放制度

以免费为主、拍卖为辅的碳配额制度。澳大利亚一开始是实行三年的过渡性固定碳价机制（CPM），排放配额分配首先采取的是免费为主、拍卖为辅的模式。碳排放密集且面临国际竞争压力大的企业，如炼铝、炼锌、钢铁制造、平板玻璃、纸浆/造纸、石油炼化等约 40 类行业企业，可以免费获得其所需碳排放许可总额的 94.5%，碳排放较小的企业也可以获得 66%。澳大利亚为了出口产品不因 CPM、ETS 的实施而处于不利竞争地位，CPM 的规定凡是属于碳密集性出口（Emissions Intensive Trade Exposed，EITE）的企业将获得较高的免费碳排放配额，这即 EITE 援助计划（EITE Assistance Program，EAP）。若企业在 2004～2008 年中的任一年，生产的产品出口额度占到此企业生产总产量的 10%，或企业在整个行业中的加权平均排污密度超过 1000 吨 $CO_2 - e$/每百万美元收入或 3000 吨 $CO_2 - e$/每百万美元增值的情况下，都符合 EAP 的基本要求，可以免费申请获得其碳排放许可总额 94.5% 的配额。

在碳交易机制实施的初期，实行以免费为主、拍卖为辅的碳配额制度，可以消除 CPM、ETS 对企业生产成本的影响，保护澳大利亚的投资和就业，有利于各行业逐渐熟悉、接受、加入 CPM 和 ETS。从 2015 年 7 月 1 日开始，澳大利亚将逐渐降低免费配额比例，增加拍卖比例，最终实现全部行业的完全拍卖。届时超过额定排放的企业必须通过 CPM 和 ETS 购买澳大利亚的排放单位（Australian Carbon Credit Units，ACCUs)，或通过海外交易购买国际碳信用额度（CERs、ERUs），为自己的额外排放支付更多的费用，体现了"污染者付费"原则。同时节能减排有盈余的企业，也可以在碳交易市场出售自己的排放单位获利。因此，在经济利益的驱使下，企业会根据市场交易中排放单位价格的不同而相应地调整自己的经济活动，从而实现减排的目的。

三、新西兰碳市场

（一）市场规模

新西兰碳市场主要集中在一级市场交易、二级市场交易量很小，只有少量的补偿项目交易，在过去几年里，NZU 的市场保持着相对平稳的状态。二级市场价格维持在 17 新元（9.34 欧元）～22 新元（12.1 欧元），NZ ETS 的需求主要来源于本地电力公司，工业、燃料公司以及少数政府采购。

林业主要是 NZU 的供应者，2009 年，国际买家从新西兰购买60 万吨的林业 NZU 现货，均价为 14 美元，2010 年第一季度，约60 万吨的林业 NZU 达成交易，据点碳公司统计，2012 年 NZU 的交易量为 749 万吨，交易额为 3500 万美元。

（二）排放单位的发放

新西兰的减排交易计划中分为两类：第一类是免费发放部门，即 2005 年合格的工业厂商的排放水平为基础，对合格的工业生产者，与电力消费者相关的间接排放部门，固定能源以及非能源行业的排放部门都按照与上排放基准的 90% 进行免费发放。第二类是有偿分配的行业或者部门，液化石油燃料、固体能源部门，电力、废物处理部门的义务履行主体需要通过有偿方式取得排放权。

（三）参与者主体和履行义务主体

新西兰减排交易体系是迄今为止覆盖最全面的区域减排交易体系，其涵盖的主体包括三类：第一类是在减排中负有直接减排义务的主体，这些主体必须提供排放报告，执行排放检测，保证减排义务的实现；第二类是造林获得免费分配排放单位的主体；第三类是利用市场发展机会，参与交易的其他主体。

第三节　基于自愿减排配额的碳金融市场

自愿配额市场代表性的是芝加哥气候交易所减排计划和北美自愿减排交易体系。

一、CCX 自愿减排市场

（一）美国芝加哥气候交易所

芝加哥气候交易所，是一个自愿减排的配额与交易体系。成立于 2003 年，于 2003 年 12 月 12 日开始进行温室气体排放许可和抵消项目的电子交易。CCX 是北美地区首家也是唯一一家自愿的、受一定法律约束的温室气体减排和交易体系。但是由于交易激励不够充分，这个交易所在 2010 年 11 月 22 日宣布，2011 年其不再进行第三期的交易，意味着为期四年的第二期交易在 2010 年 12 月 31 日结束。

（二）市场参与者

此市场的参与会员有两个等级。

第一等级的会员是基本会员（Full Members）。主要是温室气体的直接排放源，如钢铁企业、化工企业、交通运输企业和加工企业等，基本会员的任务是在 1998~2001 年温室气体排放量平均值的基础上，将 GHG 排放量每年降低 1%，截至 2009 年 4 月，CCX 一共有基本会员 92 家。第二等级是协作会员（Associate Member），温室气体的间接排放源，如政府、协会、金融机构等。协作会员每年要列出其间接排放清单并向交易所汇报一年的排放量，其任务是从加入 CCX 至 2010 年，报告并 100% 抵消其由于能源购买和商务旅行所导致的间接温室气体排放，截至 2009 年 4 月，CCX 一共有 52 家公司。

（三）CCX 碳金融产品

CCX 提供了多样化交易产品供会员选择，开发出的金融产品包括温室气体排放配额（Greenhouse Gas Emission Allowances），经核证的排放抵销额度（Certified Emission Offsets）和经过核证的先期行动减排信用（Certified Early Action credits）三种基本产品。[①]

二、北美自愿减排交易体系

（一）区域温室气体减排行动（RGGI）

2001 年，美国退出了《京都议定书》。奥巴马上任后，推行绿

---

① 王遥. 碳金融：全球视野与中国布局. 中国经济出版社. 2010：26.

色新政，2009 年推出《美国清洁能源安全法案》，最终，此法案在2010 年 7 月因没有得到参议院支持而宣布暂停，在缺乏联邦层面强制性减排法律约束的情况下，美国一些州或企业自主发起了碳排放权贸易行动，以限制温室气体排放、鼓励发展绿色能源技术以及绿色就业。这些强制性的排放权贸易体系包括三个区域性和一个州内的排放权贸易行动，即东北部十州区域温室气体减排行动（Rdgional Greenhouse Gas Initiative，RGGI）、西部气候倡议（Weatern Climate Initiative，WCI）、中西部温室气体减排协议（Midwestern Greenhouse Gas Reduction Accord，MGGRA）和加利福尼亚州排放权贸易体系。它们覆盖了美国 23 个州和加拿大的部分省。其中 RGGI 已于 2009 年 1 月正式启动，加利福尼亚州在 2013 年 1 月 1 日开始实施排放权贸易。其余两个地区排放权贸易行动尚在规划方案制定过程中。

　　RGGI 是美国第一个强制性的基于市场手段的减少温室气体排放的区域性行动。由美国纽约前州长乔治·帕塔基（George Pataki）于 2003 年 4 月创立。2009 年 1 月 1 日正式实施。参与 RGGI 的排放权贸易的州包括美国东北部与大西洋西部的 10 个州，即康涅狄格州、特拉华州、缅因州、马里兰州、马萨诸塞州、新罕布什尔州、新泽西州、纽约州、罗德岛于佛蒙特州。2011 年年底新泽西州因质疑 RGGI 的实际减排量而退出 RGGI[1]。

（二）市场情况

　　RGGI 包括配额一级和二级交易市场。一级市场指每季度一次的 RGGI 配额现货单轮密封式拍卖。二级市场是指配额期货、远期

---

　　[1]　郑爽. 国际碳市场发展及其对中国的影响. 中国经济出版社，2013：62.

合约和期权合约等衍生品交易。在二级市场中，芝加哥气候期货交易所（Chicago Climate Futures Exchange, CCFE）和绿色交易所（Green Exchange）均推出以 RGGI 为标的的期货合约，有诸多金融机构参与交易。

一级市场情况①：RGGI 配额的拍卖自 2008 年 9 月开始，第一次拍卖的底价（Reserve price）是 1.86 美元。截至 2013 年 3 月 13 日已经进行 19 次拍卖，累计已经拍卖 5.36 亿美元配额，拍卖总收入为 12.3 亿美元，其中 88% 的配额由电力公司及其成员购买。19 次拍卖价格的均价为 2.29 美元。

二级市场的情况：包括配额以及金融衍生品如期货或期权等的交易。配额价格的可预期性降低了长期投资二氧化碳减排的风险，期货和期权合约的存在则允许企业设法避免这种投资带来的风险。配额的交易是交易双方在 RGGI 的二氧化碳跟踪交易系统（COATS）中对配额所有权的转让登记完成的。期货、期权及其他金融衍生品可以通过交易所场内交易或者场外交易来进行。RGGI 二级市场以场内交易为主，标准化的期货和期权合约主要在芝加哥气候期货交易所和绿色交易所进行，而场外交易主要吸引那些倾向于交易非标准合约的公司（见表 5 – 6）。

表 5 – 6　　芝加哥气候交易所 RGGI 金融衍生品特征比较

	期　　权	期　　货
合同规模	1 份芝加哥气候交易所地区温室气体期权合约（明确合同月和到期时间）	1000 份地区温室气体配额，即 1000 吨二氧化碳当量

---

① 郑爽. 国际碳市场发展及其对中国的影响. 中国经济出版社，2013：142 – 147.

	期　　权	期　　货
最小价格变动	每份地区温室气体配额 0.01 美元，即每份合约 10 美元	每份地区温室气体配额 0.01 美元，即每份合约 10 美元
种类		
合约/合同	标准周期合约 a. 最多 16 种连续的季度合约，分别为 3 月、6 月、9 月和 12 月到期 b. 最多 48 种连续的月度合约 c. 最多 12 种年度 12 月到期合约	标准周期合约 d. 最多 16 种连续的季度合约，分别为 3 月、6 月、9 月和 12 月到期 e. 最多 48 种连续的月度合约 f. 最多 12 种年度 12 月到期合约
应报告头寸限制	25 份合约	25 份合约相当于 25000 份地区温室气体配额
其他	欧式期权	在上市合同中，芝加哥气候期货交易所提供一种或多种交付期限不同的产品

资料来源：ICE 洲际交易所。

　　RGGI 的市场前景并不明朗。2008 年后四个月二氧化碳排放权配额在芝加哥气候期货交易所的期货平均收盘价为 4.06 美元，2009 年开始下滑，到 2009 年第四季度为 2.26 美元，2010 年进一步下挫，2010 年加权平均价格为 2.03 美元，2011 年则一直在低位运行，均价为 1.89 美元。2009 年芝加哥气候期货交易所的日均合同交易量为 270 万吨二氧化碳当量，据 ICE2012 年数据显示，四个季度的交易量为 68 万、110 万、2.5 万和 15.4 万吨，呈现较大波动。

　　出现这一现象的原因是多方面的，其中，区域温室气体减排行动设定的排放上限要远远高于 10 个州的排放总量，配额过多是导致价格走低和市场交易缺乏活力的重要原因，此外，相对价格低廉的天然气价格导致发电燃料从煤和石油向天然气转变，新增的核电和可再生能源电厂以及天气等因素导致对电力需求的下降也是引起二氧化碳排放权配额价格走低的因素。

第四节　基于项目的碳金融市场

一、主要的市场类型

基于项目的碳交易包括《京都议定书》中的 JI 和清洁发展机制（CDM）以及自愿减排项目交易①，如表 5 - 7 所示。

表 5 - 7　　　　　　　　　项目市场的分类

基于项目的市场	京都机制	CDM，基于项目的碳指标交易
		JI，基于项目的碳指标交易
	自愿减排项目市场（VER）	黄金标准（Golden Standard）
		国际自愿碳标准（VCS2007）
		自愿核实减排标准（VER +）
		气候登记（TCR）
		气候、社区和生物多样性标准（CCRSs）

二、清洁发展机制

（一）清洁发展机制框架及意义

《京都议定书》建立了三个合作机制，合作机制的设计目的在于帮助工业化国家（附件 I 国家）通过在其他国家而不是在本国以

---

① 王遥. 碳金融——全球视野与中国布局. 中国经济出版社，2010：69.

较低的成本获得减排量，从而降低附件 I 国家实现其排放目标的成本①。

（1）国际排放贸易（IET）：允许附件 I 国家之间相互转化它们的部分容许的排放量（排放配额单位）。

（2）联合履约机制（JI）：允许附件 I 国家从其在其他工业化国家的投资项目中产生的减排量中获得减排信用，实际结果相当于工业化国家之间转让了同等量的减排单位。

（3）清洁发展机制（CDM）：允许附件 I 国家的投资者从其在发展中国家实施的，并有利于发展中国家可持续发展的减排项目中获取经核证的减排量（CER）。

这些合作机制给予了附件 I 国家及其私人经济实体在世界上任何地方——只要减排成本最低——实施温室气体减排项目的选择机会，而因此产生的减排量可以用于抵减投资方国家的温室气体减排任务。CDM 机制是其中唯一一种发展中国家能够参与的机制，发达国家向发展中国家提供技术和资金，用于发展中国家的减排项目。这种合作机制的合理性在于，在全球范围内，无论在哪里进行减排，效果都是一样的，而发展中国家减排所需的成本更低。

《京都议定书》对清洁发展机制作了界定，CDM 机制的目的是协助未列入附件 I 的缔约方实现可持续发展和有益于《公约》的最终目标，并协助附件 I 所列的缔约方实现遵守其量化的限制和减少排放的承诺。

CDM 在附件 I 国家与非附件 I 国家之间进行。目前，从第一个 CDM 项目注册获批到 2010 年 3 月，联合国 CDM 执行理事会

---

① 张建华主编. 低碳金融——应对气候变化的金融解决方案设想. 上海交通大学出版社，2011：176.

（EB）批准注册的全球 CDM 项目达到 2254 个，预计产生 42.63 亿吨 CO_2 减排量。JI 是附件 I 国家通过对比减排成本，联合实施减排义务的机制，减排成本较高的国家（投资国）在减排成本较低的国家（东道国）投资相应项目，以获得项目所产生的部分或者全部减排额。其交易额相对于 CDM 的发展比较低①。

清洁发展机制的目的是通过市场化的国际合作途径来实现全球生态重建，在合作过程中实现共赢。发达国家可以用低廉的成本实现温室气体减排目标；而发展中国家则可以获得改善生态环保，实现可持续发展所需的部分资金和技术。CDM 的项目可以分为两类：一类是通过清洁技术的应用，减少温室气体排放；另一类是通过改善土地利用和造林等方式，增加对大气中温室气体的吸收。对于前一类项目，只要能够实现实际的、可测量的附加排放量，即可按照相关程序办理；后一类项目，只有植树造林和重新造林项目允许 CDM 实施，并且附件 I 国家因此获得的积分不得超过此缔约方基期排放量的 1%。

因此 CDM 项目运行与一般商业项目不同，一般经历项目开发、项目设计、东道国政府审批、项目审定和注册、项目实施、检测和报告，以及核证/签发 CER 等环节②。

（二）清洁发展机制参与方

CDM 项目的参与方包括：项目业主、项目所在国政府、中介评估机构（OE）、CDM 执行理事会（EB）以及缔约方会议

---

① Point Carbon. CDM 及 Ji 追踪. [2010-3-31]. http：//www. pointcarbon. com/news/cdmjien/cdmjich/1. 1429647.

② 根据《马拉喀什协定》。

（COP/MOP）[①]，各参与方的主要作用分别是：

（1）项目业主：主要负责提出项目报告并将此报告提交给项目所在国政府批准，同时邀请一个有资质的国际中介评估机构核证此项目，在项目获得核证并注册成功后，项目业主根据项目报告中的监测方案监测项目的实施情况，在项目执行一段时间后，此评估机构按要求对项目所产生的温室气体减排量进行核实。

（2）项目所在国政府：负责报批其国内的 CDM 项目，通过颁布政策、建立专门的管理机构来配合开展 CDM 项目合作。

（3）中介评估机构：依据 CDM 的规则和要求，核证所申请的项目，若项目合格，此机构负责将这个项目提交给 EB 批准注册；负责核实 CDM 项目所产生的温室气体减排量，并向 EB 申请签发温室气体减排抵消额。

（4）CDM 执行理事会：主要负责监管 CDM 项目的实施。执行理事会由 10 个专家组成，其中 5 个分别代表 5 个联合国官方区域，即非洲、亚洲、拉丁美洲、加勒比海地区、中东欧、OECD 国家，2 个代表附件 I 国家，2 个代表非附件 I 国家，还有 1 个代表小岛国组织。执行理事会授权经营实体审查申报的 CDM 项目，核实项目产生的减排量使之成为 CER；管理 CDM 活动的注册登记，为开展 CDM 项目的所有东道国分别注册并管理一个 CER 账户。

（5）缔约方会议（COP/MOP）：CDM 的最高管理机构，也是《联合国气候变化框架公约》和《京都议定书》下所有问题的最高管理机构。

---

① 郑爽. 国际 CDM 现状分析. 中国能源，2005（6）：19–23.

（三）清洁发展机制的融资渠道①

CDM 其实是一种贸易机制，它包含一个现实的买方市场，并成为一种新型的融资渠道。因此它有多种融资渠道，附件 1 国家的项目投资者可以选择不同的融资渠道来帮助其获得 CERs。

（1）远期交易。来自附件 I 国家的项目投资者在此项目展开初始阶段一次性地购买项目预期产生的所有 CERs，并支付全部费用。

（2）CERs 购买协议。附件 I 国家的项目投资者先和项目业主签订 CERs 购买协议或合同，产生 CERs 后再付款。项目业主既可以用协议或合同作抵押向银行贷款，也可以用产生 CERs 的预期收入做保证，在资本市场上发行债券来募集资金。

（3）期货。许多发展中国家单独开发 CDM 项目并向国际市场提供 CERs。单边 CDM 项目业主通过出口 CERS 可获得外汇收入。但可能因为发展中国家项目开发方能力不足等原因导致项目不能被批准为 CDM 项目或产生的减排量不被认证。CERs 的交易量大，商品同质的特点满足期货市场的要求，在期货市场进行交易，降低了买卖双方的风险。

（4）CDM 基金。目前全球已经有许多投资 CDM 项目的基金组织，如世行的 PCF 等。中国也成立了 CDM 基金。CDM 基金的优点有许多：第一，它可以集少成多，增强中小投资者的实力，使其既可以共同投资大的 CDM 项目，也可以投资许多中、小项目来分散风险；第二，CDM 基金的投资方式更加专业，可以获得更低的交易成本；第三，基金组织具有专业的项目谈判能力，

---

① 赵子明. 论经济全球化背景下中国清洁发展机制的经济学分析，吉林大学，硕士论文，2009：12-14.

可以在发生法律纠纷的时候最大限度地为投资人争取到合法权益。值得注意的是，基金组织强大的谈判能力会将发展中国家企业投资者的收益压榨到最低。

（5）风险投资。CDM 领域涉及的风险因素多种多样，通过银行和股票市场等外部融资方式难以控制和承担风险，风险投资追求高风险、高收益的特征尤其适合于 CDM 领域。2007 年 8 月，深圳发展银行推出国内第一支"二氧化碳挂钩型"本外币理财产品；中国银行上海分行也推出"挂钩二氧化碳排放额度期货价格"的 1 年期美元理财产品；中国也已经有保险公司考虑为 CDM 项目提供保险。在一项对四大国有商业银行、政策性银行、股份制商业银行和外资银行的调查中，有大约 95％的对象表示会考虑为 CDM 项目提供融资。

（6）杠杆租赁。设备出租方购买承租人选定的设备，然后收取承租人租金。在"杠杆租赁"中，出租人只承担了小部分购买设备的成本，而提供贷款服务的银行等金融机构承担剩下的大部分成本。

（7）直接投资（FDI）。附件 I 国家投资者直接参与经营管理，同时获得 CDM 项目产品和服务的收益以及项目产生的 CERs 两种收益。

（四）清洁发展机制市场发展状况

CDM 一级市场基本上是由发展中国家提供，需求方主要是发达国家政府及 CER 需求企业和中介买家构成，前者一般是履行本国或者本企业减排承诺，后者主要是投机获利。一级市场信息不透明，流动性差，体现在不同项目的风险属性存在差异，CER 价格较低。

CDM 二级市场的 CER 交易是指远期合约签订后而 CER 尚未产生出时发生的交易，或者是在 CER 已经由联合国执行理事会 (EB) 签发后又发生的交易。二级市场，合约标准化，价格更加透明，交易效率较高。

随着《京都议定书》的生效以及有关 CDM 的相应规则不断完善，国际社会对于开展 CDM 项目的热情高涨，在我国得到迅速发展。截至 2010 年 11 月 12 日，国家发改委批准的 CDM 项目已经达到 2785 个，2010 年 12 月 17 日，中国在联合国成功注册的项目达 1100 个，占全球东道国注册项目的 41.94%①，位列第一，中国已经成为全球核证减排量一级市场上最大的供应国，为全球实质性温室减排做出巨大贡献。

三、自愿碳交易场外市场

自愿市场本身可以分为两个子市场：一个是芝加哥气候交易所 (Chicago Climate Exchange，CCX)，另一个是自愿碳交易的场外市场 (Over-the-counter Market)。

自愿碳交易的市场是不受任何配额限制的自愿碳交易市场，在这个市场基本交易的是基于项目的碳信用，所以也称为碳抵销市场 (Carbon Offset Market)。专门在场外市场进行交易的碳信用一般称为 VERs (Verified or Voluntary Emissions Reductions)，或者简称为碳抵消 (Carbon Offset)。

---

① 羊志洪，鞠美庭，周怡圃，王琦. 清洁发展机制与中国碳排放交易市场的构建. 中国人口、资源与环境，2011，21 (8)，118–123.

（一）自愿碳交易场外市场主要市场参与者

OTC 市场主要有四种购买者。

第一，企业家。为了"共同的社会责任"买入碳信用。

第二，机构、非政府组织、个人等出于环保和健康生活方式的目的，购买以实现"碳中和（Carbon Neutral）"。

第三，未来有需要购买将被签发的待审 VERs。

第四，买入 VERs，为投机获利。

碳抵销市场上碳信用的提供者包括：

第一，碳信用的网上零售商，想通过碳金融进行环境保护的环境保护组织。

第二，潜在的 CDM 和 JI 项目的开发者。

第三，对发行 VERs 感兴趣的项目开发者、集成商和经纪商。

（二）自愿碳交易场外市场发展

相对于强制市场而言，VER 市场的交易量很小，对于减少温室气体的排放并未起到显著作用，从未来的趋势来看，VER 市场将逐步被纳入强制市场中，但是其在推进市场参与度，以及产品的创新性方面，都具有非常重要的价值。另外，自愿碳交易市场的标准正日益完善，目前自愿型市场的标准包括黄金标准、自愿型碳标准、标准减排量、气候行动储备、加州气候行动登记、美国碳注册标准以及气候、社区和生物多样性标准等 17 个明确的标准。目前使用最多的是自愿型碳标准，约占 48%。此外，亚洲和北美是自愿信用额的主要来源地，亚洲是最大的项目来源地，在 OTC 市场上的信用额度占到 45%，美国是提供碳信用额最大的国家，占 OTC 的 28%。

第六章

碳金融产品

一些国际组织通过制定可持续发展政策指南等方式引导各国金融机构将可持续发展和社会责任纳入经营管理活动中。对环境金融发展有重大影响的有：国际金融公司（IFC）的《社会和环境绩效标准》（2006 年发布新标准），它以促进发展中国家私营部门的可持续性发展为目标；根据世界银行和 IFC 政策指南为银行项目融资制定的一套自愿的环境和社会原则《赤道原则》（the Equator Principles，EPs，2003，2006），联合国环境规划署金融行动（UNEPFI）；2005年"可持续金融伦敦原则"，美国的 CERES Principles 等①。

对于国际金融组织和发展银行在应对气候变化领域的作用，Patrick Karani（2007）分析发展银行顺应减排和环境友好产业发展，在推动非洲清洁发展机制领域的作用。Dimitra B. Manou（2011）分析了多边发展银行（MDBs）在项目融资决策中环境因素判断和决策的分析基础，提出标准建议以期望有利于推动项目融资中可持续分析的深入研究。W. van Gaast 和 K. Begg（2012）分

---

① 许黎惠. 市场导向型环境金融创新研究. 武汉理工大学，博士论文，2013：2 - 3.

析了应对气候变化的金融技术和金融活动①。

当前，大多数银行将气候变化作为它们面对的最重要的环境问题，在业务领域积极创新，尤其是欧洲和日本的银行，碳商品和服务正处于快速发展阶段。碳金融的产品和服务已经覆盖大多数发达国家的碳金融市场。金融机构包括商业银行、政策银行等银行类金融机构和证券公司、投资银行、保险公司、证券投资基金等非银行金融该机构，其进入碳市场并成为连接碳市场供求双方的最重要中介，为实现碳资产的全球化交易打下了基础。

目前，国际大型商业银行是碳金融市场上最主要的金融机构，如荷兰银行、巴克莱银行、汇丰银行都已经成立专业团队，积极探索市场机会。

第一节　绿色信贷

一、国际绿色信贷标准

绿色信贷是指把信贷申请者对环境的影响视作贷款与否依据的一种信贷经营制度，向低碳、环保的企业或者项目给予贷款，延后或取消对不能达到环境标准的信贷申请者及项目贷款的发放，甚至回收已放出的贷款②。为了促进绿色信贷的良性发展，金融业建立了些许自律守则，影响较大的包括赤道原则和气候原则。

---

① 许黎惠. 市场导向型环境金融创新研究. 武汉理工大学，博士论文，2013：2-3.
② 冯瑞萍. 我国商业银行碳金融业务发展研究. 山西财经大学，硕士论文，2015.

（一）赤道原则（EPs）

赤道原则（The Equator Principles，EPs）是 2002 年 10 月由世界银行下属的国际金融公司和荷兰银行，根据国际金融公司和世界银行的政策和指南建立的，旨在判断、评估和管理项目融资中的环境与社会风险而确定的金融行业基准。它广泛运用于国际融资实践，并发展成为行业惯例。

2003 年 6 月，花旗银行、巴克莱银行、荷兰银行和西德意志州立银行等国际领先银行（分属于 7 个国家）宣布实行赤道原则；随后，汇丰银行、JP 摩根、渣打银行和美洲银行等世界知名金融机构也纷纷接受这些原则。截至 2008 年 9 月，实行赤道原则的金融机构（以下称赤道银行）已有 61 家，目前赤道银行的数量看似不多，但它们都是世界大型和特大型金融机构，在全球的业务量和影响巨大。近年来，赤道原则逐渐得到了世界各行业的广泛关注，成为金融业环境及社会风险管理的"黄金准则[①]"。

2006 年由于国际金融公司的绩效原则修订，赤道原则进行了首次修订（赤道原则Ⅱ），2012 年，随着国际金融公司又一次修改并推出新一版的可持续绩效标准，赤道原则Ⅲ应运而生，自 2014 年 1 月正式实行。赤道原则Ⅲ的最大变化体现在气候变化方面，对高排放的项目开展替代性分析，即对在财务、技术上可行，成本低、绩效好的可替代性方案展开评估，以便减少项目在设计、建设及运营期间的温室气体排放。适用范围也进一步扩大到公司贷款和过桥贷款业务，体现了金融与可持续发展和社会责任的密切关系。

---

① 董志，康书生. 赤道原则的国际实践及启示. 2009（2），39–42.

（二）气候原则①

气候原则是国际非营利性质的气候组织在 2008 年 12 月提出的关于金融行业如何处理气候问题的行业准则。此原则要求金融机构需要从公司营运、发展和决策等方面充分考虑气候变化有可能带来的风险，并且尽可能减少温室气体排放，以期最终达到向低碳经济转型的目的。这代表着，金融机构在许诺减少自己经营形成的碳排放后，亦要把气候问题带来的机会及风险加入其经营战略中，包括资产管理、产品研发、零售、保险及融资项目等。此原则适用于银行所提供的全部金融服务，包括企业信贷、保险和投资银行业务，资产管理和项目融资。目前，8 家银行已经接纳了此原则。其中，瑞士再保险公司在气候变化领域尤为活跃。这家公司和印度的一家小额贷款机构合作，为农民提供同季风雨降雨量有关的"天气保值"保险。单个社区只需支付 1600 美元的保险费，当灾情发生时，就可以获得最高金额为 15 万美元的赔偿。

二、绿色信贷产品

20 世界 70 年代，德国成立全球首家政策环保银行，被称为"生态银行"，专门负责向大多数银行不乐意涉及的低碳项目发放低息贷款。随着"赤道准则"和"气候原则"的推行，现今，全球金融业绿色信贷的典型产品主要有七大类（见表 6-1）：第一，项目融资。给予绿色减排项目贷款优惠。第二，绿色信用卡。环保非政府组织与银行合作开发"认同卡"（Affinity Cards），发卡行将

---

① http：//en. wikipedia. org/wiki/The_Climate_Group.

信用卡的一部分利润用于节能减排项目。第三,汽车贷款。对低排放的车型给予优惠利率。第四,运输贷款。对运输公司投资节油技术给予贷款优惠。第五,商业建筑贷款。对"绿色"商业建筑给予贷款优惠。第六,住房抵押贷款。对购买、改造新能源房屋和安装节能设备的零售客户给予贷款优惠,或将普通房屋改造成适用绿色电力的新型住房花费的费用作为给客户的贷款优惠。第七,房屋净值贷款。也称"二次抵押贷款"或"住房权益贷款",贷款利率优惠以鼓励业主为住房安装可再生能源技术。

表 6-1 国外典型的绿色信贷产品

贷款种类	产品名称	发行银行	产品内涵
项目融资	可再生能源项目组合融资技术	德克夏银行	将风能项目和风力农场开发的建设风险结合起来进行打包融资
	绿色节能改造项目	花旗银行、荷银集团、德意志银行、瑞银集团和摩根大通联合推出	通过直接投资与融资方式支持清洁技术和可再生能源的发展与市场化,包括克林顿基金会气候行动计划,对全球 16 个城市的中老建筑开展的绿色节能改造项目
绿色信用卡	气候信用卡	荷兰合作银行	荷兰银行根据客户用该信用卡产生的各项消费支出计算 CO_2 排放量,然后购买等量的可再生能源项目的减排量
	NABU 信用卡	德国大众汽车银行和德国自然保护联合会(NABU)联合推出	客户使用 NABU 第一年的年费及以后年度消费额度的一定比例将捐给德国自然保护联合会以促进相应的环保项目
汽车贷款	清洁空气汽车贷款	加拿大 Vancity 银行	对全部低排放车型提供优惠利率
运输贷款	小企业管理快速贷款	美洲银行和政府合作联合推出	向小型运输企业提供无抵押、条件灵活的贷款,支持运输企业投资节油技术,帮助其购买节油率达到15%的 Smart Way 升级套装

续表

贷款种类	产品名称	发行银行	产品内涵
商业建筑贷款	第一抵押贷款和再融资	美国富国银行	"能源与环境设计认证"（LEED）对建筑项目进行评价并对认证的节能建筑物提供融资，开发商不需要对"绿色"商业建筑物付初始保险费
住房抵押贷款	绿色抵押贷款计划	荷兰银行	对符合政府环境保护标准的改造住宅或新住宅提供1%的利率优惠
	住房抵押贷款保险计划	加拿大帝国商业银行	为购买节能型住房或进行节能改造的贷款申请人，提供最长期限为35年的分期付款，并一次性退还申请人住房抵押贷款保费的10%
房屋净值贷款	"一站式融资"	新能源银行	银行与太阳能技术供应商合作，为住宅安装太阳能设备的顾客定制和太阳能电池板最长保质期期限一样长的25年长期房屋净值贷款
	环保房屋净值计划	美洲银行	银行将房屋净值贷款申请人VISA卡的消费金额，按照一定比例捐献给非政府的环保组织

资料来源：根据《联合国报告 Green Financial Products and Services》等资料整理。
冯瑞萍. 我国商业银行碳金融业务发展研究. 山西财经大学，硕士论文，2015：25.

三、我国商业银行绿色贷款实践

目前，国内大部分银行对碳金融业务还心有疑虑，积极性不高，因为节能减排项目技改项目居多，它给企业带来的是费用的减少而不是收益的增加，另外，节能减排项目要涉及新技术应用，商业银行管理新技术风险的能力明显不足，多数银行处于观望状态。兴业银行率先与国际金融公司合作，成为中国碳金融市场的"试水者"。2006年5月，兴业银行与国际金融公司签订首次合作协议，国际金融公司向兴业银行提供了 2500 万美元的本金损失分担，以支持兴业银行最高达 4.6 亿元人民币的贷款组合，兴业银行则以国际金融公司认定的节能环保型企业和项目为基础发放贷款，国际金融公司为整个项目提供技术援助。

兴业银行作为中国第一家"赤道银行"，还制定了《环境和社会风险管理政策》、《信用业务准入标准》及严格的信用审批制度，2008 年和 2009 年连续两年向碳披露项目（CDP）提交信息需求。目前在绿色信贷方面，兴业银行总共能提供 7 种融资模式[①]：（1）企业节能技术改造项目贷款模式；（2）节能服务商或能源合同管理公司融资模式；（3）节能减排设备供应商增产模式；（4）节能减排设备买方信贷模式；（5）融资租赁模式；（6）公用事业服务商模式；（7）碳金融模式。这 7 类模式几乎覆盖了所有参与方的需求。通过探索，兴业银行强化了对细分市场的产品开发和专业服务能力，并已经初步形成了一种可持续、可复制、具有强大生命力的节能减排融资模式，能够在能源生产、能源出售、能源使用和新能源替代开发和利用等环节，为生产商、能效设备供应商、节能服务商等各种参与者提供融资服务。

第二节　碳基金

一、碳基金及分类

关于碳基金（Carbon Funds）的概念，有人认为，它是一种通过

---

① 朱琼. 兴业银行第一个试水节能减排融资，掘金千亿绿色信贷. 中欧商业评论，2008（8）.

前端支付、股权投资或者提前购买协议，专门为减排项目融资的投资工具①。还有学者认为，碳基金是指一些金融机构以促进碳交易活动为目标，通过开展低碳项目合作，推动全球 GHG 减排和增加碳汇吸收所设立的专门融资方式②。国际货币基金组织对此也作了界定，所谓碳基金，指由政府、金融机构、企业或个人投资设立的专门基金，致力于在全球范围购买碳信用或投资于温室气体减排项目，经过一段时期后给予投资者碳信用或现金回报，以帮助改善全球气候变暖③。在此我们以国际货币基金组织的概念为基础进行探讨。根据碳基金投资载体不同，全球碳基金分为三类：碳基金、项目机构和政府购买计划，后两者接近于广义的碳基金概念，在此统称为碳基金。

二、碳基金的发展状况

（一）世界碳基金发展情况

2000 年，世界银行发行了首只投资减排项目的碳原型基金（Prototype Found），共募集资金 1.8 亿美元。根据 2008 年世界银行的碳基金目录，截至 2008 年，全球碳基金共有 84 只，2009 年增长到 89 只，资金规模为 161 亿美元。世界银行已经与世界各国政府联手推出多只基金，目前，世界银行碳金融单位（CFU）代表参与方管理着 12 个碳基金和机构：碳原型基金、生物碳基金、西班牙碳基金、社会发展碳基金、意大利碳基金、荷兰 CDM 机构、荷兰欧洲碳机构、丹麦碳基金、联合国伞形碳机构、欧洲碳基金、森

---

① 王遥. 碳金融：全球视野与中国布局. 中国经济出版社，2010.103.
② 蓝虹. 论碳基金发展中的风险及其治理. 中央财经大学学报，2012（5）：30 – 35.
③ Nina Kozlecka，Julien Paulou. Carbon Funds Outlook，ICF International ［J］. January，2009：8 – 22.

林碳汇合作机构和碳合作机构。

（二）我国碳基金的探索发展情况①

（1）中国碳减排证卖方基金。

它是国际上设立最早的碳减排证卖方基金。主要作用是为我国CDM项目的CERs在全球碳市场销售提供专业化服务，以搭建我国CDM项目业主与欧洲国家的政府、企业和金融机构合作的平台，为其之间开展减排项目和融资合作提供全过程的专业服务。

（2）中国清洁发展机制基金。

中国清洁发展机制基金成立于2006年，是由国家批准设立的按照社会性基金模式管理的政策性基金。政策性是指此基金的目标是实现应对全球气候变化目标，树立负责任大国形象，加快转变经济发展，此基金只能用于应对全球气候变化方面；社会性模式是指此基金要坚持保值、增值原则，自主经营，专项用于推动与应对全球气候变化相关产业的资金支持2010年9月，财政部、国家发展与改革委员会等七部委联合发布了中国清洁发展机制基金管理办法，推动此基金广泛发展。

（3）中国绿色碳基金。

我国在2007年7月成立的中国绿色碳基金，是由国家林业局、中国石油天然气集团公司、中国绿化基金会、嘉汉林业（中国）投资有限公司、美国大自然保护协会发起设立，是中国绿化基金的重要部分，是全国性公募基金，是专项支持造林减排项目的专业基金，从而搭建了社会各界人士和团体自愿参与植树造林和经营森林等相关活动的平台。

---

① 蓝虹. 论碳基金发展中的风险及其治理. 中央财经大学学报，2012（5）：30 - 35.

三、碳基金的设立与管理模式

目前国际上的碳基金的管理方有政府机构、金融机构和私营企业。碳基金主要由国际金融机构（主要由世界银行参与设立和管理）、政府机构、私人金融机构单独设立和管理，或者是由上述几个机构共同设立或管理。其设立与管理模式主要有①：

（1）政府主导型。

政府主导型基金资金全部来自政府，此类基金也被称之为公共基金，并由专门的政府机构管理。典型的公共基金有：奥地利政府2003 年创立的奥地利 JI/CDM 项目、芬兰政府 2000 年设立的联合履约 JI/CDM 试验计划等。芬兰是由外交部管理，而奥地利则专门成立了奥地利地区信贷公共咨询公司（KPC）代表政府管理。

（2）政府和国际金融机构合作型。

这类基金主要由世界银行这样的国际金融机构与各国政府之间的合作设立与管理。此类管理模式的基金有两种情况：一种是全部由政府出资，国际金融机构参与合作设立并由国际金融机构管理。如荷兰的支持发展中国家在 CDM 下产生信用的荷兰基金（NC-DMF）。另一种是由政府和私营企业按比例共同出资，国际金融机构参与合作设立并由国际金融机构管理，世界银行的碳基金大多属于这种模式。如成立于 2005 年的丹麦碳基金由丹麦外交部、环保署与另外 3 家私营公司共同出资，世界银行参与设立并管理。与此相同的碳基金还有意大利碳基金等。

---

① 严琼芳，洪洋. 国际碳基金：发展、演变与制约因素分析. 科技进步与对策，2011，27（22）：135 – 139.

（3）政府和企业合作型。

政府与企业的合作进一步可以分为两类：一类是政府设立、企业化管理模式。英国碳基金就是这种运营模式的代表。此碳基金2001年由英国政府出资设立，但基金的运作、管理等完全由董事会决定，政府并不干预。另一类是政府和私营企业合作设立、采用商业化管理的模式。典型代表有日本碳基金、德国KFW和巴西碳基金等。如成立于2004年11月的日本碳基金，其资金来源于日本31家私营企业和两家政策性银行——日本国际协力银行（JBIC）和日本政策投资银行（DBJ），这两家金融机构代表日本政府管理此基金。

（4）企业主导型。

私营企业设立、企业化管理的模式。这些碳基金规模不大，主要从事CERs的中间交易。如以气候变化资本集团为出资人的CCC碳基金，即由企业出资并采取企业方式管理，来实现其商业利益。

总体来看，碳基金已从最初的政府主导型转向市场驱动型。因为从管理者角度看，目前有56%的碳基金由私营企业掌控；国际金融机构管理了27%的碳基金，其中世界银行管理的碳基金比例为13%，其他金融机构管理的比例为14%，政府机构管理的基金比例只有17%。

四、碳基金的投资方式

当前国际碳基金的投资方式主要有以下3种：碳减排购买协议（ERPAs）、直接融资（Direct Financing）和N/A方式。

（1）碳减排购买协议方式（ERPAs）。

即直接购买温室气体减排量。具体操作方式是：国际上发达国家内部、发达国家之间或者发达国家和发展中国家之间通过提供资金和技术的方式，在发展中国家实施具有温室气体减排效果的项目，此项目产生的温室气体减排量由碳基金收购。大部分的基金都采取这种投资方式。

（2）直接融资方式（Direct Financing）。

即基金直接为相关项目提供融资支持，如股权投资、直接信贷支持等，这种投资方式 2004 年才出现。通过这种投资方式，碳基金有可能以最低的价格获得碳信用指标，如 ERUs 和 CERs。

（3）N/A 方式。

是指碳基金并不在意投资项目的目标大小，此种投资方式始于 2007 年。

其中，ERPAs 一直都是投资者所采用的主要投资方式。自碳基金成立以来，来自世界银行碳金融部门的数据表明：从基金总数来看，目前全球 60% 的碳基金在碳市场从事碳信用指标的买卖，30% 的份额以直接融资的方式为相关项目提供资金支持。从数量来看，此种投资方式下的基金近年来增长速度很快，超出了前者。目前只有 10% 的碳基金采取 N/A 投资方式。

在采用 ERPAs 投资方式的基金中，政府出资的公共基金所占比重为 43%，公私混合基金比例为 33%，其余则为私人基金。在采用直接融资投资方式的基金中，私人基金的比例高达 84%，公私混合基金为 15%，公共基金仅为 1%。从投资方式看，虽然 ERPAs 投资方式仍是碳基金投资的主流，但直接融资的碳基金在近年来迅猛增长。从股东结构来看，私人基金更偏好于直接融资投资方式，当前半数以上的基金愿意通过直接融资来进行减排项目投资；有政府出资背景的基金则偏向于 ERPAs 投资方式。

五、商业银行的碳基金产品[①]

商业银行发行的碳基金是将投资者分散的资金集中起来，由专业团队投资于碳市场，并将投资收益按照投资者投资份额分配给投资者，是商业银行在碳市场业务的一种金融创新。主要碳基金品种有以下三类：

（1）碳指数基金。

此类基金以碳指数为投资对象，指数包括公开上市的低碳经济或环保股票指数，或者其他与气候变化和环保相关的指数，碳指数多为大型银行推出的产品。

著名的碳指数基金有荷兰银行推出的荷银气候变化与环境指数（ABN AMRO Climate Change and Environmental Index）。这个指数基于荷兰银行建立的生态行业指数，投资者可根据指数直接追踪低碳上市企业在股票市场的表象。另外还有汇丰银行推出的汇丰环球气候变化基准指数（HSBC Global Climate Change Benchmark Index）。此指数反映和追踪在应对气候变化过程中获益企业的股价。巴克莱银行推出的巴克莱资本全球碳指数（Barclays Capital Global Carbon Index），此指数是第一个追踪全球主要的碳减排计划的指数，并成为投资者进行决策的基准。此外，瑞士信贷集团推出的挂钩瑞士信贷集团全球可替代能源指数的基金，荷兰银行推出的挂钩荷银生物燃料指数的基金以及瑞银世界排放指数，使投资者了解追踪与指数挂钩的相关产业开发利用以及相关交易系统的交易情况。

---

①　张建华. 低碳金融. 上海交通大学出版社，2011：114 – 116.

（2）绿色投资基金。

绿色投资基金主要将资金投向生态行业的领先企业。其中瑞银股权基金是世界上最大的绿色投资基金。

（3）其他。

商业银行的碳基金除了指数基金外，还包括，挂钩交易所的碳期货合约的基金，如荷兰银行推出的挂钩 ECXCFI 期货合约的碳信用减排认证（Open End Certificate on Carbon Credits in EUR），此产品基于流动性非常高的 ECXCFI 期货，且没有到期日，投资者可以长期追踪 CFI 期货合约的表现并从中获益。

挂钩低碳消耗/环境友好型公司绩效的基金。如荷兰银行推出的荷银低碳加速器基金（ABN AMRO Low Carbon Accelerator Found），此基金是荷兰银行发行的追踪全球低碳消耗/环境友好型公司所发行的公司债券价格的基金。德意志银行推出的挂钩"德银气候保护基金（Deutsche Bank DWS Klimawandel Found）"和挂钩"德银 DWS 环球气候变化基金"。

还有些是参与碳信用交易市场的基金。例如，瑞银克拉登人民银行推出的瑞银克拉登 CO_2 减排认证（Credit Suisse Clariden Leu's CO_2 Certificate）。此产品使投资者在欧盟排放交易体系中的碳信用价格变动过程中获益。

第三节　碳交易金融衍生品

随着全球碳减排需求和碳交易市场规模的迅速扩大，基于碳交易的金融衍生品包括远期产品、期货产品、期权产品及掉期产品[①]。

---

① 王遥. 碳金融：全球视野与中国布局. 中国经济出版社，2010：55-58.

一、现货交易工具

碳信用的现货交易是指交易双方对排放权交易的时间、地点、方式、质量、数量、价格等在协议中予以确定，并达成交易，随着排放权的转移，同时完成排放权的交换与流通。在国际温室气体排放权交易市场中，最初出现的就是这种碳信用的现货交易。

二、衍生碳金融工具

衍生碳金融工具是在原生碳金融工具基础上派生出来的金融产品，包括远期、期权、期货、互换和结构化票据等。衍生碳金融工具的价值取决于相关的原生碳金融产品的价格，其主要功能不在于调剂资金的余缺和直接促进储蓄向投资转化，而是管理与原生碳金融工具相关的风险暴露，多样化的碳金融交易工具大大活跃了碳金融市场，满足了不同的投资者和企业的需要。

1. 碳远期交易

CDM 交易本质上是一种远期交易，具体操作思路为买卖双方根据需要签订合约，约定在未来某一特定时间以特定价格购买特定数量的碳排放交易权。

碳信用远期合约的定价方式主要有固定定价和浮动定价两种方式。前者表示在未来以确定的价格交割碳排放权交易权，后者表示未来交割的碳排放权交易价格并不固定，或者在最低保底价基础上附加与配额价格挂钩的浮动价格，合同中同时列出基本价格和欧盟参考价格。

2. 碳期货、期权交易

碳期货和期权交易合约与传统的期权、期货合约相比只是基础资产不同，碳期货和期权交易由于碳期权合约的基础资产是碳期货合约，多以碳期货合约价格对期权价格以及期权合约中交割价格的确定均具有重要影响，周期波动也十分接近且在碳期货交易中，一般会收取管理费、交易费和清算费。

目前全球主要的碳期货和期权产品为：欧洲气候交易所碳金融合约（ECX CFI）。欧洲气候交易所的碳金融和期权合约是在欧盟排放交易计划下的高级的、低成本的金融担保工具。

排放指标期货（EUA Futures），此产品由交易所统一制定，实行集中买卖、规定在将来某一时间和地点交割一定质量和数量的EUAFutures的标准化合约，其价格在交易所内以公开竞价方式达成。

经核证的减排量期货（CER Futures）。欧洲气候交易所为了适应不断增长的 CER 市场的需要，在 ICE Futures 推出了经核证的减排量期货合约，以避免 CER 价格的大幅度波动带来的风险。

排放配额/指标期权（EUA Futures），欧盟排放配额期权赋予持有方/买方在期权到期日或者之前选择履行此合约的权利，相对方/卖方则具有履行该合约的义务。

经核证的减排量期权（CER Futures）其发行通过清洁生产机制获得的 CER 看涨或者看跌期权。

3. 碳结构化产品

自 2007 年 4 月起，荷兰银行、汇丰银行、德意志银行和东亚银行等几家外资银行和中资的深圳发展银行先后在市场中发售了"气候变化"为主题的结构化理财产品，挂钩标的多为气候指数、气候变化基金或气候变化相关的一揽子股票。

第七章

排污权交易市场及产品设计

第一节　排污权交易市场概述

一、排污权交易

排污权交易是解决环境问题的经济手段之一，由20世纪70年代美国经济学家戴尔斯提出，此理论的核心思想是：在满足环境质量的前提下，确立合法的污染物排污权利即排污权，并允许这种权利像商品那样交易，以此进行污染物的排放控制。其做法是，首先由政府部门确定出一定区域的环境质量目标，据此估算出此区域的环境容量。然后推算出各污染物的最大允许排放量，并根据污染源情况给出各单位的排放指标。即在对污染物排放总量控制的前提下，利用市场规律及环境资源的特有性质，在环境保护主管部门的监督管理下，排污权的有偿转让或变更的活动。排污权交易的实质就是把污染作为一种产权，通过污染者之间交易排污权，有效地实现污染物排放总量控制，促使企业使用费用较低、效果较好的措施治理污染，以最小的削减成本实现区域内总的削减指标，实现低成

本污染治理。同时，还可以促进企业采用新技术，走集约化生产的
道路①。

排污权交易是一种以市场为基础的经济刺激手段，排污权的卖
方出售剩余排污权获得的经济回报，实质上是市场对其有利于环境
的外部经济性的补偿；排污权交易对实现环境外部性的内在化，加
强治污环保技术的应用，促进环境产业化发展具有重要意义②。

美国是世界上第一次大规模将排污权交易计划作为经济激励手
段运用于环境经济政策中尝试的国家。继美国成功实施排污权交易
制度以后，德国、澳大利亚、英国等国家相继进行了排污权交易的
实践。环境问题更大程度上是全球性问题，需要国家之间合作来共
同治理环境问题，《〈联合国气候变化框架公约〉京都议定书》所
确定的三种机制是在多边环境治理合作中应用最广泛的。《京都议
定书》规定了缔约方量化减少温室气体排放的指标，同时，为了
帮助发达国家完成减排任务，《京都议定书》确定了"联合履行"
"清洁发展机制"和"国家排放贸易"三种境外减排的灵活机制。
其核心在于，发达国家可以通过这三种机制在本国以外取得减排指
标，用来抵消本国的减排压力，从而以较低成本实现全球总体减排
目标。

二、排污权交易市场结构③

排污权交易的推行是一个系统工程。根据排污权交易制度的基

① 李晓绩. 排污权交易制度研究. 吉林大学，博士论文，2009：1.

② 武普照，王倩. 排污权交易的经济学分析. 中国人口、资源与环境，2010，20
（5）：55.

③ 罗晓燕. 排污权交易一级市场与二级市场交易模型研究. 重庆大学，硕士论
文，2011（4）：16－17.

本原理，参考美国、欧洲等发达国家的实践经验，以及国内外学者在排污权交易制度方面的研究，排污权交易系统工程的结构主要由以下几方面构成：确定排污权的总量规则、排污权交易一级市场（配额市场）、排污权交易二级市场（交易市场）以及排污权市场管理规则等四部分构成。每一部分都由若干子规则组成。（1）确定排污权总量包括界定污染物的种类，根据何种方法确定某一区域的排放总量，以及排污权的期限等；（2）排污权交易一级市场包括排污权的初始分配方式、分配规则；（3）排污权交易二级市场包括交易的平台、交易的规则等；（4）市场管理体系包括对一级市场、二级市场交易结果的认定，排污企业排污量的监督等。

在排污权交易市场结构四大组成部分之间，确定排污总量是基础，在确定排污总量中，污染物种类的确定是前提，其本质是对环境资源产权的确定，这也是把污染物的外部性内部化的第一步。

排污权交易一级市场是二级市场的基础，只有在一级市场实现了政府相关部门把排污许可证分配是相关企业，才能实现二级市场中排污许可证的交易，才存在帕累托改进，同时，如果在一级市场中排污许可为有偿分配，则可以为二级市场的交易提供价格信号。对排污许可证的有效期的确定也是为了使二级市场活跃起来，避免一些企业投机行为的产生。

二级市场是排污者之间的交易场所，是实现排污权优化配置的关键环节。没有排污权的界定，就不可能有排污权的流动；但如果没有排污权的流动，排污权界定的作用就失去了意义。所以培育、发展、规范排污权交易市场，要比在行政上明确界定排污权更为重要。加强交易机制设计、建立健全市场规则与秩序，有效降低交易成本，是吸引排污企业参与排污权交易、最终达到以市场手段治理污染的目的必要举措。

市场管理体系包括的内容比较宽泛，市场管理体系的存在是为了确定前面三个组成部分的有序进行，排污权的交易结果认定是排污权交易制度的保证。

第二节　排污权交易金融产品设计

一、美国排污权交易市场

目前，美国排污权交易金融产品的交易所（CCX）主要有美国芝加哥气候期货交易所（Chicago Climate Futures Exchange，CCFE）和绿色交易所（Green Exchange）。

（一）芝加哥气候期货交易所

芝加哥气候期货交易所是芝加哥气候交易所（CCX）的全资子公司，是美国商品期货交易委员会（CFTC）指定的期货合约市场，此市场提供排放配额等环境产品的标准化和清算的期货合约。

CCFE 是世界上最大的、最重要的污染物交易场所。在 CCFE 进行交易的排放权产品有八种：经认证的减排期货和期权 CER（Certified Emission Reduction Futures and Options）、碳金融工具期货 CFI（Carbon Financial Instrument Futures）、欧洲碳金融工具期货 ECFI（European Carbon Financial Instrument Futures）、ECO 清洁能源指数期货 ECO-Index（Clean Energy Index Futures）、IFEX 相关事件期货 IFEX-ELF（IFEX Event Linked Futures）、氮金融工具期货（年）NFI-A（Nitrogen Financial Instrument Annual Futures）、氮金融工具—臭氧季节期货 NFI-OS（Nitrogen Financial Instrument Ozone

Season Futures）、硫金融工具期货和期权 SFI（Sulfur Financial Instrument Futures and Options），其中 NFI-A，NFI-OS，SFI 为排污权金融产品。这些产品包括即期和远期的期货和期权等有效对冲产品。

（二）绿色交易所（Green Exchange）

绿色交易所由纽约商品期货交易所（NYMEX）、市场演进公司、摩根士丹利资本集团、瑞士信贷集团和其他合作者共同成立，其中 NYMEX 拥有绿色交易所 25% 的股权。绿色交易所产品目录中包含 EUA 和 CER 的期货和期权交易产品，符合自愿性标准的经核证的温室气体减排量（VER/VCU）、SO_2 和 NO_X 的期货合约。

二、排污权金融产品的合约设计[①]

从金融学的理论上看，金融期货产品的设计对于现货具有一定的要求。一般要求现货具有同质性，且易于划分等级，期货产品的设计要有利于吸引套期保值者和投机者的进入，商品价格具有波动性。期货商品所依托的基础性现货产品市场有交易规模。

（一）硫金融工具

以芝加哥气候期货交易所期货合约 SFI 的设计为例，每手硫金融产品合约相当于 25 份美国环保署（EPA）的 SO_2 排污额，参与

---

① 李瑾，顾庆平. 透视美国排污权金融产品：种类、市场与设计. 上海金融，2009（10）：64 – 67.

者需要具有 EPA 的登记账户，并由结算公司为结算者的交割资金流动提供支持，报价单位为美元，最小波动价位，每份 SO_2 排污额度允许波动0.1美元，即每手2.5美元。为了同 EPA 每年3月1日的 SO_2 额度分配截止日保持一致，2月合约的末个交易日是当月倒数第三个工作日，而其他月份的合约的末个交易日是到期月的最后一个工作日。

交割过程。交割过程包括交易日、通知日和交割日共三天。

(二) 氮金融工具

芝加哥气候期货交易所氮金融工具分为两种：一种是年度产品，即氮金融工具期货（年）NFI-A（Nitrogen Financial Instrument Annual Futures），另一种是季节产品，即氮金融工具—臭氧季节期货 NFI-OS（Nitrogen Financial Instrument Ozone Season Futures），这种分类方法与氮氧化物排污权的分类一致。

以 NFI-A 期货期权合约为例，合约规模为1手 CCFE 的 NFI 期货合约。以美元为报价单位、每吨 NO_X 排污额度允许波动0.5美元，相当于每手0.5美元。此期货期权属于欧式期权，执行期权时产生期货头寸如果 CCFE 清算服务商的清算系统不能提供正确指示以便在到期日之前执行实值期权，那么末个交易日的实值期权将自动执行（包括虚值期权和等值期权）

三、排污权抵押贷款——嘉兴排污权抵押贷款的实践[①]

嘉兴市是全国排污权有偿使用和排污权交易的试点城市，2007

① 余冬筠，沈满洪. 排污权抵押贷款的理论分析. 学习与实践, 2013 (1)：41-46.

年 11 月 1 日在全国最先成立排污权交易中心。2008 年 9 月,嘉兴银行率先推出"排污权抵押贷款"这一金融创新产品。借款人只要有偿取得排污权后,以此为抵押物,即可在遵守国家有关金融法律、法规及银行政策的前提下,向银行申请获得贷款。截至 2012 年 6 月末,嘉兴银行全行排污权抵押授信余额 1.05 亿元左右,累计发放排污权抵押贷款约 2 亿元,发放户数 41 户,主要授信对象位于嘉兴市南湖区、平湖区及海盐县。

从试点情况看,浙江省排污权抵押贷款的基本模式①为:

(1) 贷款对象。主要是有偿取得排污权,具有排污权交易主体资格,持有《污染物排放许可证》且污染物排放量未超过《污染物排放许可证》规定的企业。

(2) 贷款额度、期限和利率。排污权抵押贷款的额度参考固定资产抵押贷款的模式,一般为排污权评估价值的 70% ~ 80%,贷款期限一般以短期贷款为主,申请中期贷款的,贷款期限不超过五年,且到期日不得超过企业排污权的到期日。贷款利率由金融机构根据人民银行公布的同期同档次基准利率自主确定。

(3) 贷款流程。排污权抵押贷款的基本流程为:①借款人提出贷款申请,向银行提交《污染物排放许可证》。②环保部门根据污染物种类、数量、行业类别和年度总量指标,参照有偿取得的价格及当期排污权出让基准价(政府指导价),出具排污权价值评估证明。③银行根据排污权评估价值、借款人的资信状况和还款能力确定贷款额度、期限和利率。④借贷双方签订借款合同、抵押合同,在当地环保部门办理排污权抵押登记,企业向银行抵押的《污染物排放许可证》由当地环保部门代为保管。⑤银行向企业发

---

① 陆巍峰. 基于排污权交易的浙江省绿色金融创新. 浙江金融, 2010 (12): 42 - 44.

放贷款。

(4) 贷款风险处置。由于排污权交易和排污权抵押贷款均处于试点阶段，贷款风险较难把握，因此，试点地区的银行均不同程度地依赖政府信用，以确保抵押权顺利实现。以绍兴市为例，绍兴市规定开办排污权抵押贷款业务的银行须与当地环保局签订《排污权抵押贷款合作协议》，如借款企业到期无法偿还债务，银行既可以通过市场交易方式处置排污权，也可由当地环保局在规定期限内进行回购，用于偿还银行债务。

四、排污权证券化

资产证券化是解决资产流动性、卖方市场和扩大交易范围的新型金融工具之一。美国 20 世纪 70 年代以来的排污权交易实践表明，合理地利用资产证券化的金融工具有助于提高这一制度的市场认可度、增强制度的生命力。

排污权证券化交易实现是在排污权交易二级市场进行的。其基本的路径[1]如下：

首先，确定基础资产组建资产池。排污权交易中的对象为排污权，其资产证券化针对的基础资产即经过分配后的排污权。原始受益人（即资产证券化的发起人，金融机构、制造和服务企业是主要的发起人）首先根据自身资产证券化融资需求的目的，通过发起程序确定用于资产证券化的资产，并据以对所拥有的能够产生未来现金流的资产进行清理、估价，确定可以证券化的资产数额，将这些资产汇集形成一个资产池。确立了资产池后，资产原始权益人

---

[1] 鄢斌. 排污权资产证券化及其制度构建探析. 环境经济，2010（10）.

或称发起人需将资产转移给一个特设机构（SPV）。这样的转移可以采取真实出售的方式，也可以采取信托的方式。其目的主要是将资产的风险和发起人的风险相隔离，这是整个资产证券化非常重要的一环。资产证券化的重要价值在于所发行的证券是以资产和其上可预期的现金流为支撑的，从而使证券的价值与发起人的原始信用分开，并使企业信用等级较低的企业的融资可以获得较高等级的评级，从而降低了其融资成本，提升融资市场的效率。排污权资产的信用评级和信用增级主要由政府和交易者之外的第三方来完成。SPV 在资产转移并对资产池进行了必要的信用加强和评级后，就可以发行证券了。一般来说，如果 SPV 被设计为公司，则所发行的资产支撑证券为优先股或者债券，如果 SPV 被设计为信托，则其所发行的证券为债券或者受益权证。

第八章

天气衍生品市场与产品设计

第一节　天气衍生品概述

　　天气衍生品是一种收益依赖于标的天气指数价值的金融工具。标的的天气指数可以是降水量、气温、湿度、降雪量或任何其他天气变量。天气衍生品被机构和个人作为风险管理策略的一部分用作降低不利的天气风险。

　　一般来说，天气衍生品是设计用来对冲非灾难性天气风险的。一些预期季节性或周期性发生的降水/干旱，升温/降温发生频繁，会导致一些特定公司收入的剧烈波动。这些公司可以运用天气衍生品作为其对冲策略的一部分，来减少与天气相关的风险。这会使公司的收益波动率同比显著降低[①]。政府机构也可以利用天气衍生品，在地方和国家层面可以通过天气衍生品避免意想不到的运行

　　[①]　Jewson et al.（2005）指出为什么降低利润波动率如此重要。第一，收益的低波动率降低巨额损失和破产风险。第二，收益低波动率可以降低公司股票价格的波动率，并且提升股票价格。第三，它可以帮助公司降低贷款利率。

成本。

杰森等（Jewson et al., 2005）、曹和魏（Cao and Wei, 2003）
等列举了各种对冲天气的实例。天气可以直接通过销售量来影响公
司收入。游乐场需要对冲雨天给他们带来的游客减少的风险，因此
它们可以签订降雨量的天气合约。相似的，电力公司想要避免由于
暖冬造成的电力需求减少的风险，它们可以使用气温衍生品。滑雪
场可以利用天气衍生品对冲由于降雪量减少而造成的游客减少的风
险。另外，政府机构可以通过天气衍生品避免雪天和冰冻天气造成
的清扫道路费用增加的风险。天气也可以直接地影响公司收入或增加
公司成本。例如，一个建筑公司由于天气原因无法施工造成的工程进
度延迟。类似的，航班由于天气因素取消会给航空公司带来巨额损失。
如表8-1所示，其中列举了各种受天气风险影响的产业。

表 8-1　　　　　　　　受天气风险影响的产业

对冲者	天气类型	风险暴露
农业	气温/降水	主要的农作物受极端气温和降水的影响而减产
航空公司	风速	大风天气航班会取消
机场	霜冻	高昂的运营成本
游乐场	气温/降水	寒冷或雨天时游客较少
饮料厂商	气温	凉爽的夏季销量下降
建材公司	气温/降雪	严寒的冬天销量降低（建筑工地关闭）
建筑公司	气温/降雪/降雨	恶劣天气施工延期不能按完工
能源消费者	气温	在寒冬和酷暑会产生较高的采暖/散热成本
能源产业	气温	温暖的冬季或凉爽的夏季销量减少
旅馆业	气温/降水	雨天或寒冷季节游客较少
水力发电	降水	干旱季节收入减少
市政部门	降雪	冬季高于平均降雪水平时除雪成本的增大

对冲者	天气类型	风险暴露
路盐公司	降雪	很少下雪的冬天收入减少
滑雪场	降雪	冬季低于平均降雪量时收入减少
交通	风/降雪	由于大风和路面障碍交通线路的取消

资料来源：Antonis Alexandridis K. Achilleas D. Zapranis, Weather Derivatives Modeling and Pricing Weather-Related Risk, 2013.

公司之间的交易策略各异，天气衍生品还可以以多种方式被引入投资组合，并从中获利（Jewson, 2004）。由于天气衍生品和商品价格之间的相关关系，一个包含天气衍生品和商品的投资组合可以获得高收益并保持低风险。由于天气衍生品和金融市场之间缺少相关性，因此将天气衍生品加入证券投资组合中也可以降低其风险。总之，由于天气衍生品的标的——天气指数和其他金融工具不相关并存在巨大的差异，一个包含天气衍生品的多样化的投资组合可以获得良好的收益和较低的风险

第二节　天气衍生品的定价

天气风险市场自成立后在发达国家发展迅速，相关实践也在不断发展成熟。埃里克·班克斯（2010）的《天气风险管理：市场、产品和应用》一书是首部关于天气风险管理的书籍，其对天气衍生品市场的产生、发展以及天气衍生品的应用进行了详细阐述。派崔克等（Patrick L. Brockett et al., 2005）指出，作为管理天气风险的一种金融创新路径，天气衍生品市场是保险市场和金融市场在不断融合趋势的代表，天气衍生品市场相对于其他衍生品市场而

言，发展最为迅速。

一、天气衍生品定价方法选择

天气衍生品的定价研究建立在一般金融产品定价研究的基础上，国外的相关研究较早，研究也比较深入。金融产品定价方法主要是精算定价法（Actuarial Pricing）和无套利定价法（No Arbitrage Pricing）。与保险估算相关的精算方法是在不能通过市场进行套期保值时所采用的方法，在没有可供参考的套期保值策略时，定价的核心在于对合约赔付统计特征的描述；无套利定价法则是指运用无套利的资产组合复制方法，根据其他相关资产价格确定需要定价资产的价格（段兵，2010），但是 Brockett（2010）和 Sloan 等（2002）认为在精算定价法中，只有在不存在金融市场的情况下才能计算出资产的精算价值，而天气风险很明显会对金融市场上很多流动性资产价格产生影响，这之间的随机相关性，会明显降低天气衍生品的套期保值作用。

Black Scholes 模型在衍生品定价中运用广泛，在市场上没有"无风险套利"机会的情形下，能够完全对冲与衍生品相关的风险（周洛华，2011），衍生品价格与购买投资组合的成本相等。但 Davis（2001）认为天气衍生品的价格变化与相应的天气事件有关联，交易的基础为天气指数，天气指数也不能在市场上直接交易，这与 Black Scholes 模型在完全市场上的运用不一样，应用 Black Scholes 模型对天气衍生品定价并不合适。一些学者认为对天气衍生品进行定价更适宜采用非完全市场定价模型，Davis（2001）与 Brockett（2010）都认为天气衍生品市场是经典的非完全市场，可借鉴非完全市场的定价模型如二次方程模型、边际效用模型、无差异价格、均衡定价法等。不过，Jewson 和 Brix（2005）对此存在争议，认为以资本资产定价模型（CAPM）为代表的均衡定价模型并不适用于天气衍生品的定价，因为天气变量、天气衍生产品与金融市场不存在明显的相关关系，且认为对大多数天气衍生品的定价而言，精算定价方法更为适当。

国内在天气衍生品定价方法上的研究都建立在对国外研究总结的基础上。谢世清和梅云云（2011）说明了天气衍生品不同于传统的金融衍生品，它的价值由温度、降水量或湿度等天气指数来确定，指出天气衍生品定价方法主要有保险精算定价法、市场基础定价法和无套利定价法，并简要论述了采用精算定价法对天气期货和天气期权进行定价的原理。段兵（2010）指出天气衍生品是一种特殊的金融衍生品，有其自身的构成要素、标的变量、支付函数以及定价方法，天气互换合约的定价有两种方法：基于天气变量结果的概率分布计算出合约价值，并运用历史气象数据与气象预测获得天气指数概率分布的精算定价法；当互换有可观测的市场报价时，可以采用市场价格定价法。天气期权合约的定价有三种方法：精算定价法、市场价格法和无套利定价法。段兵（2010）总结出在当前的市场情况下，天气互换市场的流动性并不是很好，对天气期权连续的动态对冲一般难以实现，所以天气期权的定价需要综合应用精算定价法与市场定价法，且更倚重于精算定价法；当天气互换市场有一定的流动性时，可采用套利定价法。

由于观测到的天气指数是非平稳的，并且有着长期的波动和趋势特征，周期要比数据所显示的长得多，因此在应用统计均衡定价技术方面存在困难。而精算现值定价方法相当简单并具有直观吸引力。因此本章主要讨论天气衍生品主要采用精算定价方法。

二、气温期货的定价

天气衍生品通常包括不同标的的天气指数的期货、期权和互换产品。当前的天气衍生品以气温为主，我们在讨论天气衍生品的定价时也主要讨论气温衍生品。在这里升温天数 HDD 和降温天数 CDD 是最常使用的标的指数。

那如何来定义 HDD 和 CDD 呢？

通常第 i 天的气温是这样定义的：当天气状况一定时 T_i^{max}、T_i^{min} 分别表示第 i 天的最高温度和最低温度（单位：摄氏度）则第 i 天的温度 T_i 可以定义为：

$$T_i = \frac{T_i^{max} + T_i^{min}}{2} \qquad (8-1)$$

则升温天数 HDD_i 可以定义为：$HDDi = max\{65\ ℉ - T_i, 0\}$；

降温天数 CDD_i 可以定义为：$CDDi = max\{T_i - 65\ ℉, 0\}$。

具体某一天的 HDD 和 CDD 值只是这一天温度偏离参考水平的度数。在美国将参考水平设定为 65 ℉（18℃）已经成为行业标准。这一标准起源于能源行业，因为当温度低于 18℃，人们会消耗更多的能源来取暖，而当温度高于 18℃ 人们会开始打开空调降温。大多数气温的天气衍生品是基于某一特定时期（一月/冬季/夏季）的 HDD 和 CDD 的累计值。HDD 的季节一般包括从 11 月到来年 3 月的冬季，CDD 季节是从 5 月到 9 月。4 月和 10 月一般被称为"肩月"。

我们以 CME 的气温期货合约为例，CME 的气温期货合约是以某个日历月期间每天 HDD 和 CDD 的累计值为指数标的。具体合约细节我们会在天气衍生品市场实践一章进行详细论述。HDD/CDD

指数期货是约定在将来某个特定日期购买或出售 HDD/CDD 指数值的合约。一份合约的名义价值等于温度天数指数乘以 100 美元，并且合约是以 HDD/CDD 指数值报价的。

CME 期货合约将美国 15 个城市一个月或一个季度的 HDD（CDD）的数值作为标的温度指数时间段 $[t_1, t_2]$ 的 HDD 指数被定义为连续时间变量 $\int_{t_1}^{t_2} \max(65\ ℉ - T_i, 0)\, dt$，CDD 指数被定义为 $\int_{t_1}^{t_2} \max(T_i - 65\ ℉, 0)\, dt$。

以一个月或一季度的累计平均气温（CAT）指数和 HDD 指数为标的指数的期货合约可以在 5 个欧洲城市交易。时间段 $[t_1, t_2]$ 的 CAT 指数被定义为 $\int_{t_1}^{t_2} T_i\, dt$，其中气温是以摄氏温度而不是以华氏温度衡量。合约货币是英镑而不是美元。另外，HDD 合约的温度水平设定在 18℃。

对于 2 个日本城市（东京和大阪），期货合约以环太平洋指数为标的指数，环太平洋指数测量一个月或一季度的日平均气温时间段 $[t_1, t_2]$ 的环太平洋指数被定义为 $\frac{1}{t_2 - t_1} \int_{t_1}^{t_2} T_i\, dt$。合约货币为日元。

根据 Benth 和 Salyte-Benth（2005），考虑以从 12 月到来年 3 月（如冬季）的一段特定时期 $[t_1, t_2]$（$t_1 < t_2$）的 HDD 指数为标的指数的期货价格的动态波动。假定连续复利率为常数 r，在时刻 $t < t_1$，以 HDD 指数为标的指数的期货价格被定义为满足下式 $\mathfrak{I}_t$ 的条件下的随机过程 $F_{HDD}(\tau, t_1, t_2)$：

$$e^{-r(t_2 - t)} EQ \left[\int_{t_1}^{t_2} \max(c - T_i, 0)\, dt - FHDD(\tau, t_1, t_2) \,\big|\, \mathfrak{I}_t \right] = 0$$

$$(8-2)$$

其中，Q 是风险中性概率，对美国或欧洲城市来说 c 等于 65 ℉(18℃)，给定 $F_{HDD}(\tau, t_1, t_2)$ 的适应性，期货价格等于：

$$F_{HDD}(\tau,t_1,t_2) = E^Q\Big[\int_{t_1}^{t_2}\max(c-T_i,0)\,dt\,|\,\mathfrak{I}_t\Big] \quad (8-3)$$

类似的 CDD 的期货价格等于：

$$F_{CDD}(\tau,t_1,t_2) = E^Q\Big[\int_{t_1}^{t_2}\max(T_i-c,0)\,dt\,|\,\mathfrak{I}_t\Big] \quad (8-4)$$

同理，CAT 期货和环太平洋指数期货的价格为：

$$F_{CAT}(\tau,t_1,t_2) = E^Q\Big[\int_{t_1}^{t_2}T_i\,dt\,|\,\mathfrak{I}_t\Big] \quad (8-5)$$

和

$$F_{PRIM}(\tau,t_1,t_2) = E^Q\Big[\frac{1}{t_2-t_1}\int_{t_1}^{t_2}T_i\,dt\,|\,\mathfrak{I}_t\Big] \quad (8-6)$$

即：

$$F_{PRIM}(\tau,t_1,t_2) = \frac{1}{t_2-t_1}F_{CAT}(\tau,t_1,t_2) \quad (8-7)$$

三、气温期权的定价

气温期权和其他的期权产品的性质相似。如 HDD 看涨期权，买方在合约开始日付给期权卖方一笔费用。如果合约期间 HDD 的数值大于事先确定的水平，作为回报，期权买方能获得收益。收益的多少由执行天数水平和最小变动单位决定。最小变动单位是指合约期内升温天数每高于执行天数水平一天，看涨期权的买方可以获得的金额。期权通常对最大支付额有一定限制（后面有详细介绍）。标准天气合约的要素包括：合约类型（看涨或看跌)、合约期限(如一月)、标的指数(HDD 或 CDD)、获得气温数据的官方气象站、执行天数水平、最小变动单位、最大收益。

为找到期权收益的公式,设定 K 表示合约规定的执行水平和最小变动单位,合约期限为 n 天。因此,合约期限内的 HDD 和 CDD 的数值分别是:

$$H_n = \sum_{i=0}^{n} HDDi \qquad (8-8)$$

$$C_n = \sum_{i=0}^{n} CDDi \qquad (8-9)$$

现在我们可以得到一份不设限制的 HDD 看涨期权的价值:

$$\alpha max\{H_n - K, 0\} \qquad (8-10)$$

与 HDD 看跌期权和 CDD 看涨/看跌期权类似的期权价值可以用同样的方式确定。

下面我们将简要介绍气温期权的定价。

1. 气温期权的定价综述

气温衍生品的定价方面,国外学者已进行了大量研究,大多数学者采用的均是精算定价法,在模型的选择上有所不同。Campbell 和 Francis(2005)使用美国城市的日平均气温,运用 AR. GARCH 模型对气温衍生品进行定价。Jewson 和 Brix(2005)采用 ARMA、ARFIM 等时间序列模型方法进行定价。James 和 Roberto(2006)采用了 1 ~ 10 天前的温度,使用整体预测计算合约期为 10 天的 HDD 看跌期权支付密度的均值和分位数,显示这种方法比采用单变量 GARCH 模型得到的结果更好。Sveca 和 Stevens(2007)采用时间序列模型预测了悉尼的 HDD 和 CDD 指数,在小波重构傅立叶变换的基础上,设立了 1 个当日模型和 2 个每日模型,并进行了对比分析，显示 HDD 指数的预测相比 CDD 要好，现有的 CDD 模型需要进一步改进。Hiirdle 和 Lopez（2009）使用柏林的累积月气温和带季节变化的连续自回归模型（Continous Autoregressive Models，CAR）用于对气温衍生品进行定价。少数学者采用了其他方法，Davis（2001）使用的是边际效应法，根据 HDD 及假设商品的价格服从几何布朗运动，得到期权和互换价格的显性表达式。Oemoto 和 Stevenson（2005）分析了 6 种主要运用于天气衍生品定价的气温预测模型，这 6 种模型又分为两类：一类是基于 ARMA 的时间序列模型，包括 Campbell 和 Diebold（2001）的模型、Cao 和 Wei（2004）的模型和没有考虑季节特征与长期趋势的 ARMA 模型；另一类是基于蒙特卡罗模拟的模型，包括依赖于气温历史分布的简单预测模型、Dischel（1998）的模型和 Alaton 等（2002）的模型。Oemoto 和 Stevenson（2005）分析认为：这 6 种模型在预测结果上都有低估或者高估的问题，基于 ARMA 的模型相对而言能更好地拟合样本数据。

　　国内在气温衍生品的定价研究方面还处于起步阶段，采用的方法也均是精算定价法，且主要是基于扩展的 Lucas 均衡价格模型（钱利明，2010）、O－U 模型和蒙特卡洛法进行定价。基于时间序列与扩展的 Lucas 均衡价格模型方面：钱利明（2010）使用杭州市 1978 年 1 月 1 日至 2007 年 12 月 31 日的日平均气温数据，研究了根据气温指数和基于时间序列模型和扩展的 Lucas 均衡价格模型的天气衍生品合约定价，并计算出了合约在不同风险厌恶系数下的价格。王培（2012）也采用了时间序列模型和扩展的 Lucas 均衡价格模型，依据从 2001 年 1 月 1 日至 2010 年 12 月 31 日期间的日平均气温数据，进行回归分析得到南京市日平均气温的变化模型，计算出气温指数衍生品合约的价格。

　　基于 O – U 模型与蒙特卡洛模拟方面：李霄（2011）选取了天津市 2000 年 1 月 1 日至 2009 年 12 月 31 日的气温数据，构建了基于 Omstein Uhlenbeck 过程的随机模型，进行参数估计进而获得了气温的参数分布，在此基础上使用蒙特卡罗方法对气温进行预测。并以某天津的电力公司举例说明对天气衍生品采用风险中性定价原理的定价问题，表明期权的价格与期权的时间点具有一定的联系，离截止日期越近，此价格和真实的价格也越接近，电力公司需要购买期权以进行套期保值、规避因气温变化引起的财务风险。李永等（2011）运用上海 1951 ~ 2008 年的气温数据和 O – U 模型对气温标的指数进行预测，预测值与实际观察值的检验结果为：预测值的相对误差绝对值小于 5%，表明模型能够较准确地预测气温的变化，进一步地，李永等（2012）采用时间序列建模方法，以 O – U 模型为基础分析了 1951 ~ 2010 年上海气温的动态变化，估计了模型参数、检验了模型的预测精确度，结果显示 O – U 模型与时间序列建模相结合的方法能提高对气温预测的精度，借助蒙特卡罗模拟方法可以完成对天气期权产品的定价。

　　基于 BP 神经网络与蒙特卡洛模拟方面：涂春丽和王芳（2012）利用 1951 ~ 2010 年重庆市的气温数据、采用 BP 神经网络对气温进行预测，采用蒙特卡洛方法对天气衍生品进行定价，仿真结果表明此方法有效且相对误差较小，对开发天气衍生品市场具有一定的价值。

　　本书主要借鉴 Justin London（2011）的气温衍生品定价模型，对气温衍生品的定价进行介绍。

2. 温度模型

　　要对天气衍生品建模首先要了解标的变量即温度的随机过程，并了解其行为和运动方式，对其建模。温度具有很强的季节性变化和模式。因此，温度不可能用随机模型很好地模拟。同时还有其他观测量需要考虑：温度表现出很高的自相关性，这意味着短期行为和长期行为是不同的。最后，因为温度指数不能买卖，所以不存在标的资产，没有办法通过构建金融资产组合来复制天气衍生品的价值，因此 Black-Scholes 框架无法应用。因此我们在这里选择的是均值回归模型。在 Alaton、Djehiche 和 Sillberger（2000）的数据基础上 Justin London（2011）将温度的季节性用正弦函数来描述。并且发现温度有很弱的正向趋势。一个原因是全球变暖，平均温度确实在逐年增长。另外，大城市附近地区的温度呈上升趋势，被称作城市热效应。得到 t 时刻的平均气温 $T_t^m = A + Bt + C\sin(\omega t + \theta)$。

选择参数 A、B、C、θ 的值使曲线能更好地拟合数据。London（2011）选择最小二乘法进行参数估计，我们这里不再赘述。同时模型中还加入了噪声项。

由于温度不能在长时间内不断上升，这意味着模型不能允许温度偏离其均值超过一段时间。换句话说，我们所寻找的描述温度的随机过程应该具有均值回归特性。London（2011）将所有假设放在一起，通过随机微分方程的随机过程解为温度建模。

3. 气温期权的定价

我们以标准 HDD 看涨期权为例，为了对标准的 HDD 看涨期权定价。我们利用前面的期权收益公式：

$$\chi = \alpha\max\{H_n - K, 0\} \qquad (8-11)$$

其中，$H_n = \sum_{i=0}^{n} \max\{65\ ^\circ\text{F} - T_i, 0\}$。

收益取决于某时间区间 HDD 的累积（例如，一月的冬季）。

为了简化起见，假定最小价位是 $\alpha = 1$，收益公式中的合约属于算数平均亚洲期权类。对于对数正态分布标的过程情况，这样一个期权价格的确切方程是未知的，因此 London（2011）做了近似处理。在风险中性的测度 Q 下，给定时刻 s 的信息：

$$T_t \sim N(\mu_t, \sigma^2) \qquad (8-12)$$

假定在冬季 $\max(65 - T_t) = 0$ 的概率非常小，则我们可以得到：

$$H_n = 65n - \sum_{i=1}^{n} T_{t_i} \qquad (8-13)$$

确定在正态分布模型下的合理定价。根据 Alaton 等（2000）的研究 T_{t_i}（$i = 1, \cdots, n$）是一个高斯过程，这意味着 T_{t_1}，$T_{t_2}, \cdots, T_{t_i}$ 是高斯的。因为上式是向量元素的线性组合，H_n 同样是高斯的。我们计算一阶矩和二阶矩。对于 $t < t_1$，得到：

$$E^Q[Hn|\mathfrak{I}_s] = E^Q[65n - \sum_{i=1}^{n} T_{t_i}|\mathfrak{I}_s] = 65n - \sum_{i=1}^{n} E^Q[T_{t_i}|\mathfrak{I}_t]$$

$$(8-14)$$

和

$$Var[Hn|\mathfrak{I}_s] = \sum_{i=1}^{n} Var[T_{t_i}|\mathfrak{I}_s] + 2\sum_{j=1}^{n}\sum_{i<j} Cov[T_{t_i}, T_{t_i}|\mathfrak{I}_t]$$

$$(8-15)$$

假定 $E^Q[Hn|\mathfrak{I}_s] = \mu_n$ 和 $Var[Hn|\mathfrak{I}_s] = \sigma_n^2$，

那么，$Hn \sim N(\mu_n, \sigma_n^2)$。因此，时刻 $t \leq t1$ 收益的价格给定为：

$$C_{HDD}(t) = e^{-r(tn-t)}E^Q[\max(Hn - K, 0)|\mathfrak{I}_t]$$

$$= e^{-r(tn-t)}\int_K^\infty (x - K)f_{Hn}(x)dk$$

$$= e^{-r(tn-t)}\left((\mu_n - K)\Phi(-\alpha_n) + \frac{\sigma_n}{\sqrt{2\pi}}e^{-\frac{\alpha_n^2}{2}}\right)$$

$$(8-16)$$

其中，$\alpha_n = (K - \mu_n)/\sigma_n$ 和 Φ 表示累积标准正态分布函数。

类似的，我们衍生出 HDD 看跌期权的价格公式，它的应得收益为：

$$y = \max(K - H_n, 0) \qquad (8-17)$$

价格为：

$$
\begin{aligned}
p_{HDD}(t) &= e^{-r(tn-t)}E^Q\big[\max(K - H_n, 0)\,|\,\mathfrak{I}_t\big] \\
&= e^{-r(tn-t)}\int_0^K (K - x)f_{Hn}(x)dx \\
&= e^{-r(tn-t)}\left\{(K - \mu_n)\left(\Phi(\alpha_n) - \Phi\left(-\frac{\mu_n}{\sigma_n}\right)\right)\right. \\
&\quad + \left.\frac{\sigma_n}{\sqrt{2\pi}}\left(e^{-\frac{\alpha_n^2}{2}} - e^{-\frac{1}{2}\left(\frac{\mu_n}{\sigma_n}\right)^2}\right)\right\}
\end{aligned}
$$

$$(8-18)$$

对于看涨期权和看跌期权，以上价格公式各自主要针对在冬季月份持有合约，冬季月份主要是 12 月到来年 3 月，夏季我们不能在没有约束的条件下使用这些公式。如果平均气温非常接近于或者是高于 65 ℉（18℃），则不再有 $\max(65 - T_t) \neq 0$。对于这样的合约，我们可以使用蒙特卡罗模拟。

第三节　天气衍生品的对冲

在风险管理过程中，金融市场使机构承受的业绩后果是不对称的，即市场对利润意外减少的惩罚大于对相同数量的利润增加的奖励。因此，从 1970 年以后，很多公司特别关注对引起利润意外变化的各种主要或次要的风险进行管理。也是从那时起衍生品市场开始蓬勃发展起来。公司的风险管理部门开始运用各种衍生品对各种风险进行对冲，其中包括天气风险。

为了尽量减少利润的不稳定性，获得更高的市盈率、更高的信用级别、更低的贷款成本、更有利的债券发行条件，公司会通过定价策略或特有的风险管理产品来管理价格风险。而天气衍生品对应的数量风险确是另一回事。数量风险定义主要因为天气的不确定性导致供给和需求的不确定性。尽管对数量风险大的公司多年来对灾难性天气进行保险，但是由于气候变化，越来越多的公司需要管理因气温和降水的非灾难性变化而导致的财务业绩的正态偏离。从而选择天气衍生品市场进行对冲风险，是它们一个很好的选择。本节我们介绍天气衍生品的主要对冲策略。

一、天气衍生品的对冲策略

从理论角度，学术界一般将对冲理论（也被称为套期保值理论）分为传统的对冲理论和现代的对冲理论。传统的对冲理论主要来自凯恩斯（Keynes）和希克斯（Hicks）的观点，他们认为对冲是现货市场上的商品生产者回避价格风险的一种习惯行为，对冲交易的直接动机是转移现货交易中面临的价格风险，其目标在于现货经营中利润的保证。因此对冲者总是在期货市场和现货市场建立数量相等、方向相反的"均衡而相对"的交易部位，在两个市场同时完成买卖过程。现代的对冲理论主要由 Holbrook Working 对基差的强调和 Johnson 和 Stern 的动态对冲理论组成。基差为同一时间现货价格和期货价格之差，基差风险相对于价格风险要小得多，因此对冲的一个重要方面是寻找有利于自己的基差变化以谋取利润。而动态对冲理论认为，期货市场是一个投资市场，对冲者是为了取得一定风险下的最高利益，因此对冲者要谋求的是一定风险下的，期货和现货这一组合资产的最大收益。因此组合资产的对冲比率将随时间的推移以及根据交易者的风险偏好和对期货价格的预期变化而变化。在天气衍生品市场的实践中，虽然天气衍生品不存在可交易的现货市场，但是涉及天气风险的企业依然可以利用天气产品来减少它们天然的风险——它们经营中固有的天气风险。

要通过天气衍生品进行对冲交易的公司，一般来说现行的经营活动就具有天气风险。根据公司想取得的风险受保护的状态，公司可以使选择对称或者不对称的对冲策略。不对称的对冲策略是指对冲者（受天气风险影响的公司）对风险的一侧进行保护；对称的对冲策略是指对冲者对风险的两侧进行保护。由于公司本身的活动就已经具有天气风险，因此对冲过程中只涉及天气衍生品市场，而不涉及现货市场。

我们以制盐公司为例①，公司面临的主要天气风险是冬季降雪和结冰的天气的天数。对于这种天气风险。公司有三种选择：一是它可以什么也不做，完全承担风险；二是它可以对风险进行不对称对冲或对称对冲；三是可以选择对应指数的期权产品来进行对冲。

（1）不对称对冲：即公司选择对风险的一侧进行对冲，这种方法与传统的保险类似，公司仅针对指数不利运动方向寻求下跌保护，同时公司在指数向有利方向变动时仍然可以获利。当然公司要支付一定的权利金。制盐公司可以购买一份对应指数的看跌期权。

---

① 案例出自埃里克·班克斯的《天气风险管理：市场、产品和应用》。

（2）对称对冲：公司可以选择套保期权——看跌期权多头和看涨期权空头的结合——对冲指数下跌风险。如果一家公司的兴趣是减少收益的总体波动性或免除事先支付对冲成本（即权利金的支出），公司可以使用套保期权。要达到免除实现致富对冲成本的目的，公司需要用可能出现的上涨利益来交换对可能出现的下跌指数的保护。这种对冲比非对称对冲支付的权利金要少得多。对称对冲也可以通过使用互换来完成。

此外还有一种权变性策略，是一种动态对冲策略，它不仅涉及指数的最终价格，还涉及交易期间已经发生的变化量。权变性策略可以为需要对称对冲的交易者提供更精确的交易细节。

二、天气衍生品的对冲案例

［实例1］

玉米的生长与温度关系密切，例如，高温对玉米的授粉和灌浆不利（在授粉和灌浆期，超过35摄氏度的天数每增加1天，每亩玉米就会减产6.35千克。实际上，即使没达到摄氏35度，超过32摄氏度的高温也会对玉米产量产生不利影响）。通过温度指数期货，农业企业可以有效规避玉米授粉及灌浆期的高温风险。例如，某农业企业种植玉米10万亩，为规避授粉及灌浆期高温风险，在56.20的点位买入温度指数期货合约400手。当年在玉米授粉及灌浆期果然出现了高温天气，此企业种植的玉米每亩减产3.5千克，玉米价格为1.3元/千克，共损失455000元。在期货市场上，温度指数也有所上涨，此企业于57.30的点位将持有的多头期货合约平仓，共获利440000元（温度指数期货合约乘数为1000），基本上弥补了现货损失。

［实例 2］

　　夏季电力消耗量与温度有密切的关系，若夏季温度低，居民及企业通过空调降温的需求就会明显下降，电力消耗量也会相应减少。电力企业可以通过温度指数期货规避凉夏带来的销售量降低风险，例如，某电力企业每年 8 月平均电力销售量约为 2000 万千瓦时，由于今年夏季气温低于正常水平，其 8 月电力销售量比平均水平降低了 10%，按照 0.25 元/千瓦时的出厂价计算，约损失 50 万元，此电力企业提前在期货市场中以 51.50 的点位卖出温度指数期货合约 500 手，由于实际温度低于平均水平，因此温度指数期货也呈下跌走势，电力企业于 50.40 的点位平仓，共获利 550000 元（温度指数期货合约乘数为 1000），完全弥补了现货市场的亏损并获利。

第九章

巨灾债券的定价与产品设计

随着巨灾风险发生频率与严重性的迅速增长，也伴随保险业在承保巨灾风险中的脆弱性，新的替代性风险管理以及损失融资工具开始出现。工具首先出现在具备巨大风险吸纳容量的发达国家的资本市场上，其表现形式为具备新的发行条件的特殊证券。1994 年，再保险人通过发行巨灾债券（Catastrophe Bonds，又称为"Act of God"bonds）将自身承保的巨灾风险转移到了资本市场上。

第一节　巨灾债券的概述

一、巨灾风险

巨灾（Catastrophe）通常是指造成重大损失的灾害，其性质因各国的政治环境不同而各异，但共同的特点是影响广泛、累计损失庞大，因此有些国家以损失金额的规模为主要认定标准。就巨灾发生原因而言，有人为因素（Man-made Hazards）及自然因素（Natural Hazards）两种。巨灾风险相对于普通风险而言具有以下特征：

（1）损失发生频率低。

普通风险在一年中发生概率可能是几十次，而巨灾风险发生的机会可能是几年1次，抑或几十年或几百年不遇。近年来随着气候变暖，极端灾害的发生频率在增加。

（2）损失发生幅度大。

普通风险发生的损失在保险金额预期范围内，而巨灾风险一旦发生可能会让保险公司或再保险公司损失惨重，甚至破产。

（3）损失发生标的广。

普通风险发生只会涉及一个或几个保险标的，而巨灾风险一旦发生往往使一定地区大量保险标的物同时受损，因此巨灾风险通常是累积的而非个别的。

（4）容易造成逆向选择。

普通风险易于风险分散，有利于大数法则的运用，资料易于厘定费用，而巨灾风险由于发生的次数较少，投保率低，通常危险越大者越有投保意愿，反之则投保意愿越低，从而影响费率厘定的准确性。

（5）统计资料搜集不易。

巨灾风险不但范围广而且间隔时间长，有时甚至长达百年之久。巨灾资料通常残缺不全，不具有完备资料可查。有时即使有完本资料，但因跨越时间太长，资料可信度值得推敲。

由于巨灾风险具有以上特点，国际金融业和保险业开始积极寻找行之有效的风险管理方法，包括巨灾保险、巨灾再保险、专属保险、巨灾基金以及巨灾债券等。其中巨灾债券的消化损失的容量最大，运用最为广泛。

二、巨灾债券的起源

巨灾债券起源于再保险公司于 20 世纪 90 年代因连续遭遇到数次巨灾，由于其承保能力最终不足所发展出的替代方案。其中最严重的莫过于美国 1992 年安德鲁（Andrew）飓风的 180 亿美元的巨灾损失。这场巨灾当时导致一些保险公司与再保险公司破产。为了处理这种情况，保险公司和金融机构开始发展出数种巨灾风险证券化的方式，希望能从资本市场中吸引到额外的资本和投资人来解决这一窘境。在从成功的 MBS① 发行过程中汲取经验后，美国 Residential Reinsurance Limited 股份有限公司于 1997 年发行了具有标志性意义的飓风债券，向联合汽车服务协会（United Services Automobile Association，USAA）提供单一飓风风险损失保障。此后，其他保险连结型证券如雨后春笋般地涌现出来，成为传统再保险之外处理飓风风险的另类选择。而这些保险连结型证券所转移的风险，渐渐地扩散到如地震、风暴、信用风险、破产风险、气温风险（Temperature Risk）以及人寿风险（Life Insurance Risk）中。

三、巨灾债券的性质

巨灾债券是买卖双方通过债券市场进行债券发行的方式，一方支付债券本金作为债券发行的承购方，另一方则约定按期支付债息

① MBS：Mortgage-Backed Security，抵押支持债券或者抵押贷款证券化。MBS 是最早的资产证券化品种。最早产生于 20 世纪 60 年代美国。

给另一方，并依据未来巨灾损失发生与否，作为后续付息与否及期末债券清偿与否的依据。换言之，巨灾债券也是特殊目的再保险人所发行的公司债券，对于未来债券本金或债券利息的偿还与否，完全依据巨灾损失发生的情形而定，即将债券的未来偿还或付息情况与承保事故的发生与否形成连结。

就性质而言，巨灾债券因为是将分保人的"或有负债"加以证券化，所以它属于负债证券；与此相比，目前金融市场上炙手可热的资产金融证券，是指企业或金融机构将其能产生现金收益的资产进行投资组合（Pooling），然后发行成证券，出售给有兴趣的投资人，通过这样的过程，企业或金融机构能像投资人筹措资金，两者相互区别。其不同点如表 9 – 1 所示。

表 9 – 1　　　　　　　资产金融证券与巨灾证券的异同点

	资产金融证券	巨灾债券
成立人	银行、信用卡公司等	保险公司或再保险公司
设立特别目的子公司	有	有
向投资人募集资金方式	特殊目的子公司发行债券	特殊目的子公司发行债券
子公司向母公司签发再保险单	无	有
现金流量来源	应收账款收入及发生呆账的现金流	保险费收入及巨灾损失的现金流量
债券连动标的	无	一定数额的巨灾损失或损失指数
投资人风险	应收账款的债务人拒绝给付或无法给付的风险	发生巨灾损失本金的风险或 SPR 的违约风险

四、巨灾债券的功能

巨灾债券的功能包括两个方面：再保险的替代物和资本替代物。

1. 巨灾债券作为再保险的替代物

相较于再保险而言，巨灾债券提供了在多年期保险期间内较具吸引力的价格，以及较具标准化的理赔流程（Systematic Claims Recovery）。在一般情形下，它通常会以较低的信用风险形式来提供一个较具实质安全性的保障。原因在于分保人以证券化的交易架构进行分散风险时，SPR 的信用风险比其他再保险人的信用风险更低。

（1）相对价格。

巨灾债券的价格与再保险的保费间的相对关系通常随核保循环（Underwriting Cycle）进行变动。在某些时间，如遭遇巨灾之后，保险业的资金通常都会陷入短缺，这促使保险人或再保险人提高保费费率，来弥补资本的短缺。这时，巨灾债券的面额较再保险保费便宜；反之，当整个保险业有过剩的承保能力时，债券的面额相对较再保险保费更高。因此，从分保人的观点出发，再保险市场的状况是影响巨灾债券对分保人的吸引力的重大因素。

（2）多年期条款。

另一个巨灾债券与再保险的区别是前者在多年期保险期间可以提供固定成本保障。详细来说，因为监管和其他条件的限制，分保人近年来在资金成本改变时，很难同步调整保费。他们唯一避免这一风险的方法就是投保多年期的再保险。然而，此类再保险的保费通常非常昂贵，分保人很难承担。

（3）标准的理赔流程。

巨灾债券的另一个特点是理赔流程标准化，然而这一优势很难量化。因为，在评判巨灾债券的过程中，信用评级机构通常会将契约"是否有提供清楚而不含混的理赔条款"这一要素纳入评估中。反观传统的再保险契约，当中有很多具有理赔疑义的条款，会增加理赔的成本。

（4）信用风险。

由于巨灾损失发生时，再保险人与整个再保险产业均会遭受重大损失，因此分保人对其所投保的再保险人的清偿能力通常会持慎重的态度。因此，传统上当分保人可能遭遇巨灾损失时，一般会分别向不同的再保险人签订数个再保险契约来分散再保险人的信用风险。相对地，巨灾债券会将资金转向信托基金，而此受托基金会将资金投资到信用等级评定优良的项目上；另外，SPR 的利率互换对手会对资产提供主要担保。因此在巨灾债券的交易架构下，分保人承担较少的再保险人的信用风险。

2. 巨灾债券作为资本替代物

传统的再保险虽然可以提供分保人使用财务杠杆（Leverage）的方式，扩大其承保能力从而超出本身所现有的承保能力。然而，巨灾债券可以同时承担分保人多年期的多重危险（Multiple Perils），并且促使分保人的资本结构（Capital Structure）更趋完善。更进一步地，多重危险的巨灾债券可提供较单一危险的传统再保险更强更有力的资金功能。基于上述的优点，分保人通常愿意支付较多的保费投保可被证券化的再保险，而不愿再去投保传统的再保险。

五、巨灾债券的价格

巨灾债券的价格基本上相当类似于保险费率，若以保险费率的观点来理解，即由预期损失加上附加费用两部分组成。危险费率以预期损失幅度（Loss Severity）和损失频率（Loss Frequency）为基础，并参照过去的经验统计和模拟方式来计算。但地震等自然灾害所需观察的时间很长，并且过去的记录与当前的人口变迁、财物价值的增加等，需以统计模拟的方式来预测目前巨灾风险发生时的损失，这是一项极为艰难的工作。而附加费率则为证券发行的各项费用，包括风险评估费、律师费、会计师费、银行签订费、评级费、行销费，其他各项顾问及管理费用，总金额不少。

此外，还需要注意的是保险公司的自留损失额的高低，与风险转移额度的高低，居于巨灾债券的价格以及投资人的信心和兴趣相关。偏低的自留或偏高的保障额度会使投资人减少信心；反之，则投资人兴趣降低。有附加费用摊付与风险转移额度的高低也有关系，进而会影响债券的销售。

第二节　巨灾债券的定价

由于巨灾债券具有债券和保险的双重性质，因此，在定价方面也分为两个角度：金融资产的定价角度和保险精算的定价角度。在这里我们从金融资产定价角度，介绍巨灾债券定价模型：均衡定价模型、无套利定价模型；从保险精算定价的角度介绍五种常用定价

模型：Kreps 模型、LFC 模型、Wang 转换模型、Christofides 模型和
Wang 两因素模型。

一、金融资产定价模型

巨灾债券定价模型可以分为四类：均衡定价模型、无套利定价
模型、实证模型和现金流贴现模型。

1. 均衡定价模型

均衡定价模型：

$$V(d) = E^Q\left\{ \sum_{t=1}^{r} \frac{1}{[1+r(0)]+[1+r(1)]+\cdots[1+r(t+1)]}d(t) \right\}$$

$$(9-1)$$

其中，$V(d)$：$t=0$ 时刻的价格；E^Q：风险中性概率测度 Q 下
的期望；$\{r(t)|t=0,1,\cdots,T-1\}$：一期利率；$d=\{d(t)|t=0,$
$1,\cdots,T\}$：未来现金流过程。

2. 无套利定价模型

无套利定价模型中最具代表性的是 Vaugirad 模型。通过定义概
率空间，设定标准布朗运动，给定随机变量，表示出非巨灾风险、
巨灾的发生、巨灾的规模和利率的不确定性的关系式，进而得出基
于风险指数上的定价。

对于目前市场上巨灾债券溢价较高的现象无论是均衡定价模
型还是无套利定价模型都无法解释，因为这两种定价方法都是公
平定价方法，也无法给投资者评价巨灾债券的价格提供有效的
指导。

二、保险精算定价模型

1. Kreps 模型

传统的保险精算定价模型一般首先收集客观的损失数据，然后计算出期望损失 E（L）（Expected Loss），再加上风险承担 RL（Risk Load）以及各类费用支出 E（Expenses），则可以计算出巨灾债券的价格 P（Premium），即：

$$P = E(L) + RL + E \qquad (9-2)$$

其中的关键是如何计算出风险承担。通常采用标准差风险附加原则，即风险承担 RL 风险附加乘数 λ * 损失标准差 σ。如果不考虑费用支出（E = 0），价格 P 可简化为：

$$P = E(L) + \lambda\sigma \qquad (9-3)$$

Kreps（1999）从再保险合同定价的投资等价原理出发，考察了一年期单次支付的再保险合同的定价问题。设保险的初始价格为 P，风险附加为 RL，r_f 为无风险国债利率，A 为再保险公司未收到保费时的初始资产，F 为再保险公司的初始投资额，即 F = P + A，期望损失为 E（L），则再保险合约的价格可以表示为：

$$P = \frac{E(L)}{1 + r_f} + RL \qquad (9-4)$$

假设目标投资收益率为 y，则根据投资等价原理，其现金流期望必须满足如下等式：

$$(1 + y)A = (1 + r_f)F - E(L) \qquad (9-5)$$

从上面两式中可以进一步求解得出风险附加为：

$$RL = \frac{(y - r_f)}{(1 + r_f)}A \qquad (9-6)$$

此外，对现金流期望等式取方差有：$A\sigma y = \sigma L$，代入式（9 – 6）中可知：

$$RL = \frac{(y - r_f)}{(1 + r_f)\sigma_y}\sigma_L \qquad (9-7)$$

将以上风险附加的表达式代入再保险合约的价格中可得：

$$P = \frac{E(L)}{1 + r_f} + \lambda\sigma_L \qquad (9-8)$$

其中 $\lambda = \dfrac{(y - r_f)}{(1 + r_f)\sigma_y}$ 为风险附加乘数。

Kreps 模型的优势首先在于清晰地说明了风险附加部分是利率、目标收益率等因素在内的函数；其次，Kreps 模型提出了标准差风险附加的保险精算定价方法，从而为以后的四种主要巨灾债券理论定价模型奠定了基础。但此模型存在着两大缺陷：其一，不能有效地反映巨灾损失分布的重尾特征；其二，无法计算各细分风险层次交易价格。正是由于这些缺点，保险界不得不在标准差风险附加模型基础上寻求新的替代模型。

2. LFC 模型

LFC 模型是由美国 Lane Financial 公司总裁 Morton Lane 根据对巨灾债券市场价格的经验观察所提出来的（Lane，1998）。此模型认为巨灾债券的价格由巨灾期望损失加上期望超额收益两部分组成。第一，巨灾期望损失 E(L)，即巨灾损失强度的概率加权平均值 $E(L) = \sum_i p_i L_i$；第二，期望超额收益（Expected Excess Return，EER）用以衡量由于巨灾的重尾性质所产生的风险溢价。这样，巨灾债券价格可表示为：

$$P = E(L) + EER \qquad (9-9)$$

Lane（1999）假设巨灾损失发生概率，即第一美元损失概率为 PFL（Probability of First-dollar Loss），条件期望损失幅度 CEL（Conditional Expected Loss）为 E（L）/PFL，则期望超额收益（EER）可以表示为 PFL 和 CEL 的函数，即 EER = f(PFL,CEL)。

Lane（1998）认为可以用 Cobb-Douglas 生产函数来估算 EER，则有：

$$P = E(L) + EER = E(L) + \gamma \times PEL^{\alpha} \times CEL^{\beta} \qquad (9-10)$$

上述风险承担 EER 计算公式是 Cobb-Douglas 生产函数在巨灾风险定价中的应用。如同生产函数刻画了生产时对劳动力和资本之间的权衡关系一样，此式也体现了投资者在巨灾损失频率和损失程度之间的权衡关系，即给定相等可能损失性，投资者将偏好更低的损失程度；另外，在损失程度相等的情况下，投资者将偏好更低的损失频率。

值得注意的是，α，β，γ 是需要根据市场数据来估计确定的三个参数。Lane（2000）运用 1999 年发行的 16 只巨灾债券的数据，经过回归分析可得到上述参数的估计值 $\alpha = 49.46\%$，$\beta = 57.41\%$，$\gamma = 55\%$。一旦确定好这些参数，即可较容易地计算出巨灾债券的价格。作为一个实证模型，LFC 模型利用已发行的债券的相关经验数据，预测未来进入市场的债券价格的参考范围。但其缺点也是明显的：第一，未能有效地反映债券二级市场实际价格的周期性变化；第二，也未能吸收巨灾债券标的风险的季节性变化。

3. Wang 转换模型

Wang 转化模型基于通过观测到的实际巨灾债券的价格对原始巨灾债券分布进行调整，以获得更加准确的巨灾风险分布函数

（Wang，1995）。设 $S(x) = \Pr\{X > x\}$ 为理论巨灾风险的生存函数，即巨灾损失 X 超过 x 的发生概率，故整个巨灾的期望损失为 $E[X] = \int_0^\infty S(x)dx$。巨灾再保险一般采取将巨灾风险分割成不同层次，$x_{(a,a+h)}$ 表示风险层次为（a，a+h）的巨灾风险，相应的赔付函数为：

$$x(a,a+h) = \begin{cases} 0, x < a; \\ x - a, a \leq x \leq a+h; \\ h, a+h \leq x \end{cases} \qquad (9-11)$$

那么，对应于此巨灾风险层次的期望损失可表达为：

$$E[X_{(a,a+h)}] = \int_a^{a+h} S(x)dx \qquad (9-12)$$

当 h 较小时，巨灾债券理论价格 $E[X_{(a,a+h)}] \cong S(a) \times h$ 近似成立。令实际观测到的巨灾债券价格为 $E^*[X_{(a,a+h)}]$，则 $S(a) \cong E[X_{(a,a+h)}] \times \frac{1}{h}$。由于实际价格中加入了风险溢价，即有 $S^*(a) > S(a)$，我们可以将实际债券价格看作是调整后生存函数的精算值。

令 $S^*(x)$ 为变换后的巨灾风险生存函数，即 $S^*(x) = g(S(x))$，其中 $g(0) = 0$，$g(1) = 1$。Wang（1995）提出的比例风险转换（Proportional Hazards Transform，PH）具有如下形式，即 $S^*(x) = (S(x))^{1-\lambda}$，$0 \leq \lambda \leq 1$。

由于衡量风险厌恶水平的夏普比率能较好地模拟正态分布的巨灾风险，Wang（2002）将夏普比率测度从正态分布资产推广到更加普遍的一种形式，即常用的比例风险转换。经过 Wang 转换后的巨灾风险生存函数如下所示：

其中 $\Phi(u) = \int_{-\infty}^{u} \frac{1}{2\pi} e^{-t^2/2} dt$，是标准正态累积分布函数，$S(x)$ 为原始的巨灾风险分布函数，λ 为风险附加参数，$\lambda = 1 - 1/\rho$（其中 ρ 为风险厌恶水平）。

综上所述，不难推导出 Wang 转换模型下的巨灾债券定价公式为：

$$P = E[X_{(a,a+h)}] = \int_a^{a+h} S^*(x) dx = \int_a^{a+h} \Phi\left(\Phi^{-1}(S(x)) + 1 - \frac{1}{\rho}\right) dx \tag{9-13}$$

Wang 转换模型的最大优点在于将风险溢价加入期望损失中，并允许价格随着市场特征，如个人风险厌恶水平的变化而改变，从而更好地反映实际巨灾风险的概率分布。必须注意，Wang 转换模型假设风险的概率分布是已知确定的，而事实上人们总是通过有限的经验数据估计概率分布，这样总是存在参数不确定性问题。后来发展的 Wang 两因素模型将对这一问题进行修正。

4. Christofides 模型

Christofides 模型基于 Wang 提出的比例风险转换模型，通过两次近似处理推导出更为简洁高效的模型。首先，Christofides（2004）把生存函数 $S(x)$ 作了第一次近似处理，即用简单的指数衰减函数来刻画生存函数分布：$S(x) = \alpha e^{-\beta x}$，其中 α，β 为需要估算的参数。从生存函数中我们可以发现：（1）第一美元损失概率 PFL 为 $S(0) = \alpha e^{-\beta 0} = \alpha$；（2）本金耗尽概率是 $S(1) = \alpha e^{-\beta}$；那么，没有考虑风险厌恶水平的期望损失 $E(L)$ 可计算为：

$$E(L) = \int_0^1 S(x) dx = \int_0^1 \alpha e^{-\beta x} dx = \frac{\alpha}{\beta}(1 - e^{-\beta}) \tag{9-14}$$

根据第一美元损失概率 PFL 和期望损失 $E(L)$，我们可以对巨灾风险的分布进行近似拟合估算。由于估算出来的指数生存函数可能与本金耗尽率不相吻合，因此可利用已发行的巨灾债券的经验数据估计出风险厌恶水平 ρ，从而更好地模拟出巨灾风险分布。在对上述 α，β，ρ 参数进行估算的基础上，Christofides 模型下巨灾债券价格可表示为：

$$P = E(S*(x)) = \int_0^1 (S(x))^{\frac{1}{\rho}}dx = \int_0^1 (\alpha e^{-\beta x})^{\frac{1}{\rho}}dx$$

$$= \alpha^{\frac{1}{\rho}} \times \frac{\rho}{\beta}(1 - e^{-\frac{\beta}{\rho}}) \qquad (9-15)$$

在 β 较小时，Christofides 对上式进行第二次近似处理可得：

$$P = \alpha^{\frac{1}{\rho}} \times \frac{\rho}{\beta}(1 - e^{-\frac{\beta}{\rho}}) \approx \alpha^{\frac{1}{\rho}}\left(\frac{1 - e^{-\frac{\beta}{\rho}}}{\beta}\right)^{\frac{1}{\rho}} = E(L)^{\frac{1}{\rho}} \quad (9-16)$$

此外，考虑到期望损失 $E(L)$ 可表达为第一美元损失概率 PFL 和条件期望损失幅度 CEL 的乘积，则巨灾债券的价格还可表述为：

$$P = E(L)^{\frac{1}{\rho}} = PFL^{\frac{1}{\rho}} \times CEL^{\frac{1}{\rho}} \qquad (9-17)$$

值得注意的是，由于 $S(x) \leq 1$，故 $\frac{\partial P}{\partial \rho} > 0$，即巨灾风险的价格随着风险厌恶程度的上升而不断攀升。Christofides 通过计算发现，ρ 的取值从 1.65 下降至 1.33 后，可以降低至整个巨灾债券价格的 50%。但随着投资者对巨灾债券的了解加深，投资者对其风险厌恶水平 ρ 将会下降，因此巨灾债券的整体风险溢价将会下降，市场也将变得更加成熟。

Christofides 模型的最大优点在于其对 Wang 转换模型下计算表达式进行了数学技术上的简化处理，使定价计算更为简单高效，且不会对原有 Wang 转换模型定价的精确性造成实质性损害。其不足之处在于与 Wang 转换模型一样，没有考虑参数的不确定性问题。

5. Wang 两因素模型

Wang 转换模型从概率变换上对巨灾债券定价模型进行了调整，而 Wang 两因素模型则是在 Wang 转换模型的基础上，对参数不确定性作了进一步改进（Wang，2002）。Wang 转换模型假设资产的收益服从标准正态分布，与现实中巨灾风险的重尾特征不符。因此，Wang（2004）用 k 自由度的 t 分布来替代标准正态分布以更好地描述未知参数的重尾特征。对参数不确定性进行调整后的分布密度函数如下：

$$f(t;k) = \frac{1}{\sqrt{2\pi}} c_k \left(1 + \frac{t^2}{k}\right)^{-(0.5k+1)} \qquad (9-18)$$

其中 $c_k = \sqrt{\dfrac{2}{K}} \dfrac{\Gamma\left(\dfrac{k+1}{2}\right)}{\Gamma\left(\dfrac{k}{2}\right)}$。

考虑上述参数的不确定性，并经 Wang 概率分布转换后的两因素模型的生存函数为：

$$S^*(x) = \Psi(\Phi^{-1}(S(x)) + \lambda) \qquad (9-19)$$

其中 Φ 为标准正态分布函数，$\Psi(.)$ 为 t 分布，λ 为价格市场风险或者夏普比率。

那么，对于风险层次为 $[a, a+h]$ Wang 两因素模型下的巨灾债券定价可表达为：

$$P = E^*[X_{(a,a+h)}] = \int_a^{a+h} S^*(x)\,dx = \int_a^{a+h} \Psi(\Phi^{-1}(S(x)) + \lambda)\,dx$$

$$(9-20)$$

Lane（2000）、Christofides（2004）和 Wang（2004）分别对 1999 年的 16 只巨灾债券的交易数据进行了实证研究。其分析思路大体一致，都是先获取市场整体定价水平下的参数估计值，再代入原有数据得到模型价格。Wang（2004）利用 Wang 两因素模型对上述数据进行研究确定出最优参数为 $\lambda = 0.453$，$k = 5$，并发现 LFC 模型、Christofides 模型和 Wang 两因素模型与实际发行价格标准误差平方分别约为 0.41%、0.44% 和 0.22%。因此，Wang 两因素模型较 LFC 模型和 Christofides 模型都更加精确。

作为巨灾债券四种常用定价模型，LFC 模型、Wang 转换模型、Christofides 模型和 Wang 两因素模型，都沿用了传统保险精算的定价思路，运用计量方法估算影响价格的重要因素来定价。不难看出，它们在发展上也具有一定的内在逻辑延续性，是一个不断总结经验和逐步加以改进的过程。

第三节　巨灾债券的产品设计

一、巨灾债券设计的具体方法

巨灾债券设计中最大问题是定价问题，定价研究的重点是将巨灾风险特征引入传统债券定价理论。巨灾债券的价格主要取决于以下六个方面的因素：一是巨灾损失模型的模拟结果，一般由独立的巨灾模型公司（如 EQECAT）所提供的巨灾模型来模拟测算巨灾损失的大小与概率；二是相似交易的债券定价，往年已经发行的具有相似的期望损失、风险敞口、地理区域的巨灾债券价格会对新发行的债券定价产生影响；三是二级市场上正在交易的巨灾债券的价格，即债券基差；四是相同风险层次和暴露的再保险市场价格；五是市场上已有的灾害风险，如果投资者已持有的巨灾债券所涵盖的风险与新发行债券的风险相同，投资者一般会期望得到更高的投资回报，以吸收这一额外的风险集中（Guy Carpenter，2007）；六是创新和投资者偏好。

为了对巨灾风险债券的公平价格进行估计，也使投资者能够衡量巨灾风险债券在多大程度上合适于他们的投资组合，需要估计标的损失风险。期望损失和损失分布都非常重要。表9-2中给出了解决这个问题的分析思路。

表9-2 巨灾风险债券定价的一般思路

方　　法	缺　　陷
利用历史损失或者损失率的时间序列数据	由于人口增长和通货膨胀，未来损失要比期望损失大
依据人口增长和通货膨胀对历史估计进行调整	高风险地区人口增长并非线性的，建筑物等在物质上也有显著的变化
对当今的标的估算历史风险事故造成的损失	对于特定地区和罕见的巨灾样本量很小
估计主要风险事故参数之间的关系，利用参数的历史概率分布建立一个综合风险事故的过程	需要选定特殊的巨灾及确定分布中的比重，相关性估计可能不准确
建立一个模拟风险事故形成和发展的计算机模型	大气——海洋——大陆系统过于复杂，对其认识之间也不全面

从另一个角度考虑定价的框架问题，分为三部分：

一是建立危险因素模块（Hazard Model）。这个模块根据自然巨灾的物理特性和概率分布定义了其范围。在这个模型中输入的信息包括历史数据、标的所在地特征、专家的管道等。输出结果则包括一系列随机事件以及它们的显著特征。

二是建立损失模块。这个模块显示了有巨灾造成的诸如房屋、工业、农业等的损失。从危险函数到损失函数的转化可以有两种方

法：一种是利用结构工程技术，另一种是利用保险公司不同巨灾后
标的物修复的精算数据进行估计。

三是建立金融模块。评价巨灾对保险单标的或者再保险单标的
损失的影响，估算其财物损失。在根据巨灾风险债券的设计，考虑
金融市场利率、评级、汇率等因素，得出巨灾风险债券的价格。

二、台风灾害债券设计初探

1. 对我国台风损失分布的建模

利用 1999~2008 年登陆我国的 154 次台风损失数据作为损失
随机变量的样本数据（施建祥、邬云玲，2006），数据选用 CPI 定
基指数对损失记录数据进行调整，以消除时间对货币价值的影响。
从趋势分析以及非线性最小二乘迭代运算的参数检验和用 JB 统计
量模型检验可发现损失分布基本属于对数正态分布。此外通过数据
分析对我国台风登陆次数的拟合。

2. 台风灾害发行规模设定

如果在我国东部沿海地区发展台风灾害保险，并假定台风灾害
保险的投保率为 m%，则我国台风灾害保险的保险金额就是台风损
失金额的 m%。对非寿险公司来说，某一特定险种在一定时期内的
赔款总量就是它的总损失，如果在此时期内，此险种共发生 N 次
赔款，第 i 次赔款额为 X_i，则相应的赔款总量为：

$$S = X_1 + X_2 + \cdots X_n \qquad (9-21)$$

其中，S 为取非负整数的离散型随机变量，N，X_1，X_2，…，
相互独立，那么赔款总量的期望值为 $E(S) = E(E(S/N)) = E(N(E(X))) = E(N)E(X)$。

3. 债券收益率的确定

我们用基础的 CAPM 模型来确定资产的价格：

$$E(R_i) = R + \beta[E(R_m) - R] \qquad (9-22)$$

$E(R_i)$ 表示某金融资产的期望收益率，R 表示无风险收益率，β 表示此金融资产的贝塔系数，$E(R_m)$ 表示市场组合的期望收益率。假定平价发行的一年期巨灾债券的票面利率为 R，设巨灾发生的概率为 p，在不发生巨灾的条件下，投资者获得的收益率为 R。巨灾债券依据本金偿还条件分为三种。在不同的触发点下：

（1）利息和全部本金都有风险。如果巨灾发生收益率为 -100%，则有：

$$E(R) = R(1-P) + (-1)P = R + \beta[E(R_m) - R] \quad (9-23)$$

（2）利息与部分本金（q%）存在风险。如果巨灾发生收益率为 -50%，则有：

$$E(R) = R(1-P) + (-q\%) * P = R + \beta[E(R_m) - R]$$
$$(9-24)$$

（3）只有利息存在风险。如果巨灾发生收益率为 0，则有：

$$E(R) = R(1-P) + 0 * P = R + \beta[E(R_m) - R] \quad (9-25)$$

巨灾债券的定价研究在我国尚属起步阶段，这里仅作简单的介绍。同时也希望我国的保险业和再保险业能够更完善地发展，能选择和寻找合适的方法来应对在气候变化过程出现地越来越频繁的巨灾损失。

下篇　实践篇

第十章

排放权交易实践与经验借鉴

第一节 气候变化与全球行动

一、气候变化及其趋势

（一）气候变化的定义

政府间气候变化委员会（Intergovermental Panel on Climate Change，IPCC）将气候变化定义为"随时间过去因自然变化或人类活动而导致的任何气候变化"。联合国气候变化框架公约组织（United Nations Framework Convention On Climate Change，UNFCCC）将气候变化界定为"人类活动直接或间接导致的气候变化，对地球大气层成分所造成的影响超出在同期观察到的自然气候转变。"UNFCCC所用的"气候变化"一词仅指人类活动导致温室气体变化所带来的影响。世界气象组织（World Meterological Organization，WMO）对气候变化的定义是"气候的平均状态或变量出现可统计到的显著变化，且持续一段较长的时期（通常达10年或更长）。气候变化可能因自然界的内部过程，或外部力量所致，抑或是在大气层的组成成分或土地使用方面经验持久的人为变化。"

（二）气候变化根源及趋势

瑞典科学家阿累尼乌斯（Svante Arrhenius）通过研究二氧化碳对地球温度的理论模型，提出了人类排放温室气体的活动长期积累下去将会导致全球气温上升，并在1909年第一次使用了"温室效应"（Greenhouse Effect）这个术语。20世纪80年代以来，为了提供气候变化的科学依据，1988年11月世界气象组织和联合国环境规划署（United Nations Environment Programme，UNEP）共同成立了政府间气候变化委员会，它汇集了世界上130多个国家的2500多名科学家开展全球气候变化科学评估活动，是全球公认的权威气候问题科学组织。这个组织分别于1990年、1995年、2001年、2007年对全球气候变化提供科学评估报告。其中2007年的报告成为迄今为止一份影响力最大的报告，此报告的主要结论包括：

（1）已经观测到的气候变化的事实及其经过：气候系统的变暖已经是不争的事实——全球平均气温和海温升高、雪和冰大范围融化以及海平面上升等。

（2）气候变化的成因：自工业革命以来人类活动使大气中的二氧化碳、甲烷和氧化亚氮等温室气体的浓度明显增加，其中1970~2004年增加70%，20世纪中叶以来观测到的大部分全球平均气温的升高，很可能（90%以上）是由于观测到的人为温室气体浓度增加导致的。

（3）气候变化及其影响：可以预测，未来100年，全球地表温度可能会升高1.6~6.4℃，在此背景下，很可能会出现一些突发事件或不可逆的影响，包括极地部分冰窖进一步融化，造成几米的海平面上升，淹没或改变低洼地区海岸线分布，20%~30%的物种因变暖而进一步增大了灭绝的危险性。

（4）减缓对策：现有的政策手段在激励相关决策者采取减缓气候变化措施方面是有效的，同时可以通过实施一套技术方案把温室气体稳定在某个水平上，这些技术已经成熟并且在今后几十年很可能商业化。

（5）温室气体减排费用和成本分析：如果我们的目标是在2050 年把全球二氧化碳浓度稳定在710ppm（Part per Million，每百万单位气体体积），则全球平均宏观经济付出的代价是 1% GDP；如果把目标定在 445ppm 的水平，我们将付出 5.5% GDP 的经济成本；能否减小全球气候变暖所带来的负面影响，将在很大程度上取决于今后二三十年中在削减温室气体方面所做的努力和投资。

二、气候变化风险与国际社会的应对策略

（一）气候变化的风险

气候变化带来的影响是多层次的，它不仅会带来区域气候条件改变，海平面升高、极端天气的增加还会对人类的健康、生产活动以及人类生存所依托的生态环境带来影响。此外，在"碳限制社会，未来对于各产业和投资者来说，都是一个巨大的挑战。产业类别和地理位置的不同，将使得企业暴露在不同程度的气候风险之中，投资者必须密切关注气候政策与气候变化带来的竞争态势。"[①]

气候变化对于机构带来的风险主要有：

1. 监管风险

在碳金融中，监管风险是指公司为遵守碳政策而对财务业绩可

---

① ［美］索尼娅·拉巴特，罗德尼 R. 怀特. 碳金融. 石油工业出版社，2010：
11－14.

能带来的实质性影响。对于温室气体排放密集型的产业和部门影响
最大，电力行业是最容易受到此类风险影响的行业，若汽车生产商
的车型设计符合新的气候政策标准，会比碳密集型公司的竞争优势
更强。因此，采取"碳管理"行动可以有效地应对气候变化问题。
而碳管理的具体内容包括：评估整个价值链的排放、了解碳限制有
关的风险和机会、率先采取行动等。

2. 实体风险

实体风险指的是气候变化带来的直接影响，如旱灾、水灾、飓
风和海平面上升。面临这种风险的产业包括农业、渔业、林业、医
疗、旅游、水供应事业、房地产和保险业。类似的灾害天气可能对
电力、石油及天然气制造商行业产生不利影响。灾害天气对人类的
健康也会影响到疾病的传播以及死亡率的变化。

3. 商业风险

在企业层面，商业风险体现为法律、声誉和竞争三个层面。

法律层面主要是针对气候变化产生影响的公司提出法律诉讼。
声誉风险往往是指因为应对气候变化，改变消费者、员工、供应商
和投资者对品牌价值的观念。而竞争风险则是随着企业应对气候法
规的模式而改变企业的竞争地位。

气候变化已经成为影响金融业在银行、保险和投资活动上进行
决策的重要因素。

（二）应对策略

气候变化带来的风险，是当今全球面临的巨大挑战，经济发展
模式转向低碳经济，有利于实现经济增长和可持续发展。虽然目前
应对气候变化的挑战的立场和措施仍然矛盾重重和悬而未决，但从
国际社会到各国、各地区，更多的力量与智慧正不断地集聚到减缓

和适应气候变化的行动上来，《联合国气候变化框架公约》和《京都议定书》就是人类集体应对气候变化的"里程碑"文件，集中反映了全球应对国际科学、政治和法律问题的最新成就，也催生和发展了碳金融市场。

1.《联合国气候变化框架公约》

《联合国气候变化框架公约》（United Nations Framework Convention on Climate Change，简称《公约》）是 1992 年 5 月在联合国纽约总部通过的，同年 6 月在巴西里约热内卢举行的联合国环境与发展大会期间正式开放签署。并于 1994 年 3 月 21 日生效。从 1995 年开始每年举行一次《公约》缔约方大会，简称"联合国气候变化大会"。

所谓《联合国气候变化框架公约》，是气候变化国际谈判的一个总体框架。目前，有 190 多个国家加入，这些国家被称为《公约》缔约方。欧盟作为一个整体也是《公约》的一个缔约方。

《框架公约》的最终目标是："将大气中温室气体的浓度稳定在防止气候系统受到危险的人为干扰的水平上。这一水平应当在足以使生态系统能够自然地适应气候变化、确保粮食生产免受威胁，并使经济发展能够可持续地进行的时间范围内实现。"《框架公约》第三条还确立了用于指导缔约方采取履约行动的五项基本原则：共同但有区别的责任原则，指出发达国家应率先采取行动对付气候变化及其不利影响；充分考虑发展中国家的具体需要和特殊情况原则；预防原则，各缔约方应采取预防措施，预测、防止或尽量减少引起气候变化的原因，并缓解其不利影响的原则；促进可持续发展原则；开放经济体系原则。

《框架公约》号召各个国家自愿地减排温室气体，特别是《框架公约》附件 1 所列的工业化国家缔约方应当带头按照《框架公约》的目标，改变温室气体排放的趋势；制定国家政策和采取相应的措施，通过限制温室气体排放以及保护和增强温室气体汇和库，减缓气候变化，定期就其采取的政策措施提供详细信息。

《框架公约》的不足在于只规定了关于防止气候变化的最基本的法律原则，而没有涉及缔约方的具体法律义务。这也决定了气候变化行动的进一步实施，要依赖缔约后持续的展开式的谈判，如公约的修正需要"联合实施"成为以后《京都议定书》"联合履约"的重要法律依据。

2.《京都议定书》

由于《联合国气候变化框架公约》只是一项框架公约，没有规定具体的减排指标，缺乏可操作性，为此于 1997 年 12 月 11 日于日本京都召开的《框架公约》第三次缔约方大会上，各缔约方经过异常艰苦的谈判，终于制定了《〈联合国气候变化框架公约〉京都议定书》（简称《京都议定书》），为各缔约方规定了有法律约束力的定量化减排和限排指标。议定书规定，2008～2012 年，发达国家温室气体排放量要在 1990 年的基础上平均削减 5.2%，包括 6 种气体，二氧化碳、甲烷、氮氧化物、氟利昂（氟氯碳化物）等。其中最大排放国美国削减 7%，欧盟各国削减 8%，日本减少 6%，加拿大削减 6%；新西兰、俄罗斯和乌克兰可将排放量稳定在 1990 年水平上，而发展中国家包括几个主要的二氧化碳排放国，如中国、印度等并不受约束。这一协议被称为人类"为防止全球变暖迈出的第一步"，也是历史上第一个为发达国家规定减少温室气体排放的法律文件。为帮助各缔约方实现它们的承诺，《京都议定书》制定了三种灵活机制，即联合履行、排放贸易和清洁发展机制。根据这些灵活机制，发达国家可在它们之间及发展中国家之间，通过一定项目，转让或购买排放许可，以最低成本达到它们减排的目标。

《京都议定书》的生效条件是 55 个《框架公约》缔约方批准，且其中的附件 1 国家缔约方 1990 年温室气体排放量之和占全部附件 1 国家缔约方 1990 年温室气体排放总量的 55% 以上。由于美国 1990 年温室气体排放量占附件 1 国家的 36.1%，在美国拒绝批准《京都议定书》的情况下，要达到生效条件，意味着几乎所有其他附件 1 国家都必须批准。俄罗斯因占 1990 年附件 1 国家 17.4% 的排放量而持有决定《京都议定书》生死的一票。

在俄罗斯于 2004 年 11 月 18 日向联合国正式递交加入文件后，《京都议定书》已于 2005 年 2 月 16 日生效。截至 2007 年 12 月，共有 176 个缔约方批准、加入、接受或核准《京都议定书》。

《京都议定书》未明确各国如何完成减排目标。但却提出了三个弹性机制，以协助"附件 1"国家完成减排任务，这三个机制是：排放权交易计划（International Emission Trading schemes，IET）、联合履约（Joint Implementation，JI）和清洁发展机制（Clean Development Mechanism，CDM）。

IET 允许温室气体排放量超过其许可排放量的附件 1 国家从拥有富余排放量的附件 1 国家那里购买 AAU，所谓 AAU 是指（Assigned Amount Unit，分配数量单位），是附件 1 国家根据其在《京都议定书》中的减排承诺，可以得到的碳排放额，每个分配数量单位等于 1 吨 CO_2 当量，排放贸易的前提是必须有一个上限，即《京都议定书》为附件 1 国家规定的上限。

JI 和 CDM 属于基于温室气体减排项目合作的机制。通过项目合作机制，发达国家中其他国内企业以投资者的身份，在其他国家投资具有减排效应的项目。项目东道国将项目产生的温室气体减排量出售给投资方获得技术支持或额外收入，项目投资方则用得到的减排量抵销其超出《京都议定书》减排承诺部分。如果东道国为附件 1 中的经济转型国家，则合作机制称为联合履约，项目产生的减排量为 EUR（Emission Reduction Unit）。如果东道国为发展中国家（非附件 1 国家），则合作机制称为清洁发展机制，项目产生的减排量称为经核证的减排（Certified Emission Reduction，CER）。

AAU、ERU 和 CER 在《京都议定书》的框架下，成为稀缺资源，碳信用概念应运而生，以上三者均属于碳信用，按照国际惯例，排放到大气中的每当量 CO_2 为一个碳信用。三种弹性机制创造了碳信用在金融市场中可交易的金融衍生品的基础条件。

3. 2007 年联合国气候变化大会及巴厘岛路线图

2007 年联合国气候变化大会——《联合国气候变化框架公约》缔约方第十三次会议和《京都议定书》缔约方第三次会议于 2007 年 12 月 3 ~ 15 日在印度尼西亚巴厘岛召开。来自《框架公约》的 192 个缔约方，以及《京都议定书》176 个缔约方的 11000 多人参加了此次大会。据悉，这也是联合国历史上规模最大的气候变化会议。

（1）会议主要成果。

会议着重讨论了"后京都"问题，即《京都议定书》第一承诺期在 2012 年到期后如何进一步降低温室气体的排放、2012 年后应对气候变化的措施安排、发达国家应进一步承担的温室气体减排责任等一系列关于全球气候变化的问题。这次大会为遏制温室气体排放、应对全球气候变化等问题创造机遇，是世人关注的焦点，大会通过了应对气候变化的"巴厘岛路线图"。与会各方还同意采取一系列步骤，以立即进一步贯彻《联合国气候变化框架公约》缔约方现有承诺，这些步骤对发展中国家尤其重要。它们包括：①适应气候变化。由《京都议定书》清洁发展机制资助的、在发展中国家进行的适应气候变化项目的基金安排将在全球环境机构的管理下进行。②采取技术步骤。会议同意开启"战略性项目"，提高投资水平，推动发展中国家所需要的减缓和适应气候变化技术的转让。③减少发展中国家因森林砍伐而造成的温室气体排放。各方确认要采取进一步行动减少这类排放，并支持相关建设。

此外，大会还就联合国政府间气候变化专门委员会（IPCC）第四份评估报告（AR4）的重要性、小规模植树造林、碳捕捉与储存、最不发达国家适应气候变化等问题达成协议。

（2）巴厘岛路线图。

经过两个星期的艰苦谈判后，联合国气候变化大会于 2007 年 12 月 15 日终于孕育出备受瞩目的应对气候变化的"巴厘岛路线图"，它将为人类下一步应对气候变化指引前进方向。美国起初反对这一方案，后来由于各方面的共同努力而最后接受，会议终于取得突破。欧盟及发展中国家向美国让步，接受折中方案，放弃要求在议定书正文内明确减排目标，改为执行"路线图"方案，各国将在未来两年内举行会谈，2009 年将在丹麦召开下一轮气候变化大会，届时才制订新的减排目标，取代《京都议定书》，2012 年生效。

"巴厘岛路线图"是人类应对气候变化历史中的一座新"里程碑"，确定了今后加强落实《框架公约》的领域，对减排温室气体的种类、主要发达国家的减排时间表和额度等作出了具体规定，将为进一步落实《框架公约》指明方向，共有 13 项内容和 1 个附录。

小链接：历次联合国气候会议

从 1995 年开始每年举行 1 次《公约》缔约方大会，简称"联合国气候变化大会"。

第 2 至第 6 次缔约方大会分别在日内瓦、京都、布宜诺斯艾利斯、波恩和海牙举行。

2000 年 11 月在海牙召开的第 6 次缔约方大会期间，世界上最大的温室气体排放国美国坚持要大幅度折扣它的减排指标，因而使会议陷入僵局，大会主办者不得不宣布休会，将会议延期到 2001年 7 月在波恩继续举行。

2001 年 10 月，第 7 次缔约方大会在摩洛哥马拉喀什举行。

2002 年 10 月，第 8 次缔约方大会在印度新德里举行。会议通过的《德里宣言》，强调应对气候变化必须在可持续发展的框架内进行。

2003 年 12 月，第 9 次缔约方大会在意大利米兰举行。这些国家和地区温室气体排放量占世界总量的 60%。

2004 年 12 月，第 10 次缔约方大会在阿根廷布宜诺斯艾利斯举行。本次大会期间，与会代表围绕《联合国气候变化框架公约》生效 10 周年来取得的成就和未来面临的挑战、气候变化带来的影响、温室气体减排政策以及在公约框架下的技术转让、资金机制、能力建设等重要问题进行了讨论。

2005 年 11 月，第 11 次缔约方大会在加拿大蒙特利尔市举行。

2006 年 11 月，第 12 次缔约方大会在肯尼亚首都内罗毕举行。

2007 年 12 月，第 13 次缔约方大会在印度尼西亚巴厘岛举行，会议着重讨论"后京都"问题，即《京都议定书》第一承诺期在2012 年到期后如何进一步降低温室气体的排放。15 日，联合国气候变化大会通过了"巴厘岛路线图",启动了加强《公约》和《京都议定书》全面实施的谈判进程,致力于在 2009 年年底前完成《京都议定书》第一承诺期 2012 年到期后全球应对气候变化新安排的谈判并签署有关协议。

2008 年 12 月,第 14 次缔约方大会在波兰波兹南市举行。

2009 年 12 月 7 日至 19 日,第 15 次缔约方会议暨《京都议定书》第 5 次缔约方会议在丹麦哥本哈根举行。经过马拉松式的艰难谈判,大会分别以《联合国气候变化框架公约》及《京都议定书》缔约方大会决定的形式发表了不具法律约束力的《哥本哈根协议》。《哥本哈根协议》维护了《联合国气候变化框架公约》及其《京都议定书》确立的"共同但有区别的责任"原则,就发达国家实行强制减排和发展中国家采取自主减缓行动作出了安排,并就全球长期目标、资金和技术支持、透明度等焦点问题达成广泛共识。大会授权《联合国气候变化框架公约》及《京都议定书》两个工作组继续进行谈判,并在 2010 年年底完成工作。温家宝总理出席会议并发表了题为《凝聚共识 加强合作 推进应对气候变化历史进程》的重要讲话,全面阐述中国政府的立场主张。

2010 年 11 月 29 日至 12 月 11 日,第 16 次缔约方会议暨《京都议定书》第 6 次缔约方会议在墨西哥海滨城市坎昆举行。会议通过了两项应对气候变化决议,推动气候谈判进程继续向前,向国际社会发出了积极信号。

2011 年 11 月 28 日至 12 月 11 日,第 17 次缔约方会议暨《京都议定书》第 7 次缔约方会议在南非德班举行,大会通过决议,决定启动绿色气候基金、建立德班增强行动平台特设工作组、2013 年开始实施《京都议定书》第二承诺期。明年的联合国气候大会将在卡塔尔举行。

2012 年 11 月 26 日至 12 月 8 日，第 18 次缔约方会议暨《京都议定书》第 8 次缔约方会议在多哈举行。会议通过了《京都议定书》第二承诺期修正案，为相关发达国家和经济转轨国家设定了 2013 年 1 月 1 日至 2020 年 12 月 31 日的温室气体量化减排指标。会议要求发达国家继续增加出资规模，帮助发展中国家提高应对气候变化的能力。会议还对德班平台谈判的工作安排进行了总体规划。

2013 年 11 月 11 日至 23 日，第 19 次缔约方会议暨《京都议定书》第 9 次缔约方会议在波兰首都华沙举行。大会主要有三个成果：一是德班增强行动平台基本体现"共同但有区别的原则"；二是发达国家再次承认应出资支持发展中国家应对气候变化；三是就损失损害补偿机制问题达成初步协议，同意开启有关谈判。然而，三个议题的实质性争议都没有解决。

2014 年 12 月 1 日，《联合国气候变化框架公约》第 20 次缔约方会议暨《京都议定书》第 10 次缔约方会议在秘鲁首都利马开幕，共有 190 多个国家和地区的官员、专家学者和非政府组织代表参加。本次会议是气候谈判多边进程的重要节点，将对 2015 年巴黎气候大会能否达成新的全球气候协议产生重要影响。各国政府、国际投资方以及金融机构共同就投资发展中国家的低碳项目作出承诺，宣布计划到 2015 年年底为此筹集 2000 亿美元资金。

2015 年 11 月 30 日至 12 月 11 日，《联合国气候变化框架公约》第 21 次缔约方会议（即巴黎气候变化大会）将在巴黎北郊的布尔歇展览中心举行。尽管上个月在德国波恩结束的气候谈判为酝酿多年的巴黎气候协议制定出一份结构清晰的草案，但各方在一些关键议题上仍存在意见分歧，留待巴黎大会解决。

4. 各国的举措

应对气候变化的影响，世界各国纷纷采取减排措施与政策（见表10-1）。当前降低碳排放的减排政策包括：碳税、符合温室气体标准的产品和程序、技术激励、可再生能源组合标准以及碳交易计划。这些政策都与广义的碳金融有关。欧盟排放权交易体系为金融服务业创造了大量的新机会，温室气体资产和负债的出现，提高了企业对天气衍生品的需求，对私募和企业相关金融服务的需求也日益增加。公共基金与私人投资相结合的气候变化融资体系正在形成。

表 10 - 1   世界主要国家减排措施

国家	GHG 减排目标	主要气候政策	行动措施
欧盟	京都议定书：减排8% 自行承诺：20%，30%	新能源战略 EU ETS	可再生能源； 提出行业减排机制 扩大排放交易体系覆盖面
英国	欧盟规定：12.5% 自行承诺：2010年减排20%；2050年减排60%	发展低碳经济； 经济政策、碳基金和排放交易机制	可再生能源； 《气候变化法案》
美国	2020年比2005年降低17%；2050年比2005降低83%	加强气候研究； 加强技术研发； 加强国际合作	发展核电 减少对石油的依赖 开发 CCS 技术
加拿大	京都议定书：减排6%	采取综合措施； 新能源技术创新	加大财政投入； 可再生能源
日本	京都议定书：减排6%	加强立法； 重视预防； 鼓励新能源开发	发展核电； 提高能源效率； 增加碳汇和 CDM

资料来源：《2050中国能源和碳排放报告》张建华. 低碳金融. 上海交通大学出版社，2011：19.

第二节　世界主要排放权交易体系与交易平台

一、世界主要排放交易体系

（一）欧盟排放交易体系（EU ETS）

欧盟于 2005 年 1 月 1 日建立了世界上第一个跨国排放权交易机制，现在已经成为全球最大的碳交易市场。

欧盟排放权贸易体系的实施分三个阶段：

第一阶段（2005～2007 年）：此阶段，涵盖的温室气体只有二氧化碳，参与排放权贸易的主要是能源密集型行业，包括能源工业、有色金属的生产和加工部门、建材和造纸等，涉及发电厂、供热厂、炼油厂、焦煤厂、钢铁厂和水泥、玻璃、石灰、陶瓷、造纸等企业，排放量占欧盟温室气体排放总量的 44% 左右。

第二阶段（2008～2012 年）：此阶段与《京都议定书》第一承诺期阶段重合。欧盟委员会规定这一阶段的年排放额为在 2005 年排放水平基础上减少 6.5%。这一阶段引入了 JI 和 CDM 机制，增加了对氮氧化物的排放限制，2012 年航空体系纳入管理。

第三阶段（2013～2020 年）：其中 2013 年的排放上限是 20.39 亿吨二氧化碳当量，以后每年下降 1.74%，到 2020 年下降至 17.2 亿吨二氧化碳当量。覆盖行业扩大，石化行业、制氨行业、炼铝行业中释放二氧化碳、生产硝酸、肥酸和乙醛酸等过程中释放的氮氧化物以及制铝过程释放的全氟化碳纳入管理。二氧化碳的捕集、运输、封存也将纳入。

（二）北美减排交易体系

（1）区域温室气体行动计划（RGGI）。此计划由美国东北部和大西洋沿岸中部地区的 10 个州联合发起，其主要目的是限制温室气体排放。是第一个以市场为基础的强制性总量限制交易的减排计划，此计划的目标是在 2008～2018 年的 11 年内实现减排 10%。与 EU ETS 不同的是，此计划从一开始就决定通过拍卖分配较大比例的配额。

（2）西部气候倡议（WCI），发起于 2007 年，是由美国西部各州和加拿大几个省联合，在区域层次上制定和执行应对气候变化政策的组织。WCI 的目标是到 2020 年，温室气体在 2005 年排放水平的基础上减排 15%。此体系覆盖所有经济部门。

（3）中西部温室气体减排协议（MGGRA），覆盖美国 6 个州和加拿大一个省，另外还有美国的 3 个州和加拿大的 1 个省作为观察员。协议提出的目标是到 2050 年，温室气体排放量比当前减少60%～80%。

（4）加利福尼亚州排放权贸易体系。加利福尼亚州排放权贸易体系于 2013 年 1 月 1 日开始实施，是在《2006 年加利福尼亚州应对全球变暖法案》之下推动建立的。此体系覆盖加利福尼亚州85% 的温室气体排放，体系的目标是将加利福尼亚州范围内 2020年温室气体排放恢复到 1990 年的水平。

（三）其他排放交易体系

1. 新西兰排放权贸易体系

新西兰排放权贸易体系是继欧盟之后第二个实施国家层面排放权贸易体系的国家，政府在 2007 年 9 月颁布了《新西兰排放权贸易体系框架》，2008 年 9 月 10 日，新西兰议会通过了《新西兰排放权贸易体系》。新西兰排放权贸易机制采取逐步推进的方式，目前不设排放权总量上限。

2. 澳大利亚排放贸易体系

新南威尔士州温室气体减排体系，是全球最早强制实施的减排计划之一，此体系与欧盟排放贸易体系的机制类似，但参加减排体系的公司仅限于电力零售商和大的电力企业。

二、世界主要排放交易平台

（一）欧洲气候交易所（European Climate Exchange，ECX）

ECX 是芝加哥气候交易所下设的一个子公司，此交易所最初的产品包括现货、远期和期货，后来增加了互换和期权交易产品。目前主要交易产品有 EUA 类产品和 CER 产品。

（二）北欧电力库（Nord Pool，NP）

NP 是欧洲第一个提供碳排放权合约 EUA 和碳信用 CER 的交易所，是世界上最大的电力衍生品交易所和欧洲最大的 EUA、CER 的交易所，主要提供 CO_2 现货合约和一些期货衍生品合约的交易。其现货交易量占北欧地区能源交易量的 70%。

（三）BlueNext 环境交易所

BlueNext 环境交易所是纽约泛欧交易所集团与法国国有银行信托投资银行合作设立的全球碳交易平台。主要交易的品种有 EUA、CER 的现货和期货，是目前世界上规模最大的碳排放信用额现货交易市场，占全球碳信用额现货交易市场份额的93%。

（四）芝加哥气候交易所（CCX）

芝加哥气候交易所交易系统由三个主要部分完成。第一，芝加哥气候交易所交易平台。第二，清算和结算平台。第三，注册系统。CCX目前已经拥有比较完备的碳金融产品，既可以进行碳信用现货交易，也可以进行碳期货交易，且提供多样化的交易产品。

（五）芝加哥气候期货交易所（CCFE）

芝加哥气候期货交易所是芝加哥气候交易所的全资子公司，是美国商品期货交易委员会指定的合约市场，此市场提供规范、结算的废气排放量配额和其他环保产品方面的期货合约。其结算服务由结算公司提供，此公司是当今世界唯一活跃的独立期货清算机构；其市场监察服务由全国期货业协会提供，此协会是美国期货业行业的监管机构。

在CCFE进行交易的排放权产品有CER、CFI、ECFI、ECO-Index、IFEX-ELF、NFI-A、NFI-OS、SFI。

（六）绿色交易所（Green Exchange）

绿色交易所由纽约商品期货交易所（NYMEX）、市场演进公司、摩根士丹利资本集团、瑞士信贷集团和其他合作者共同成立，其中NYMEX拥有绿色交易所25%的股权。绿色交易所产品目录中包含EUA和CER的期货和期权交易产品，符合自愿性标准的经核证的温室气体减排量（VER/VCU）、SO_2和NO_x的期货合约。

第三节　我国碳交易实践

"十二五规划纲要"明确提出逐步建立全国碳排放交易市场，表明国家将更多地发挥市场机制对资源配置的优化作用，建立利用市场机制应对气候变化的有效途径，使控制温室气体排放从单纯依靠行政手段逐渐向更多地依靠市场力量转化。为此国家发展和改革委员会于 2011 年 10 月底，批准北京市、天津市、上海市、重庆市、湖北省、广东省及深圳市等七省市开展碳排放权交易试点工作，并提出 2013 ~ 2015 年为试点阶段。

一、碳交易试点政策框架

2011 年以来，各省市非常重视碳交易试点，开展了各项基础工作，包括制定地方法律法规，确定总量控制目标和覆盖范围，建立温室气体测量、报告和核查（MRV）制度，分配排放配额，建立交易系统和规则，制定项目减排抵消规则，开发注册登记系统，设立专门管理机构，建立市场监管体系以及进行人员培训和能力建设等，形成了全面完整的碳交易制度体系（郑爽，2014），如图 10 - 1 所示。

二、全国碳交易试点进展[①]

2013 年是中国碳交易市场元年，自深圳于 2013 年 6 月 18 日率

---

① 胡静，周晟吕（供稿）2014。

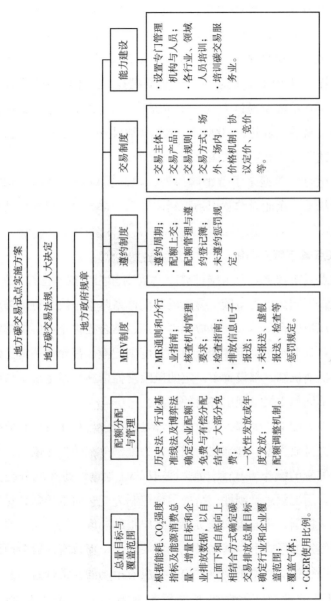

图10-1 碳交易试点政策制度框架

资料来源：郑爽.七省市碳交易试点调研报告.能源与环境, 2014 (2), 23-27.

先拉开碳排放交易的帷幕之后，上海、北京、广东和天津分别于 11 月 26 日、11 月 28 日、12 月 19 日和 12 月 26 日相继启动碳交易。筹备多时，湖北省碳排放交易终于在 2014 年 4 月 2 日正式上线。随后在 6 月 19 日，最后一个碳交易试点——重庆也正式宣布开市，中国碳排放交易试点的"七兄弟"已经聚齐。七个试点省市纳入碳交易的企业超过 2000 家，配额规模超过 12 亿吨，中国成为仅次于欧盟的全球第二大碳市场。深圳、上海、北京、广东、天津这五个试点纷纷迎来了首个履约期，配额发放是否合理、MRV 体系是否规范、企业履约意识是否到位等问题都会一一得到测试和体现。

1. 试点省市碳交易细则

各试点省市相继公布了碳排放交易规则和相关技术支撑文件。总体来说，不同试点省市碳交易市场制度体系基本一致，将碳排放达到一定规模的企业纳入碳排放配额管理，结合控排企业历史排放水平和行业基准水平确定各个企业的年度碳配额，都允许一定比例的 CCER 抵消机制，都设置了一定的风险管控措施。但是从交易细则来看，不同地方又呈现出各自的特征。

从配额分配上，大部分试点省市都是基于各自行业特征和数据基础以历史排放为主、基准线为辅来作为配额分配的参考依据，在实际分配配额的操作方式上，深圳采取的是竞争性博弈的分配方法，湖北采用配额总量刚性、结构柔性控制方式，而重庆则是对配额实行总量控制，企业碳配额实行自主申报的制度。

从配额发放形式上，基本以免费发放为主，但政府一般会预留一定配额进行拍卖以用于企业履约或者应对市场的异常行为。但是从广东的方案来看，管控企业免费配额和有偿配额的比例为 97%∶3%，管控企业必须要先购买 3% 的有偿配额后才能激活

97%的免费配额，但是3%的门槛制度在实际操作中遇到了巨大的阻碍，广东对强制购买有偿配额进行了修改。湖北则规定未经交易的配额当年注销。

从参与主体上，目前除了上海和北京外，其他交易试点均对个人投资开放，用来增加碳市场的流动性。

从惩罚机制来看，深圳和北京的违约成本相对较高，对于超额排放量要处以3倍以上的罚款，湖北采取罚款加配额扣发的方式（双倍扣除）进行处罚，而天津和重庆的惩罚措施相对最轻。

2. 市场交易情况

截至2014年6月30日，七个交易试点配额交易总规模超过930万吨，占配额总量不到1%，其中，协议转让量约为130万吨，占交易规模总量的14%左右。深圳是最早开始进行碳交易的试点城市，截至2014年6月30日，已经进入第211个交易日，其次为上海。而于2014年6月19日开市的重庆则仅历经了8个交易日。从累计成交量来看，仅开市两个多月的湖北以404.9万吨成交量跃居首位，主要原因包括：一是湖北一开市就已经对社会投资全面开放；二是湖北配额总量规模较高，仅次于广东，是上海的两倍；三是湖北的交易主体规模大，作为配额总量第二的湖北，纳入企业仅138家，远低于配额总量排在最后的深圳和北京的635家和490家。从日均成交量来看，湖北以67484吨/日的成交量位居第一，其次为重庆，上海以10788吨/日的量排在重庆之后。虽然重庆日均成交量较高，但是自首日产生了145000吨的成交量之后出现了无交易量的尴尬阶段。从交易价格来看，与国际价格比较来看，深圳与加州碳市场价格相当，广东则与魁北克的配额价格接近，欧盟EUETS的EUA价格与目前上海的价格相当。因此，虽然深圳的成交量只有湖北的不到一半，但是较高的交易价格使深圳累积成交额超过 1 亿元，居七大试点省市之首。

目前广东、深圳、上海对部分碳排放配额进行了拍卖。广东的管控企业要获得 97% 的免费配额必须要先购买 3% 的有偿配额，因此先后举行了 5 次拍卖。6 月 6 日深圳排放权交易所举办了首次配额拍卖，向配额有缺口的管控单位提供了 20 万吨 2013 年配额，但最终配额投标量与拍卖量比例仅为 37.49%，而拍卖底价仅为当时市场价格的一半。上海于 6 月 30 日举行了一次竞价拍卖，最终成交 7220 吨，成交价格为 48 元。

2014 年，上海、深圳、北京、广东和天津五个试点省市完成了首年履约，其中，仅上海在规定时间内 100% 完成了履约。北京、广东和天津均推迟了履约日期。

从履约成交量和成交额来看，如果不考虑广东 3% 的有偿配额，五大试点省市在碳市场上进行交易的累计成交量超过 700 万吨，累计成交额超过 3.5 亿元。若计入广东的有偿竞价量，则市场上累计成交量和成交额分别突破了 1850 万吨和 10 亿元。从不同试点的成交情况来看，不考虑广东的有偿竞价发放量，北京累积成交量超过 200 万吨，居首位，深圳和北京的累积成交额均突破了 1 亿元。

三、上海碳排放交易试点特色解析

与其他试点省市相比，上海碳交易机制的设置，在主体覆盖范围、总量控制目标、配额分配、MRV 能力建设等方面，充分结合了上海城市发展的实际和特点，做了一些针对性的设计和安排，部分特点可供其他试点的省市参考和借鉴。

（一）明确将非工业纳入碳交易体系覆盖范围

上海碳交易试点范围除包括 10 个排放密集型的工业行业外，还明确提出将 6 个非工业行业纳入交易范围。交易覆盖范围的划分与上海城市发展的现状及未来转型需求紧密相关，主要动因包括：

1. 产业结构优化的需要

目前上海已进入后城市化、后工业化时期，也是探索推进"创新驱动、转型发展"的关键时期。根据中央对上海发展的定位，到 2020 年上海要基本建成国际经济、金融、贸易、航运中心之一的国际大都市，上海"十二五"规划提出 2015 年第三产业增加值占比达到 65% 左右。为此，将交通、商业、金融业等非工业行业纳入试点范围，充分考虑了城市产业结构调整和优化升级的现实需要，通过建立发展碳排放交易机制，在城市产业升级、发展转型的过程中，同步引导传统的工业行业和迅猛发展的非工行业积极探索观念、技术和制度创新，合理规划经济发展及资源使用，加强生态环境外部性的内部化，从而持续推进产业结构的进一步优化和社会生产、生活方式的转变。

2. 实现"十二五"节能减排目标的需要

"十一五"期间，上海通过调整产业结构和优化工业结构，及有序推进节能减排项目，工业部门能源活动所产生的二氧化碳排放量已逐渐趋于平稳，而交通运输业、商业、宾馆等领域的能源消费及碳排放总量上涨明显。目前，交通运输业排放仅次于工业排放，占全市 CO_2 排放总量近 20%，商业、宾馆等大型公共建筑在"十一五"期间的碳排放年均增长率高达 11%。"十二五"时期上海市单位 GDP 的 CO_2 排放强度下降目标为 19%，相比全国水平高出 2 个百分点。"四个中心"的发展定位将会导致交通、商业等领域能耗的持续上升，因此将这些非工业行业纳入碳交易体系，将在促进高耗能、高污染的传统工业行业深入推进节能减排的基础上，对以"建筑能耗""交通能耗"为主要耗能形式的非工业行业提出进一步强化节能减排的工作要求，有助于推动"十二五"减排目标的实现，在探索推进城市转型发展的同时，有效地控制全社会能源消费和温室气体排放。

3. 活跃碳交易市场的需求

完全自由的跨行业交易有利于通过促进资源优化配置，实现总体减排成本的最小化。上海试点方案将工业和非工业行业同时纳入的交易范围，可为交易主体提供更多的出售配额或购入配额的激励，从而促进交易的形成，增进交易市场活跃性，提高不同行业的参与度，并且可以降低排放源转移的可能性。

总之，重工业的加快转型，以及先进制造业和现代服务业的飞速发展将对城市能源消费及污染排放的控制管理提出新的要求。将非工业行业纳入碳交易体系，比较适合在处于后工业化发展转型期的省市，以及节能减排任务较为艰巨的省市进行推广。从长远来看，跨行业的交易体系能实现全社会减排成本的最小化，减少碳泄漏，利于交易市场的有序运行，待碳交易市场机制逐渐成熟后，可逐步在全国范围内推广。

（二）将直接和间接排放同步纳入企业温室气体排放核算边界

上海碳交易试点方案对企业温室气体排放核算边界的界定，包括燃烧和工业生产过程产生的直接排放，以及因使用外购的电力和热力等所导致的间接排放。有别于上海，北京方案中的直接排放领域主要包括热力供应、电力和热电供应，间接排放领域主要包括制造业和大型公共建筑。间接排放的计算，指的是北京市用电所导致的区域外的排放。将直接和间接二氧化碳排放权分开可能会存在两种交易标的物是否能完全等价、自由交易等问题。同时对于下游企业，由于无须核算电力、热力等二次能源，不利于企业全面推进自身的节能减排工作。北京方案能较好地体现能源供应特征，可供电力对外依存度高的省市借鉴，而上海方案则更具普适性，而且与目前较为成熟的国际碳排放交易体系的核算边界界定方式一致，基本覆盖了企业的绝大部分排放，对电力、热力等二次能源的控制，虽然会产生从生产端和消费端双重核算、双重管理的情况，但无论对于上游企业还是下游企业，均有利于促进企业全面控制能源消费和污染排放，双管齐下，易于促进整体减排目标的实现，因而建议在更大范围内推广。

（三）配额分配方案充分考虑本地实际及特点

上海作为全国先行先试的省市之一，在"十二五"期间首次引入了全市能耗总量（包括煤耗总量）控制目标，并在主要领域、行业之间进行了目标分解，明确的能源消费总量控制目标为碳排放总量控制及配额分配提供了良好基础。在这些目标的制定过程中，上海依托在全市范围内建立的能源消费及经济发展等统计、报告、核查系统，较为全面、准确地掌握了全市重点领域、重点行业的能耗历史、现状及未来的发展趋势，为碳排放交易的总量控制目标设定，以及试点企业的配额分配都提供了较好的基础。

在配额分配的设计上，在配额分配过程中会适度考虑企业的先期减排行动。"十一五"时期，上海市在重点领域、重点行业大力推进节能减排工作，部分行业在节能降耗方面取得了突破性进展，部分工业产品，如精品钢、整车、大型锻件等产品单耗已达国际先进水平，合理考虑这部分企业的先期减排行动，可以形成有效的激励机制。

（四）碳交易 MRV 指南的颁布有效指导后续工作

上海是第一家印发温室气体排放核算与报告指南的试点城市，并根据行业间的差异和特色，除总则外，还分别编制了钢铁、电力、建材、有色、纺织造纸、航空、大型建筑和运输站点等 9 个相关行业的温室气体排放核算方法，使对不同行业的排放核算有章可循，试点企业可以据此摸查自己的碳排放水平，碳盘查机构则将依据指南开展碳盘查，从而保证了碳排数据的准确性、规范性和口径的一致性。上海在碳交易试点工作启动初期，通过政府采购招投标方式确定了专业机构开展初始碳盘查工作，并在初始碳盘查工作推进过程中，完善并有效检验了上海碳交易 MRV 指南的科学性和可行性。

科学、完善的 MRV 体系不仅是建立碳排放交易平台的基础，也是保证排放数据准确、实现排放交易透明、可信的重要保障。企业的碳盘查工作是基础，但又极为关键，直接影响到碳交易成败的一个环节。从这一点上来讲，上海先行一步，出台了分行业的 MRV 指南，可供其他省市以及全国统一碳市场的 MRV 体系建设提供参考。同时为了未来建立全国统一碳市场的需要，建议确保试点省市的 MRV 指南的相容性，避免给未来的对接造成困难。

第十一章

排污权交易实践与经验借鉴

第一节 美国大气排污权交易实践

一、美国大气排污权交易制度发展历程

美国是最早对排污权交易进行理论研究的国家，也是最早把排污权交易运用于大气污染和水污染控制实践的国家。

美国排污权交易的发展大致经历了三个阶段。

第一阶段：20 世纪 70 年代中期到 90 年代初期。

从 20 世纪 70 年代开始，美国环保局（USEPA）尝试将排污交易用于大气污染源管理，逐步建立起以补偿（Offset）、泡泡（Bubble）、银行储存（Banking）和容量结余（Netting）为核心内容的排污权交易政策和体系，并实施了两大排污交易计划（80 年代的铅淘汰计划和减少臭氧层消耗物质计划）等。这一阶段，排污交易的对象是排削减信用。由于没有总量上限，信用交易体系也被称为"开放市场体系"（Open Market System）。这类体系是自愿的，任何排放源只要排放削减量超过一定的基准排放水平就可以向

环保局申请认可，认可之后便产生排放削减信用。第一阶段通常认为是美国排污权交易实施的试验阶段，虽然做法尚不完善，但却成为后来排污权交易全面实施的实践基础。

第二阶段：从 1990 年到 20 世纪末。

在这个阶段标志性的事件是 1990 年通过的《清洁空气法》修正案（CAAA）以及酸雨计划（Acid Rain Program）的实施。《清洁空气法》修正案的通过体现了第一阶段向第二阶段的过度，在第二阶段排污权交易在电力行业针对排放的二氧化硫实施，这次实践是在美国全国范围内开展的，可以称得上是迄今为止开展范围最广的排污权交易实践。具体内容包括酸雨计划（AcidRain Program，ARP）中二氧化硫排污交易、1994 年加州区域清洁空气激励市场（Regional Clean Air Incentive Market，RECLAIM）、东北地区开展氮氧化物排污交易等。此阶段的交易对象是排放配额。配额（Allowance）是一种排放许可，一个配额一般等于 1 吨污染物的排放权。

第三阶段：21 世纪开始至今。

第三阶段是排污交易的继续推广阶段，包括 2005 年制定的《清洁空气州际计划》（Clean Air Inter state Rule，CAIR）、《清洁空气汞排放计划》（Clean Air MercuryRule，CAMR）、《清洁空气能见度计划》（Clean Air Visibility Rule，CAMR）等，旨在利用排污交易市场进一步削减大气污染物，解决臭氧和 PM2.5 超标和能见度问题。另外，还包括最近的区域温室气体行动计划（Regional Greenhouse GasInitiative，RGGI），美国东北十个州在美国第一次通过区域的总量控制和排污交易计划来削减电力行业的二氧化碳排放量。此阶段的交易对象仍是排污配额。

二、美国大气排污权交易经验借鉴

（一）*法律基础*

美国酸雨计划以及随后实施的有关大气的一系列排污交易，都有一个最重要的法律基础——《清洁空气法》，《清洁空气法》修正案"第四条款"明确给"限额和交易"的方法赋予了法定效力。《清洁空气法》的细致程度到将必须参与第一阶段的 263 座火电机组及许可排放量均一一列出。

（二）*许可证制度、总量目标和排放配额的关系*

根据《清洁空气法》第 408 条的规定，每个合法的酸雨污染物排放许可仅有五年的使用期限，美国的许可证制度要求排污企业应当向美国环保局提交许可申请以及履行计划，并且许可申请者必须保证在"排放配额"交易期限之内，通过合理的手段留存足够数额的配额用于抵消本燃煤发电厂的二氧化硫排放即可。

企业的履约责任就是保证每年所拥有的排污配额满足当年排污量的值，而履约的方法在交易中不做任何限制，自身减排或者配额购买都可以。排放配额和总量目标看似没有非常直接的关系，但是通过许可证制度和排污交易计划紧紧联系起来。

总量分配通常是在部门内部或区域内开展的。如果政府没有环境控制的硬约束，为了保证部门或地区经济的发展可能会对污染源发放过量的许可，导致总量的限制被突破。结果是企业总能以各种理由获得额外的排污许可。总量控制是无效率的，在二氧化硫的交易项目中也存在着这种情况，政府对电力部门中的企业分配的许可证大部分是超过总量限制的。主要原因是为了考虑气候的变化因素要求增加许可证的分配数量。因为所有的污染源都认为在炎热的夏季需要更多的排放许可。如果总量的限制是松懈的而排污银行又不加以限制就可能会囤积大量的超额许可，大量的超额许可会使总量控制目标形同虚设，使环境状况无法获得进一步的改善甚至出现恶化。

（三）配额分配和配额核算的关系

二氧化硫交易中排放配额的计算方法是物料衡算法，即按照一个规定的过去时间的热量输入值乘以规定的排放速率得到配额。而用于配额核算的污染物排放量来自在线监控的实测值。最后比较的是企业账户中拥有的配额和实际的排污量。配额分配的方法既充分体现了分配的公平，又鼓励企业超量减排，而越早减排的企业获得的富余配额越多，这些配额既可以参与交易又可以存储备用，使企业利益最大化。

（四）活跃的交易市场创建和控制

二氧化硫排污交易计划中配额的分配方式多种多样，具体有无偿分配、定价购买、拍卖、奖励。绝大多数的配额是以无偿分配的方式发放给排放源，另一小部分的配额用于定价销售、拍卖、奖励。这个灵活和宽松的环境，给了市场充分的活跃度，也给了暂时不能各上减排措施的机组以时间宽限。但是一定会分别在酸雨计划的第一阶段和第二阶段后期产生大量的可交易的配额，由于配额不能无限制的泛滥下去，美国环保局通过调整总量目标，或者降低配额计算中的排放速率，从而达到收缩可交易配额的目的，灵活地控制着市场上可交易的配额。

（五）完备高效的排污交易操作系统

美国二氧化硫配额交易计划以全面、准确、透明而及时的信息为基础。整个二氧化硫排污交易操作系统包括3个部分：排放跟踪系统、配额跟踪系统和达标判别系统。排放跟踪系统的目的是收集、审查和维护参与排污权交易企业的相关排放数据。配额跟踪系统是排污交易的财务系统，是一套用来收集、确认和维护财务数据以及可交易配额所有权和交易记录的综合系统。达标判别系统是连接排放跟踪系统和配额跟踪系统的重要纽带。在配额核查末期，达标判别系统将对每个污染源所持有的配额和它当年的排污总量进行对比判别。

完备高效的排污交易操作系统使参与二氧化硫排污交易的管理和操作人员较少。信息操作系统和自动化的操作，让管理者能重点关注于减排的执行情况，基准的计算以及交易事务的处理。大约有100个政府工作人员在二氧化硫和氮氧化物排污交易计划中从事主要的工作。

（六）严格的惩罚措施

对于超额排放污染源，《清洁空气法》修正案"第四条款"规定，对每超标排放1吨二氧化硫的罚款2000美元，并且每年根据通货膨胀指数进行调整。并且罚款并非终极性的惩罚措施，而是与其他所有惩罚手段平行使用。例如，要求任何没有足够的配额的机组必须在下一年度用相同的排放配额进行补偿，此外还进行民事和刑事处罚。

（七）排污权交易时间

排污权是否可以跨时间进行交易一开始受到许多部门的质疑并且不被认可，但是随着研究的进一步深入，人们发现将排污权交易进行跨期交易是非常有必要的。跨时间交易包括储蓄和借贷，前者指污染者将某时间的排污许可权留到以后再用，即现在排污权交易制度中的银行政策。后者是指现在使用将来才发的许可证。在大多数排污权交易体制中跨期交易仅指排污银行制度。排污银行制度可以刺激企业把早期的排污指标留在将来使用，这是由于未来政府对企业的减排要求有很多的不确定性，随着环境质量要求的提高，减排目标有可能会更严格，使企业未来减排的边际成本更高。允许企业用节约下来的排放额储存在将来使用，这样就可以减少未来的排污治理成本。对企业来说，意味着早期进行更多污染治理，当所有的企业作为一个整体将排污量储存到将来使用时，整体的排污将在更早的时期实现减排使环境质量能够更快地达到标准。排污银行的另一个优势是可以避免排污权价格的大起大落，排污银行允许一个企业保有一定的排污量库存，有了这个排污量库存的存在，因为一些偶然因素导致的需求出现较大的波动时这个库存可以为企业提供一个缓冲的作用，剩余的排污权可以在下期使用。这使排污权的价格下降有了底线。如果没有这样的库存，价格出现大起大落的可能性大大增加，会影响价格机制正常发挥作用从而影响排污权交易市场的效率。允许排污权交易有较灵活的时间安排很重要，可以鼓励企业更早地进行减排和减少价格波动。当交易的地域空间狭小时，时间上的灵活性更重要。它能使排污权交易更多地展开。

在美国排污权交易制度成功实施的影响下，近些年一些国家纷

纷效仿美国并开始实施排污权交易①，使排污权交易这种环境控制
手段得到了迅速的发展。欧盟各国家积极参与国际范围的污染物减
排行动，澳大利亚实施可在各州之间进行转让的"盐信用"交易；
加拿大实施了酸雨限额交易；新加坡实行的消耗臭氧层物质
（ODS）的消费许可证交易等。众多国外实践显示了排污权交易的
可行性，也使排污权交易成为各国解决环境问题的新热点。

第二节　美国水质交易体系及经验借鉴

一、美国水质交易体系

美国 EPA 无论是总部还是各个管理区，对水质交易的技术支
持已经有了十多年。通过 EPA、州政府以及各地方机构的努力，
已经先后开展了 48 项水质交易项目。然而，迄今为止，真正取得
的成功案例还并不很多，48 个项目中仅有一半项目进行过交易，
共有约 100 家企业参与了交易，而 80% 的交易主要集中于长岛海
湾的氮信用交易项目。许多的试点项目则很难进一步发展成为正式
项目。

水质交易这种方式能够使水环境质量更高效地达到目标。同一
水体中各污染源的控制成本相差甚远，这也是推动交易能够顺利进
行的基础。如果一个企业必须达到法律允许的污染物排放量，而自
身污染物减排成本较高，水质交易项目则允许企业通过从其他污染

---

① 汪培. 跨界流域的排污权交易机制研究. 中南民族大学，硕士论文，2011：
23.

源购买较低减排成本的污染排放额度，以此满足本企业所需要达到的法律允许排放量。就宏观而言，这样的方式促进了在更低的成本之下做到水质改进，为水质交易政策提供有前景的方式来污染控制，从而影响水体质量的不同污染源。水质交易政策最简单的方式为，一个点源以较低价格实施超量减排，超量减排部分称为信用（Credit），则可以卖给其他污染物排放控制成本较高的点源。

在《清洁水法》（Clean Water Act）的一般情况下，污染物的减排主要针对影响当地水质的点源，如污水处理厂等。氮、磷和沉积物等污染物在全国水体中较为普遍，这些影响水质的污染物要比主要影响排放口附近的有毒污染物的规模要大很多。因此，在某一水域中，氮、磷、沉积物可以更有效地以控制多种点源和非点源得到削减。

水质交易政策之所以能引起政策制定者的注意力，其最主要的潜在优势即在于以较低控制成本来消减污染物排放。此外，非点源污染物排放参与的交易还有如控制多种污染物以及改善水生环境的优势，更能激励进一步降低减排成本的新方式的产生。通常，未被法律严格限制的农业非点源污染物往往是水体中的主要污染源。水质交易政策也为减排工作能在控制成本较高的点源和控制成本更低的非点源之间调剂提供了一个框架。

国家消除污染物排放制度（NPDES）是美国《清洁水法》中极为重要的法律制度，作为管理点源（Point Source）水污染物排放的主要措施，其核心构成则是排污许可证（NPDES Permit）。管理部门通过对点源排污许可证的发放，规定点源在排污许可证有效期内的排污浓度限制和污染物排放总量，以此来认定点源排污量的合法性。因此，排污许可证作为一项污染物排放的基本控制措施和手段，是水质交易能够顺利实施的基础。

二、美国水质交易发展历史

威斯康星州福克斯（FOX）河是美国进行水排污权交易的第一个项目。在此河流附近有 15 家排污企业和 6 家城市生活污水排污口，河水中 BOD 浓度偏高，导致河流长时间处于厌氧状态。1981 年，州自然资源厅采用 BOD 总负荷分配，对各点源排污实施严格限制，并允许点源之间在一定条件下交易排污权。由于交易市场狭小等因素存在，至今仅 1982 年发生一笔排污权买卖，但它开创了水污染物排污权交易的先例。

1984 年，美国科罗拉州 Dillon 水库流域进行了点源/非点源营养物交易，允许流域内的 4 家公共污水处理厂投资控制城市非点源的磷负荷，以此来换取自身磷的排放许可。这是美国第一个营养物交易案例，也是至今最成功的点源/非点源的交易。

美国自 1983 年相继开展钢铁工业厂内水排污交易研究，允许钢铁企业通过厂内交易满足排污许可证要求；1989 年在北卡罗来纳州 Tar-Pamlico 流域内进行新的点源与非点源之间就营养物的排污许可交易；同年在丹佛附近 CHATIFIELD 流域开展磷的排放许可交易制度研究等。到 2006 年，美国开展水排污相关研究达 50 多项。其主要集中于营养物质（氨氮、磷）和 BOD，还涉及 pH、水温、金属物质等。

三、美国水质交易经验借鉴

（一）明确合理的水质交易目标

美国建立水质交易政策并开展交易项目的目的极为明确，即通

225

过水质交易这一经济手段，最高效率最低成本地削减地区内污染物排放总量，最终达到水体环境保护的目标。这一目标的设立，在交易项目长期计划、交易项目预评估、企业支持和公众参与等各方面都对美国水质交易项目的成功推进起引领作用。

（二）健全的环境管理基础

美国对水体污染物排放的管理起步较早，因此各项管理手段发展较为成熟健全。完善的排污许可证制度、先进高效的 TMDL 计划以及成熟而精确的模型计算都为水质交易项目顺理实施打下了扎实基础。

许可证作为衡量污染物排放量合法性的依据和水质交易项目的重要载体，能够全面覆盖水质交易提出的各项要求，如严格细致的排放限值、详细全面的监督检测方法等，都为水质交易项目提供了完整的实施平台。

TMDL 计划则是水质交易顺利推进的源动力，TMDL 计划能够做到对各污染源排放量合理科学地分配并制定各污染源年度实施计划，污染源每年为完成 TMDL 计划而必须通过各种方式来满足其年度实施计划所规定的排放限值，水质交易这种经济而高效的方式则因此得到推动。美国水环境管理中较早采纳模型计算来预测水力和水质，这也为环境管理部门科学制定水质目标，合理开展 TMDL 计划以及制定水质交易计算参数提供了技术支持。

（三）充分研究考虑水质交易特性

水质交易得以成功开展并取得巨大成效，也归因于交易项目开发人员对于交易的准确理解，从而周全考虑了可交易污染物、适合的交易范围以及具体交易机制，避免水质交易遭遇客观因素造成的阻力。

美国环境管理部门针对各类污染物、污染源类型和交易范围等特性，提供了多种水质交易机制和类型，为水质交易项目具体实施，部门选择合理的交易类型和机制提供了技术支持。

（四）完善的保障措施

水质交易的成功实施亦离不开各方面的保障措施，EPA 在法律文件、指南编制、技术培训和财政补助等方面也提供了大量支持。

美国 EPA 对于水质交易出台了必要的条款和依据，《清洁水法》（CWA）中明确了水质交易的合法性，2003 年正式颁布了《水质交易政策》，各州也在地方法律中明确了各自交易项目的法律地位，为水质交易项目提供了法律支持。另外，美国 EPA 通过大量调研，编制了水质交易指南，录制并在网上公布水质交易培训教材，并在财政上允许使用全国性的针对性水域基金项目，为水质交易的实施提供了大量经济支持。

第三节　我国排污交易实践

一、我国排污交易的进展

"九五"之前，我国主要实施以污染源达标排放为主的污染控制制度。而随着工业化和城市化的快速发展，污染物排放总量不断加大，环境容量对社会经济发展约束越加明显。从"九五"开始，我国逐步实施总量控制制度，并已成为我国环境管理的核心制度。总量控制制度的实施，大大促进了与其相配套的排污交易政策的发展。总体来说，我国总量控制和排污交易实践可以分为三个阶段。

（一）起步尝试阶段（1988～2000 年）

我国在 20 世纪 80 年代末期就已经开始进行排污交易实践了。1987 年，上海市闵行区开展了企业间水污染物排放指标有偿转让的实践。1988 年 3 月，国家环保总局颁布并实施了《水污染物排放许可证管理暂行办法》，其中第四章第二十一条规定："水污染排放总量控制指标，可以在本地区的排污单位间互相调剂"；1991 年，全国 16 个城市开展了大气污染物许可证制度的试点工作，在此基础上，自 1994 年起，包头、开远、柳州、太原、平顶山和贵阳这 6 个城市开展了大气排污权交易的试点工作。

总体而言，1988～2000 年这一阶段的排污交易政策和实践案例从无到有，在国家环境保护部门的推动下，通过初步试点工作，取得了一些有益的经验。

（二）试点探索阶段（2001～2006 年）

"十五"期间，我国环保工作重点全面转向污染物排放总量控制，国家环保总局提出了通过实施排污许可证制度促进总量控制工作、通过排污权交易试点完成总量控制工作的要求。在此背景下，2001 年前后开展了不少试点项目，以二氧化硫交易试点为主，山东、山西、江苏、河南、上海、天津、柳州等城市分别开展了二氧化硫排放总量控制及排污权交易试点工作。同时，我国还积极探索水污染物排污权交易试点。2001 年，浙江省嘉兴市秀洲区出台了《水污染物排放总量控制和排污权交易暂行办法》，实现了水污染排污初始权的有偿使用。这是我国真正意义上的排污初始权有偿分配和使用的实践。江苏省环境保护委员会也在 2004 年印发了《江苏省水污染物排污权有偿分配和交易试点研究》工作方案的通知

（苏环委［2004］6 号）。但与大气污染物二氧化硫排放交易的试点探索力度相比，水污染物排放交易试点探索力度相对较弱。总体上说，这一阶段形成了几笔在全国范围影响较大的排污交易案例，为"十一五"期间全国各地排污交易的积极探索做了良好的铺垫。但排污交易工作仍以政府主导为主，形成交易案例大多是政府部门"拉郎配"，排污权有偿取得和排污交易市场并未真正形成。

（三）试点深化阶段（2007 年至今）

随着国家环保战略思想从传统的行政管制手段转变到注重综合运用行政、法律和市场手段，各级政府开始日益重视市场对环境资源配置的基础性作用，注重排污交易经济政策的运用。国务院《关于落实科学发展观加强环境保护的决定》（国发［2005］39 号）提出，"有条件的地区和单位可实行二氧化硫排污权交易"；《节能减排综合性工作方案》（国发［2007］15 号）的强度，"抓紧完成节能监察管理、重点用能单位节能管理、节约用电管理、二氧化硫排污交易管理等方面行政规章的制定及修订工作"；2009 年中央政府工作报告中明确提出"加快建立健全矿产资源有偿使用和生态补偿机制，积极开展排污权交易试点"；2010 年中央政府工作报告进一步将"扩大排污权交易试点"作为要求落实的重点任务之一。由此可见，开展排污交易试点已成为我国近期深化经济体制改革的重点工作之一；全面推广实施排污交易制度，进一步完成总量控制制度，构建减排的成效机制已成为我国当前环境保护的核心内容之一。

国家环保总局于 2007 年启动了国家环境经济政策试点项目，探索绿色信贷、环境保险、绿色贸易、环境税、生态补偿和排污交易等政策。地方政府对于排污交易机制在节能减排中的作用也予以关注，浙江省、江苏省等都在一些地市和流域开展了排污交易试点工作。与此同时，一些对排污权交易进行商业化运作的工业也开始成立，交易标的物有所拓宽，并不局限于国家总量减排的主要污染物，还拓展到诸如温室气体的交易等。

二、嘉兴市排污权交易试点调研

从 2007 年开始，嘉兴市环保局在探索实践排污权有偿使用和交易上做了一些积极有益的尝试。2007 年 9 月，嘉兴市人民政府出台《嘉兴市主要污染物排污权交易办法（试行）》，这是嘉兴市推动排污权交易的第一个规范性文件。随后，县（市、区）结合当地实际，陆续出台了排污权交易相关政策文件，建立了市、县二级交易体系。从 2007 年 11 月 1 日起全市新建、改建、扩建的建设项目必须通过交易机构购买排污权指标，交易指标设定为化学需氧量和二氧化硫。2008 年，嘉兴市将南湖区作为初始排污权有偿使用试点地区。从 2010 年 7 月 1 日开始全面推行初始排污权有偿使用工作。

（一）相关政策文件

2007 年 9 月，嘉兴市人民政府出台了《嘉兴市主要污染物排污权交易办法（试行）》，为嘉兴市推动排污权交易的第一个规范性文件。随后，县（市、区）结合当地实际，陆续出台了排污权交易相关政策文件。2009 年嘉兴市制定出台了《嘉兴市排污单位主要污染物分配量核定办法》，以建设项目环境影响评价文件批复的污染物排放许可量为主要依据，全面开展初始排污权分配量的核定工作。2010 年 5 月，嘉兴市政府出台了《嘉兴市主要污染物初始排污权有偿使用办法（试行）》，从 2010 年 7 月 1 日开始全面推行初始排污权有偿使用工作。

（二）成立交易中心

嘉兴市已有四个县（市、区）建立了交易管理平台。市级排污权交易机构以急用先行、分步实施原则建设。现已建成排污权交易大厅。一期机房建设及设备系统集成项目已完成预验收；排污权交易管理软件已完成需求分析。

（三）交易情况

截至 2013 年 4 月底，嘉兴市初始排污权有偿使用达 2140 家，有偿使用金额 6.83 亿元；排污权交易 1642 笔，交易资金 2.70 亿元；临时排污权交易 255 笔，交易金额 0.06 亿元；累计排污权有偿使用和交易金额 9.59 亿元。

（四）排污权交易

嘉兴市在 2007 年起步时，以易于推行的新建工业项目先开展排污权交易为切入点，从 2007 年 11 月 1 日起全市新建、改建、扩建的建设项目必须通过交易机构购买排污权指标，交易指标设定为化学需氧量和二氧化硫。当企业有富余指标时，可提出申报，经环保部门审核确认后进行储备，对未申报的闲置指标超过 2 年的无偿收回。

在起步阶段，嘉兴市根据对不同行业污染治理削减成本核算，结合排污指标的使用年限，同时考虑实行总量控制后全市环境资源的稀缺程度等各种因素，按 20 年的使用年限确定了排污权指标的政府指导交易价：新增化工、医药、制革、印染、造纸等重污染行业每吨化学需氧量交易价格为 8 万元，限制类行业为 6 万元，鼓励类行业为 5 万元；二氧化硫统一实行每吨 2 万元。根据浙江省排污权有偿使用和交易的有关规定，2011 年，嘉兴市将排污权的有效期限调整为 5 年，交易价格也做了相应的调整。

（五）推行排污权有偿使用

2008 年，嘉兴市将南湖区作为初始排污权有偿使用试点地区。通过深入调研，出台了有关规定和办法，推出企业能够自主选择的交易方式，即一次性购买、分期分批购买、临时购买和租赁四种。价格上采用新老排污企业区别对待的方式，政府对老企业予以下浮40%的优惠。同时，建立和完善排污权回购机制，回购价格高于老企业的初始价，低于新企业的交易指导价。

从 2010 年 7 月 1 日，开始全面推行初始排污权有偿使用工作，按照新老划断、区别对待原则，实行政府鼓励性政策，企业自行决定申购意愿，政府在价格上根据申购时间予以阶梯式优惠，最高予以40%的优惠，对未申购企业在新建项目报批时实行制约措施。据统计，全市初始排污权核定公示企业达 2350 家，目前排污权有偿使用率达到91%。

（六）各区试点

南湖区先后举行了 8 次公开竞价，参与拍卖企业 70 家次（需求方 51 家次，供给方 19 家次），成交金额 844.4 万元，平均成交价 11.6 万元。在 2012 年 3 月 15 日南湖区举行的首次网络电子拍卖会上，有 7 家企业参拍，7.1 吨 COD 指标 16 个标的全部成交，其中一个标的共竞价 58 次，有力地推动了排污权交易的市场化。

平湖市开展了 COD 排放指标租赁工作，充分运用年度闲置指标，满足企业对排污指标的短期需求，盘活了环境资源，为经济发展提供服务。排污权租赁遵循同行业租赁、年内使用、市场定价的原则。截至 2012 年年底，平湖市共租赁 20 笔，租赁 COD 308.84 吨，租赁金额 41.98 万元，由此创造工业增加值 3.5 亿元。

第十二章

天气衍生品市场的
实践与经验借鉴

第一节 天气衍生品市场的历史与发展

天气产品的必要性激发了天气衍生品市场的产生及其飞速发展。今天的天气衍生品市场源于 1997 年秋天的三笔交易。尽管这个开端看起来并不是那么光彩。这三笔交易中的两笔发生在安然公司（Enron）和科赫能源（Koch Industries）这两家能源公司之间，另外一笔发生在科赫能源和 PxRe 之间，中间商是 Wills。安然公司和科赫能源之间的协议就是关于威斯康星州东南部港市密尔沃基市 1997～1998 年的冬季气温指数。Koch、Enron 和 Wills 为了找到这种转移不利天气风险的工具付出了整整 18 个月的努力，开启了天气风险管理的先河。这三家公司的努力主要集中在对天气数据——可测量的天气变量诸如温度、降水量、降雪量——的利用并将其作为风险指数的基础，这是天气风险可转化为衍生品的关键。

天气衍生品之所以发端于能源市场，主要受美国能源政策环境的影响。1996 年之前难以预测的季节性天气影响被严格管制的垄断环境所吸收，而放松能源管制之后，市场暴露于天气风险之下，再加上对能源的短期需求，一并为天气衍生品的产生和天气市场的发展创造了肥沃的土壤（Cao and Wei，2003）。在天气衍生品产生之前，能源和公用事业公司已经有对冲能源价格的金融工具，如电力期货、原油期货等。然而，随着竞争加剧，能源的需求变得不确定起来。天气既影响能源的短期需求又影响能源的长期供应：天气条件的特定模式，如气候变暖的趋势，会影响能源的长期供应（Cao and Wei，2003）；天气异常还可能会导致短期能源和天然气价格剧烈变化。但作为有效的对冲工具天气衍生品是被用来对冲储量风险的，而不是价格风险（Muller and Grandi，2000）。

在 1999 年 9 月，芝加哥商业交易所（CME）推出了首个交易所交易的天气衍生品。图 12 - 1 展示了在芝加哥商品交易所交易的金融衍生品的种类。芝加哥商业交易所最先推出的天气衍生品种是基于温度的——"制热日指数期货合约"（HDD）和"制冷日指数期货合约"（CDD）。芝加哥商业交易所提供了美国各个城市天气衍生品，来吸引更多的参与者。最初，被选择提供天气衍生品的 10 个城市包括亚特兰大（Atlanta）、芝加哥（Chicago）、辛辛那提（Cincinnati）、纽约（New York）、达拉斯（Dallas）、费城（Philadelphia）、波特兰（Portland）、图森德（Tucson）、梅因（Des Moines）和拉斯维加斯（Las Vegas），主要是基于人口、季节性温差的变化和场外市场活跃程度的考量。芝加哥商品交易所的监管制度也有助于市场的发展。交易所内的交易消除了违约风险，增加了交易的透明度和合约的价格公开性。因此，天气市场吸引了更多新的参与者。

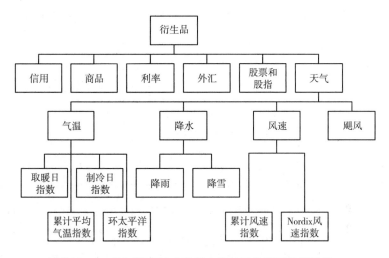

图 12 – 1　芝加哥商品交易所交易的天气衍生品的种类

此后，天气市场迅速展开。在随后的几年中，交易迅速扩展到欧洲、亚洲。

2001 年 7 月，英国的伦敦国际金融期货交易所（London International Financial FutureExchange，LIFFE）推出了天气期货交易。此天气期货合约是以交易所的每月和冬季指数结算交割为依据的；指数计算以欧洲三个城市（伦敦、巴黎和柏林）的月度和冬季的日平均温度（DAT）为基础设计的。随后芬兰赫尔辛基交易所等也陆续开始挂牌交易天气衍生品（谢世清和梅云云，2011）。LIFFE 气温指数的计算方式是：取每日最高气温与最低气温的平均值，然后计算一个月这一数值的平均值，这就是交易所公布的累积月平均指数。

日本的东京国际金融期货交易所于 2005 开始交易天气期货合约，价格以日本四大城市一年前的月平均气温为基础计算。另外，东京海上保险公司向娱乐业推销台风期货合约，以免其举办的活动因暴风雨蒙受损失。日本损保公司也向高尔夫球俱乐部销售降雨期货合约，对滑雪场和轮胎业销售降雪合约。对碰到雨天销售量会下降的饮料商，三井住友保险也有阳光期货合约。

根据 2007 年的调查结果，天气衍生品的主要交易地区分别是北美，占到交易总额的 45%；亚洲，占 25%；欧洲占 29%。在前 3 位的行业分别是能源、农业与零售，在交易总额中所占的比例分别是 47%、14% 和 19%。虽然在交易的地区中，主要是美国在参与，所占比例为 58%，但法国、日本、瑞士、百慕大群岛、德国和英国等更多的参与者开始不断参与进来。天气市场的交易活动在较短时间内迅速成长，合约数量与金额也在逐渐增长。

2004 年，芝加哥商品交易所的天气衍生品的名义价值为 22 亿美元，到 2005 年 9 月增加了 10 倍，达到 220 亿美元，并且持仓量超过 30 万手，成交量超过 63 万手。而在场外市场的交易交场内市场更加活跃，买卖价差也更大。

根据天气风险管理协会每年的调查（WRMA，2009），天气衍生品的估计名义价值——包括 OTC 交易和交易所交易——在 2008~2009 年交易额为 150 亿美元，相比上年同期为 320 亿美元和 2005~2006 年为 450 亿美元有所下降。但是，相比 2005 年和 2004 年还是有显著增长（Ceniceros，2006）。据芝加哥商品交易所研究，近期跌幅反映交易由季节性合约转向为月度合同。

虽然继金融市场普遍下跌之后天气衍生品的合约总数有所下降，但是天气市场仍然不断发展，在地域，客户基础以及与其他金融和保险市场的相互关系方面扩大其范围。在亚洲，2009 年的合约数量较 2007~2008 年期间上升至 250%。在欧洲，较前一年的 25290 份合约，在 2008~2009 年有 34068 份合约成交（WRMA，2010）。

　　天气衍生产品市场的组织结构和任何其他金融市场的一样。套期保值者和投机者参与交易。套期保值者一方购买天气衍生品来对冲他们的企业的天气风险公司，而投机者一方参与交易的天气衍生品，以赚取利润，而不是规避风险。投机者包括银行、保险公司、再保险公司和对冲基金。

　　今天，天气衍生品可构成以涵盖从一个星期到几年几乎所有时期的天气变化。

第二节　天气衍生品的市场参与者

　　据 Challis（1999）和 Hanley（1999）的研究，有近 1 万亿美元的美国经济的直接暴露于各种天气的风险。据估计，近 30% 的美国经济和 70% 的美国企业受天气影响（CME，2005 年），特别是电力行业对温度特别敏感。据 Li 和 Sailor（1995）以及 Sailor 和 Munoz（1997）的研究，温度是解读美国的电力和天然气需求的最重要的天气因素。包括 Henley 和 Peirson（1998），Peirson 和 Henley（1994），Gabbi 和 Zanotti（2005），Zanotti 等（2003），Pirrong 和 Jermakyan（2008）以及 Engle 等（1992）多位学者讨论了温度在两个电力需求和价格方面的影响。从逻辑上可以判断能源公司是天气市场的主要投资者。2004 年，天气市场的参与者有 69% 是能源公司。随着越来越多的参与者进入市场，能源公司 2005 年在天气市场中所占比例下降为 46%。

　　农业企业长久以来很大程度上受天气条件的影响。然而，农业企业直到最近才开始参与到天气市场中来。Edwards 和 Simmons（2004）以及 Simmons 等（2007）衡量了澳洲农业对于气候衍生工具的支付意愿。通过一般绝对恒定风险厌恶的均值—方差效用函数，他们得出结论种植小麦的农民对天气的避险工具有需求。在 Asseldonk（2003），Dubrovsky 等（2004），Edwards 和 Simmons（2004），Harrington 和 Niehaus（2003），Hess 等（2002），Lee 和 Oren（2007），Myers 等（2005），Simmons 等（2007），以及 Turvey（2001）等人的文献中对天气风险管理在农业和农业企业中的影响进行了讨论。

交通运输、公共事业、零售、娱乐业，以及建筑行业也对天气非常敏感（Dutton，2002）。图 12 - 2 给出各行业在天气衍生产品市场的参与。很明显，直到 2005 年，天气衍生产品市场是由能源公司主导的。然而，随着天气衍生品的普及和推广，新的参与者进入市场，特别是农业和零售行业。

天气市场的发展也吸引了一些利润并不依赖于天气条件新参与者，如保险公司和再保险公司、投资银行和对冲基金。投资银行了解到天气衍生品作为潜在的金融风险管理产品，可以将其和其他金融产品进行交叉销售，来对冲利率或汇率风险。最后，一些大宗商品交易商和对冲基金看到了天气衍生品的投机性机会，以及天气衍生品和其他能源或农产品之间的套利机会，也纷纷加入天气市场。

第三节　天气衍生品交易惯例

天气衍生品主要包括天气期货、期权和场外衍生品产品，每种衍生产品的交易惯例并不相同。

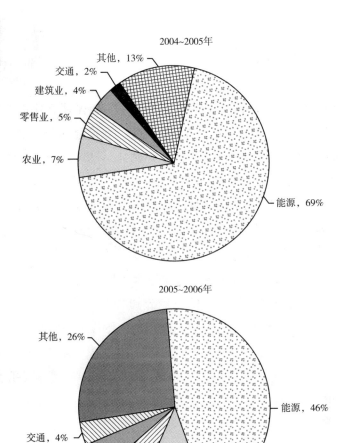

图 12 - 2 天气衍生品市场参与者的比例（按部门划分）

资料来源：WRMA. www. wrma. org

一、天气期货

以 CME 的 HDD 和 CDD 期货合约为例。每张期货合约的最小变动价位是一个 HDD 点或一个 CDD 点，每张合约的价值为 100 美元乘以 HDD 指数或者 CDD 指数，例如，2000 年的 CDD 指数对应的合约价格为 200000 美元。由于天气是不可交割的商品，因此期货采用现金交割，CME 以地球卫星公司（Earth Satellite Corporation）作为计算每份 HDD 或 CDD 合约最后结算价的数据来源。地球卫星公司是可以提供每小时和每天气温信息的专业地理信息服务公司，它给能源、农业等行业提供气象信息，在此领域处于世界的领先位置。地球卫星公司将 CME 所选定城市的气温信息通过 ASOS（自动表面观测系统）传递到 NCDC（美国国家气候数据中心），如果传递过程中发生问题，地球卫星公司会进行相应的控制处理，并提供相应的替代数据。与其他公开交易的期货合约相同，交易开始时只需要押置保证金而不是合约全部金额，由结算所进行结算。

二、天气期权

CME 天气看涨期权的买方有行权权利，但没有义务，以选定的执行价格购买相应的 HDD 或 CDD 期货合约；对应地，看跌期权的买方有行权权利，但没有义务，卖出相应的 HDD 或 CDD 期货合约。所有的期权都是欧式（European Option）的，也就是到期才能执行。执行价格间的间距也有规定，HDD 为 50 个点，CDD 为 25 个点。天气期权的交易惯例较期货更复杂。

（一）交易规模

第一单广为人知的于 1997 年进行的天气交易是基于累积 HDDs 的（Milwaukee，11 月至次年 3 月），因此市场最初都集中于交易冬季累积 HDDs，早期期权交易的大多数规定是在相关的执行价格之上或之下，每 HDD 赔付 5000 美元，最高赔付 2000000 美元（＄2M），这被称为"5 × 2"交易。当冬季来临时，市场继续在"5 × 2"水平交易季节性（11 月至次年 3 月）结构合约，仅在冬季已经开始时做市商才开始通过结构品合约管理其冬季风险，即时间增加一些，金额增加一些。

如前所述，早期的参与者来自能源业，因为冬季的天气对美国中西部与东北部的能源经营有很大影响，大多数的冬季交易集中于这些城市，如 Minneapolis，Philadelphia，Chicago，New York，Boston，Detroit，Columbus，Pittsburgh，Washington DC。当夏季来临时，能源公司开始推出 5~9 月的合约，包括习惯于进行大笔交易的几家保险公司的加入，使 CDD 期权报价习惯采用"10 × 2"合约规模（即在相关的执行价格之上或之下，每 CDD 赔付 10000 美元，最高赔付 2M 美元）。随着更多承保者的加入，市场的不断成长，夏季合约采用"10 × 2"规模的情况下，使冬季交易的合约规模惯例也改为了"10 × 2"，并且这一规模的倍数规模也开始出现，如每 CDD 赔付 20000 美元，最高赔付 4~6M 美元。

虽然基于季节、时间和地点的不同，合约的规模也有所不同，但市场仍将交易惯例固定在对 HDD 采用"5 × 2"，对 CDD 采用"5 × 1"之上。

（二）交易指数

由于在天气衍生品市场可供选择的指数数量越来越多，概括性的标准交易惯例显然不是很好的办法，从国际层面看，某些一致性正在出现。例如，在欧洲的交易采用英镑计价，每一温差值的赔付额等价于数百数千美元，最高赔付额约是美国的 10%～25%，此外欧洲市场集中交易的主要是 HDD 指数而不是 CDD 指数，这是因为天气交易主要局限于西欧和北欧国家和地区（英国、法国、德国、荷兰、挪威和瑞典等），这些国家和地区的气候不支持 CDDs 的积累，除非将基线气温定在传统的 18 摄氏度以下。

随着希腊、意大利和西班牙等暖温天气国家天气数据的完整性与易得性有关问题得到解决，更活跃的夏季 CDD 市场可能会出现。由于在 CDD 合约上的交易有限，欧洲市场的参与者已经试图通过交易平均气温指数来解决这一问题，如期权与互换就是基于平均月气温（或者季度气温）的。相比美国，这些指数在欧洲更为人所知，所以这样的指数被考虑用来作为夏季市场的标准。因此，欧洲强调平均气温交易也是导致 LIFFE 开发基于平均气温指数的原因之一。但是，交易平均气温指数意味着最小的价位变动代表的界限会更高，因为月平均气温指数用摄氏度度量的标准差大约只有 2 摄氏度到 3 摄氏度，如果在行权价格之上或者之下，每摄氏度的赔付额为 100000 美元，总赔付额可能以 400000 美元为上限（离行权价两个标准差），美国的总赔付额为这个数的数倍（如 5×2），这种情况下，欧洲倾向的单笔交易量比美国要小得多。在亚洲和澳洲市场，市场总的活动量非常小，经纪活动也极为有限，亚洲太平洋市场的特征是单笔交易量非常小，平均每度温差值不过数百美元，真正的交易惯例尚未形成。

三、场外衍生品

天气衍生品的交易方式逐渐由场外交易发展到场内交易，当前
CME 天气指数衍生产品的场内交易非常活跃，场外交易却出现了
萎缩，主要是因为：场外交易（OTC）中存在着一定的信用问题，
在交易所内的交易则不存在此问题；而且，CME 为了交易流动性
的提高，为交易提供了多方面的便利。不过，在 CME 交易天气衍
生产品时也存在着一些问题需要加以考虑，例如，如果相应的风险
产品在 CME 还没有开发出的话，就仍然要应对相应的天气风险；
除此之外，通常需要具备一定的财务能力和在交易所交易的水平和
经验才能在 CME 进行天气衍生产品交易。

第四节　美国天气期货合约

近年来，芝加哥商业交易所（CME）持续开展天气指数产品
创新，不断开发出新的天气风险管理工具，已有的天气指数产品细
节也得到进一步完善。而目前国内的天气衍生品研究比较薄弱，本
节结合永安期货的相关研究成果，旨在介绍当前 CME 交易的天气
指数期货的合约内容、市场参与者和简单的应用示例。

CME 天气衍生品主要是基于指数设计的产品，类似于股指期
货、商品指数期货等其他指数期货。近年来，CME 交易所集团持
续开展天气指数产品创新，不断开发出新的天气风险管理工具，已
有的天气指数产品细节也得到进一步完善。而目前国内的天气衍生
品研究比较薄弱，亟待更新。本章旨在介绍当前 CME 交易的全部
天气指数期货的合约内容、市场参与者和简单的应用示例。

　　CME 的每一种天气指数期货都有相应的期权合约，如 CME 也交易不同温度指数期货的普通欧式期权，存在 HDD、CDD、CAT 和环太平洋指数期货的不同执行价格和到期日的看涨和看跌期权，本章暂不研究期权合约。CME 的主要做市商有 Aquila 能源、Koch 能源交易、Southern 能源、Enron 和 Castlebridge 天气市场。所有这些公司在天气衍生品的场外交易市场也很活跃。

一、温度指数期货合约

　　芝加哥商业交易所于 1999 年首先上市温度指数期货，在开展温度指数期货交易初期，期货合约仅面向美国纽约、芝加哥等 4 个城市，经过不断地发展和完善，目前 CME 提供全球 47 个城市或地区的温度指数期货，主要分布在美国、欧洲、加拿大、日本、澳大利亚五个国家和地区。根据不同国家及地区天气衍生品 OTC 市场交易温度指数产品的特点及其市场参与者的交易习惯，CME 在合约设计上进行了相应考虑，目前提供 19 种温度指数期货合约类型。详见表 12 - 1。

表 12 - 1　　　　　　　　CME 温度指数期货合约一览

区　　域	期货合约类型	城市或地区
美国 （24 个城市 或地区）	（1） Cooling Monthly 月度制冷日指数期货； （2） Cooling Seasonal 夏季制冷日指数期货； （3） Heating Monthly 月度制热日指数期货； （4） Heating Seasonal 冬季制热日指数期货； （5） Weekly Weather 周平均温度指数期货	亚特兰大（Atlanta）、巴尔的摩（Baltimore）、波士顿（Boston）、芝加哥（Chicago）、辛辛那提（Cincinnati）、科罗拉多斯普林斯（Colorado Springs）、达拉斯（Dallas）、得梅因（Des Moines）、底特律（Detroit）、休斯敦（Houston）、杰克逊维尔（Jacksonville）、堪萨斯城（Kansas City）、拉斯维加斯（Las Vegas）、小石城（Little Rock）、洛杉矶（Los Angeles）、明尼阿波利斯/圣保罗（Minneapolis-St. Paul）、纽约（New York）、费城（Philadelphia）、波特兰（Portland）、罗利（Raleigh Durham）、萨克拉门托（Sacramento）、盐湖城（Salt Lake City）、图森（Tucson）、华盛顿（Washington, D. C）

区　　域	期货合约类型	城市或地区
欧洲 （11 个城市 或地区）	（1）CAT Monthly 月累计平均温度指数期货；（2）CAT Seasonal 季节累计平均温度指数期货；（3）Heating Monthly 月度制热日指数期货；（4）Heating Seasonal 冬季制热日指数期货	阿姆斯特丹（Amsterdam）、巴塞罗那（Barcelona）、柏林（Berlin）、埃森（Essen）、伦敦（London）、马德里（Madrid）、奥斯陆（Oslo）、巴黎（Paris）、布拉格（Prague）、罗马（Rome）、斯德哥尔摩（Stockholm）
加拿大 （6 个城市 或地区）	（1）Cooling Monthly 月度制冷日指数期货；（2）Cooling Seasonal 夏季制冷日指数期货；（3）Heating Monthly 月度制热日指数期货；（4）Heating Seasonal 冬季制热日指数期货	卡尔加里（Calgary）、埃德蒙顿（Edmonton）、蒙特利尔（Montreal）、多伦多（Toronto）、温哥华（Vancouver）、温尼伯（Winnipeg）
亚洲 （3 个城市 或地区）	（1）Monthly 月累计日均温指数期货；（2）Seasonal 季节累计日均温指数期货	广岛（Hiroshima）、大阪（Osaka）、东京（Tokyo）
澳大利亚 （3 个城市 或地区）	（1）Cooling Monthly 月度制冷日指数期货；（2）Cooling Seasonal 夏季制冷日指数期货；（3）Heating Monthly 月度制热日指数期货；（4）Heating Seasonal 冬季制热日指数期货	悉尼班克斯（Bankstown，Sydney）、布里斯班（Brisbane Aero）、墨尔本（Melbourne）

　　下面根据面向美国的 5 种温度指数期货合约细则，具体阐述温度指数期货合约的设计思路与市场参与者。

1. 标的指数——温度指数的计算

日平均温度是计算各类温度指数的基础，定义为每天从凌晨到午夜日最高温度与最低温度的算术平均值。这些温度数据由地球卫星有限公司（Earth Satellite Corporation）提供，这是一家全球性的开发遥感设备和提供地理信息的专业服务公司，可以提供每日和每小时的气温信息，此公司在为农业和能源市场提供气候信息方面居于世界领先地位。CME 温度指数期货所选择的城市都配套一个自动气象站，每个城市的气温由气象站的自动数据收集设备即自动表面观测系统（ASOS）测定，这一系统测出每日的最高和最低气温直接传输给美国国家气候数据中心（NCDC），此中心是美国国家海洋大气管理局（NOAA）的一个下属部门。当 ASOS 系统出现故障或传输受阻时，地球卫星有限公司将及时进行质量控制，并提供替代数据。

制冷/制热日温度指数（CDD/HDD）反映了日平均温度与华氏 65 度（相当于摄氏 18.3 度）的偏离程度。其中，华氏 65 度是工业上启动熔炉的标准温度，这一温度通常出现在采暖通风和空气调节技术标准中。制冷/制热日温度指数采用华氏 65 度作为临界温度是基于这样的考虑：当温度低于华氏 65 度时，消费者会使用更多电力、天然气、取暖油来保持房间温度；当温度高于华氏 65 度时则会耗费更多电力运行空调降温。不过，华氏 65 度仅是气象学设立的一般产业标准，并非气温冷热的绝对分界点。

每天的制冷日温度指数 CDD = max（0，日平均温度—华氏 65 度），每天的制热日温度指数 HDD = max（0，华氏 65 度—日平均温度）。在得到每天的 CDD/HDD 指数之后，就可以得到温度指数期货合约所标的的月度 CDD/HDD 和季节 CDD/HDD 指数。

月度 CDD 指数是从合约月份中第一个自然日到最后一个自然日的 CDD 累积值；类似的，月度 HDD 指数是合约月份中每个自然日的 HDD 累积值。夏季 CDD 指数是指从所选取的季节性连续月的第一个月中第一个自然日开始到最后一个月的最后一个自然日之间的 CDD 累积值；类似的，冬季 HDD 指数也是此季节中每个自然日的 HDD 累积值。

此外，面向美国的温度指数期货还有一种周平均温度指数期货。此期货所标的的周平均温度指数等于每周周一至周五的日平均温度的算术平均值。

2. 标的城市

在美国，居民冬季取暖、夏季制冷非常普遍，电力、天然气、取暖油等能源产品消费量很大，天气衍生品市场中能源企业是主要参与者。因此，温度指数期货合约标的城市的选取标准主要包括两方面：一是城市经济发展水平、人口数量及密度；二是城市的能源消耗水平。

此外，合约标的城市数量要适当，若数量太少，企业规避风险时会缺乏足够选择，而若数量过多，又会分散市场流动性。需根据天气衍生品市场所处的发展阶段等因素合理确定标的城市数量。初期，CME 基于保证市场流动性考虑，合约标的城市数量设置得较少，此后随着市场的成熟及流动性提高，标的城市数量也在逐渐增加。

如图 12-3 所示，当前美国温度指数期货的标的城市已基本覆盖全美范围，在东北部沿海发达城市分布偏多，在中部和南部分布较均匀，在西海岸也设置了若干大城市作为标的城市。

3. 合约规格

在 CME 开展温度指数期货交易初期，合约规格为 1 指数点代表 100 美元（或英镑），按照此乘数，月度制热日（HDD）指数期货合约的价值约为 75000 美元/手。在交易过程中，此合约规格对中小投资者来说偏大，不利于他们参与交易。为方便中小投资者参与温度指数期货市场，从2004年开始，CME陆续缩小了温度指数期货合约的规格。

图12－3　面向美国的温度指数期货的24个标的城市分布

目前，在CME集团温度指数期货合约中，针对美国、加拿大、欧洲、澳大利亚设置的合约规格基本为1指数点对应20美元（或加元、英镑、澳元），针对日本城市设置的合约中1指数点对应2500日元，只有针对美国城市设置的周平均温度指数期货合约规格为1指数点对应100美元。

4. 合约类型

温度等天气条件对相关企业经营的影响程度与时间长短密切相关，根据这一特点，CME集团在合约月份上进行了创新，设计了季节性合约和周合约，以满足投资者不同时间跨度的天气风险管理需求。

目前，温度指数期货合约主要有三种类型：一是周合约，只挂牌交易最近两周的合约，此合约是一种月内的短期合约，为投资者提供极短期的天气风险管理手段；二是单个月份的合约，例如，月制冷日指数期货合约的月份为 4、5、6、7、8、9、10 月；三是季节性温度指数期货合约，如夏季制冷日指数期货合约，合约月份为从 4 月开始，10 月结束，最短包括 2 个月、最长包括 7 个月的连续月份组合。

5. 市场参与者

初期，主要是能源企业或其他与能源相关的公司利用温度指数期货对冲天气风险，进行套期保值。随后，农业、餐饮业、旅游行业以及一些对冲基金也开始参与到温度指数期货的交易中。例如，爱荷华州的玉米种植户可以利用附近城市得梅因的 CDD 期货来套期保值。

目前，主要市场参与者可以分为两大类：一是对冲风险者（套期保值者），包括电力公司与用电企业、天然气供应公司与天然气消费行业、取暖油供应公司与消费群体、农场主、天气敏感行业如餐饮业、旅游业、对冲基金等；二是投机者，或风险偏好者。

合约细则详见表 12 - 2 ~ 表 12 - 6。

表 12 - 2　　　　　美国月度 CDD 指数期货合约

(Monthly Weather Cooling Degree Days Futures)

合约标的	美国各个城市的月度 CDD
合约乘数	每点 20 美元
报价单位	美元/指数点
最小变动价位	1 指数点（ = $20/合约）
合约月份	4 月，5 月，6 月，7 月，8 月，9 月，10 月
交易时间 （中央标准时间）	CME GLOBEX 电子交易平台 周日下午 5：00 至周五下午 3：15 连续交易 每天下午 3：15 ~ 5：00 暂停交易

合约标的	美国各个城市的月度 CDD
涨跌停板幅度	无
交易保证金	通过 SPAN 系统确定，不同城市的保证金比例不一定相同，并根据各标的城市参数的变化及时调整
最后交易日	合约到期月以后至少两个自然日后的第一个交易日早上 9：00
交割方式	现金结算（参照 CME 规则 40303）
持仓限制	全部月份合计不超过 10000 个合约，如果交易者同时持有相应期权合约的话，则依据期权头寸限制规定

表 12 - 3　　　　　**美国夏季 CDD 指数期货合约**

(Seasonal Strip Weather Cooling Degree Days Futures)

合约标的	美国各个城市的季节性 CDD
合约乘数	每点 20 美元
报价单位	美元/指数点
最小变动价位	1 指数点（ = $ 20/合约）
合约月份	从 4 ~ 10 月，最少 2 个、最多 7 个连续自然月组合
交易时间 （中央标准时间）	CME GLOBEX 电子交易平台 周日下午 5：00 至周五下午 3：15 连续交易 每天下午 3：15 ~ 5：00 暂停交易
涨跌停板幅度	无
交易保证金	通过 SPAN 系统确定，不同城市的保证金比例不一定相同，并根据各标的城市参数的变化及时调整
最后交易日 （中央标准时间）	连续月组合中最后一个月以后至少两个自然日后的第一个交易日早上 9：00
交割方式	现金结算（参照 CME 规则 40503）
持仓限制	全部月份合计不超过 10000 个合约，如果交易者同时持有相应期权合约的话，则依据期权头寸限制规定

表 12 - 4　　　　　　　　　美国月度 HDD 指数期货合约
（Monthly Weather Heating Degree Days Futures）

合约标的	美国各个城市的月度 HDD
合约乘数	每点 20 美元
报价单位	美元/指数点
最小变动价位	1 指数点（ = $20/合约）
合约月份	10 月，11 月，12 月，1 月，2 月，3 月，4 月
交易时间 （中央标准时间）	CME GLOBEX 电子交易平台 周日下午 5：00 至周五下午 3：15 连续交易 每天下午 3：15 ~ 5：00 暂停交易
涨跌停板幅度	无
交易保证金	通过 SPAN 系统确定，不同城市的保证金比例不一定相同，并根据各标的城市参数的变化及时调整
最后交易日	合约到期月以后至少两个自然日后的第一个交易日早上 9：00
交割方式	现金结算（参照 CME 规则 40303）
持仓限制	全部月份合计不超过 10000 个合约，如果交易者同时持有相应期权合约的话，则依据期权头寸限制规定

表 12 - 5　　　　　　　　　美国冬季 HDD 指数期货合约
（Seasonal Strip Weather Heating Degree Days Futures）

合约标的	美国各个城市的季节性 HDD
合约乘数	每点 20 美元
报价单位	美元/指数点
最小变动价位	1 指数点（ = $20/合约）
合约月份	10 月 ~ 翌年 4 月，最少 2 个、最多 7 个连续自然月组合
交易时间 （中央标准时间）	CME GLOBEX 电子交易平台 周日下午 5：00 至周五下午 3：15 连续交易 每天下午 3：15 ~ 5：00 暂停交易
涨跌停板幅度	无

续表

合约标的	美国各个城市的季节性 HDD
交易保证金	通过 SPAN 系统确定，不同城市的保证金比例不一定相同，并根据各标的城市参数的变化及时调整
最后交易日 （中央标准时间）	连续月组合中最后一个月后至少两个自然日后的第一个交易日早上 9：00
交割方式	现金结算（参照 CME 规则 40503）
持仓限制	全部月份合计不超过 10000 个合约，如果交易者同时持有相应期权合约的话，则依据期权头寸限制规定

表 12 - 6　　　美国周平均温度指数期货合约

（Weekly Average Temperature Index Futures）

合约标的	美国各个城市周一至周五的日平均温度的算术平均值
合约乘数	每点 100 美元
报价单位	美元/指数点
最小变动价位	0.1 指数点（ = $10/合约）
合约周	所有周（周一至周五）
交易时间 （中央标准时间）	CME GLOBEX 电子交易平台 周日下午 5：00 至周五下午 3：15 连续交易 每天下午 3：15 ~ 5：00 暂停交易
涨跌停板幅度	无
交易保证金	通过 SPAN 系统确定，不同城市的保证金比例不一定相同，并根据各标的城市参数的变化及时调整
最后交易日 （中央标准时间）	每个合约周的周五之后至少两个自然日后的第一个交易日早上 9：00
交割方式	现金结算（参照 CME 规则 42403）
持仓限制	全部月份合计不超过 10000 个合约，如果交易者同时持有相应期权合约的话，则依据期权头寸限制规定

二、霜冻指数期货合约

在温度指数期货获得成功之后，为给企业和投资者提供更多类型的天气风险管理工具，CME 霜冻指数期货于 2005 年 9 月上市。目前，霜冻指数期货合约标的城市只有一个，即荷兰的阿姆斯特丹（Amsterdam-Schiphol）；合约类型包括月度和季节性两种。合约细则详见表 12 - 7、表 12 - 8。

表 12 - 7　　　　　　　　欧洲月度霜冻指数期货合约
（**Monthly Frost Days Futures**）

合约标的	欧洲各个城市的月度霜冻指数
合约乘数	每点 10000 欧元
报价单位	欧元/指数点
最小变动价位	0.01 指数点（＝100 欧元/合约）
合约月份	11 月，12 月，1 月，2 月，3 月
交易时间 （中央标准时间）	CME GLOBEX 电子交易平台 周日下午 5：00 至周五下午 3：15 连续交易 每天下午 3：15～5：00 暂停交易
涨跌停板幅度	无
交易保证金	通过 SPAN 系统确定，不同城市的保证金比例不一定相同，并根据各标的城市参数的变化及时调整
最后交易日	11 月～翌年 2 月：合约月后至少六个自然日后的第一个交易日早上 9：00 3 月：本月最后一个星期五后至少六个自然日后的第一个交易日早上 9：00
交割方式	现金结算（参照 CME 规则 41603）
持仓限制	全部月份合计不超过 10000 个合约，如果交易者同时持有相应期权合约的话，则依据期权头寸限制规定

表 12 - 8 欧洲季节性霜冻指数期货合约

（Seasonal Frost Days Futures）

合约标的	欧洲各个城市的季节性霜冻指数
合约乘数	每点 10000 欧元
报价单位	欧元/指数点
最小变动价位	0.01 指数点（＝100 欧元/合约）
合约月份	3 月（对于 11 月～翌年 3 月这个季节）
交易时间 （中央标准时间）	CME GLOBEX 电子交易平台 周日下午 5：00 至周五下午 3：15 连续交易 每天下午 3：15～5：00 暂停交易
涨跌停板幅度	无
交易保证金	通过 SPAN 系统确定，不同城市的保证金比例不一定相同，并根据各标的城市参数的变化及时调整
最后交易日	3 月最后一个星期五后至少六个自然日后的第一个交易日早上 9：00
交割方式	现金结算（参照 CME 规则 41703）
持仓限制	全部月份合计不超过 10000 个合约，如果交易者同时持有相应期权合约的话，则依据期权头寸限制规定

为了计算霜冻指数，从每年 11 月的第一个星期一开始到次年 3 月的最后一个周五，除去周六、周日及其他法定假日，每天都需要在当地时间早晨 7 点和 10 点测量指定地点的气温。如果出现以下任何一种情况，或者多种情况同时发生，那么这一天为霜冻日：

① 当地时间早上 7 点的气温不超过零下 3.5 摄氏度；

② 当地时间早上 10 点的气温不超过零下 1.5 摄氏度；

③ 当地时间早上 7 点的气温不超过零下 0.5 摄氏度，且当地时间早上 10 点的气温也不超过零下 0.5 摄氏度。

地球卫星有限公司（Earth Satellite Corporation）根据各自国家气象局提供的霜冻日当天最终观测温度计算每日的霜冻指数。

月度霜冻指数是合约月份里所有霜冻日的霜冻指数之和，季节性霜冻指数是这五个月期间的所有霜冻日的霜冻指数之和。

因为霜冻指数期货的标的城市有限，所以目前主要的市场参与者以欧洲人为主，有部分套期保值者和投机者。

三、降雪指数期货合约

在温度指数及霜冻指数期货基础上，CME 紧接着推出了面向美国的降雪指数期货。最初标的城市只有波士顿和纽约，2009 年又新增芝加哥奥黑尔国际机场、明尼阿波利斯国际机场、底特律国际机场、纽约拉瓜迪亚机场 4 个标的地区。目前，合约类型包括月度和季节性两种。合约细则详见表 12 - 9、表 12 - 10。

表 12 - 9　　　　　　　美国月度降雪指数期货合约

(Monthly Snowfall Index Futures)

合约标的	美国各个城市的月度降雪指数（英寸）
合约乘数	每点 500 美元
报价单位	美元/指数点
最小变动价位	0.1 指数点（ = $50/合约）
合约月份	11 月，12 月，1 月，2 月，3 月，4 月
交易时间 （中央标准时间）	CME GLOBEX 电子交易平台 周日下午 5：00 至周五下午 3：15 连续交易 每天下午 3：15～5：00 暂停交易
涨跌停板幅度	无
交易保证金	通过 SPAN 系统确定，不同城市的保证金比例不一定相同，并根据各标的城市参数的变化及时调整
最后交易日	合约月份至少两个自然日后的第一个交易日早上 9：00
交割方式	现金结算（参照 CME 规则 41803）
持仓限制	全部月份合计不超过 10000 个合约，如果交易者同时持有相应期权合约的话，则依据期权头寸限制规定

表 12 – 10   美国季节性降雪指数期货

(Seasonal Strip Snowfall Index Futures)

合约标的	美国各个城市的降雪指数（英寸）
合约乘数	每点 500 美元
报价单位	美元/指数点
最小变动价位	0.1 指数点（＝＄50/合约）
合约月份	11 月～翌年 4 月，最少 2 个、最多 6 个连续自然月
交易时间 （中央标准时间）	CME GLOBEX 电子交易平台 周日下午 5：00 至周五下午 3：15 连续交易 每天下午 3：15 ~ 5：00 暂停交易
涨跌停板幅度	无
交易保证金	通过 SPAN 系统确定，不同城市的保证金比例不一定相同，并根据各标的城市参数的变化及时调整
最后交易日	合约月后至少两个自然日后的第一个交易日早上 9：00
交割方式	现金结算（参照 CME 规则 40203）
持仓限制	全部月份合计不超过 10000 个合约，如果交易者同时持有相应期权合约的话，则依据期权头寸限制规定

为了计算降雪指数，首先要得到每天的降雪量数据。日降雪量是指在标的地区每天从凌晨到午夜的总降雪量，此数据也由地球卫星有限公司（Earth Satellite Corporation）的自动测量站提供，若当日只有微量降雪（微量的具体标准由地球卫星有限公司确定），则这日降雪量为 0。

月度降雪指数是合约月份里每个自然日降雪量的总和，季节性降雪指数是最短 2 个月、最长 6 个月的季节性连续月的所有自然日降雪量的总和。

降雪指数期货在规避天气风险中应用较为广泛，主要的风险对冲者（套期保值者）包括政府部门、滑雪场、岩盐开采公司、航空公司等，此外也有部分投机者参与到降雪指数期货的交易中。

四、飓风指数期货合约

2005 年的卡特里娜飓风给美国带来近 790 亿美元的损失，远超过了保险业可以承受的避险能力，因此也激发了相关企业对更多天气风险管理工具的强烈需求。CME 根据市场的需求，研发了 3 种类型的飓风指数期货，并于 2007 年 3 月正式推出这类产品。

飓风指数期货是 CME 在天气产品研发中最具有创新性的成果。通常，天气指数期货需基于指数化标的设计，计算指数的前提是相应天气条件易于测度。非巨灾型天气风险如高温、低温、降雪等比较易于测度，相对适合开展衍生品交易，而巨灾型天气风险如干旱、洪水等大多不易于精确测度，较难确定一个指数来开展交易。在各类巨灾型天气中，飓风强度可通过等级来反映，相对易于测度，若将飓风强度等级和其波及范围结合起来，则可以反映其破坏程度。CME 集团基于 CHI 设计了飓风指数期货，将天气衍生品拓展到巨灾型天气风险领域，也是天气衍生品开发理念的一次创新。合约细则详见表 12 – 11 ~ 表 12 – 13。

表 12 –11　　　　　　　美国飓风指数期货合约

（CME Hurricane Index Futures）

合约标的	每个飓风的飓风指数
合约乘数	每点 1000 美元
报价单位	美元/指数点
最小变动价位	0.1 指数点（ = $100/合约）
交易的合约	每个飓风对应有一个合约；在每个飓风季之初，根据世界气象组织提供的列表，将飓风从 A - Z 命名，如果本季飓风超过了 21 次，新增的飓风用希腊字母表 αβγ 等依次命名

合约标的	每个飓风的飓风指数
飓风的标的区域	美国东海岸（德克萨斯州的布朗斯维尔到缅因州的东港）Galveston-Mobile（西经 87.5 - 95.5，北纬 27.5 至美国北部海岸线的区域）
交易时间（中央标准时间）	CME GLOBEX 电子交易平台 周日下午 5：00 至周五下午 3：15 连续交易
涨跌停板幅度	无
交易保证金	通过 SPAN 系统确定，采用每手固定保证金的形式，不同海域的保证金不一定相同，并根据情况变化及时调整
最后交易日（中央标准时间）	在飓风离开指定区域或在指定区域强度已减弱之后至少两个自然日后的第一个交易日早上 9：00 停止交易，但在任何情况下，最后交易日都不能早于 1 月 1 日之后至少两个自然日后的第一个交易日，或者晚于 12 月 31 日之后至少两个自然日后的第一个交易日。如果一个已命名的飓风没有使用（如这个飓风最后并没有形成），应该在 12 月 31 日飓风季结束之后至少两个自然日后的第一个交易日早上 9：00 停止
交割方式	现金结算 根据美国巨灾模拟公司 EQECAT 报告的本次飓风的 CHI 结算 根据美国巨灾模拟公司 EQECAT 报告的本次飓风的 CHI-Cat-In-A-Box（飓风在指定区域内活动时的最大 CHI）结算
持仓限制	全部月份合计不超过 10000 个合约

表 12 - 12   **美国季节性飓风指数期货合约**

（CME Hurricane Index Seasonal Futures）

合约标的	一个飓风季的飓风指数
合约乘数	每点 1000 美元
报价单位	美元/指数点
最小变动价位	0.1 指数点（ = $100/合约）
交易的合约	以一个自然年度内（1 月 1 日至 12 月 31 日）发生在指定地点的飓风的 CHI 累计值为标的； 以一个自然年度内（1 月 1 日至 12 月 31 日）发生在指定地理区域的飓风的 CHI-Cat-In-A-Box 累计值为标的

续表

合约标的	一个飓风季的飓风指数
飓风的标的区域	墨西哥湾 佛罗里达海岸 南大西洋海岸 北大西洋海岸 美国东海岸（德克萨斯州的布朗斯维尔到缅因州的东港） Galveston-Mobile（西经 87.5 – 95.5，北纬 27.5 至美国北部海岸线的区域）
交易时间 （中央标准时间）	CME GLOBEX 电子交易平台 周日下午 5：00 至周五下午 3：15 连续交易
涨跌停板幅度	无
交易保证金	通过 SPAN 系统确定，采用每手固定保证金的形式，不同海域的保证金不一定相同，并根据情况变化及时调整
最后交易日 （中央标准时间）	在 12 月 31 日飓风季结束之后至少两个自然日后的第一个交易日早上 9：00 停止。
交割方式	现金结算 根据美国巨灾模拟公司 EQECAT 报告的 CHI 累积值结算 根据美国巨灾模拟公司 EQECAT 报告的 CHI-Cat-In-A-Box 累积结算
持仓限制	全部月份合计不超过 10000 个合约

表 12 – 13　　　　　美国季节性最大飓风指数期货
(Hurricane Seasonal Maximum Futures)

合约标的	一个飓风季里最大飓风的飓风指数
合约乘数	每点 1000 美元
报价单位	美元/指数点
最小变动价位	0.1 指数点（＝＄100/合约）
交易的合约	以一个自然年度内（1 月 1 日至 12 月 31 日）在指定地点登陆的最大级别飓风的 CHI 为标的； 以一个自然年度内（1 月 1 日至 12 月 31 日）发生在指定地理区域所有飓风中最大的 CHI-Cat-In-A-Box 为标的

合约标的	一个飓风季里最大飓风的飓风指数
飓风的标的区域	墨西哥湾 佛罗里达 南大西洋海岸 北大西洋海岸 美国东部（德克萨斯州的布朗斯维尔到缅因州的东港） Galveston-Mobile（西经 87.5–95.5，北纬 27.5 至美国北部海岸线的区域）
交易时间 （中央标准时间）	CME GLOBEX 电子交易平台 周日下午 5：00 至周五下午 3：15 连续交易
涨跌停板幅度	无
交易保证金	通过 SPAN 系统确定，采用每手固定保证金的形式，不同海域的保证金不一定相同，并根据情况变化及时调整
最后交易日 （中央标准时间）	在 12 月 31 日飓风季结束之后至少两个自然日后的第一个交易日早上 9：00 停止
交割方式	现金结算 根据美国巨灾模拟公司 EQECAT 报告的飓风季最大 CHI 结算 根据美国巨灾模拟公司 EQECAT 报告的飓风季最大 CHI-Cat-In-A-Box 结算
持仓限制	全部月份合计不超过 10000 个合约

1. 标的指数——CME Hurricane Index（CHI）

CME 飓风指数 CHI 是一种用来量化飓风造成的潜在威胁的指数，利用美国国家海洋大气管理局下属的国家飓风中心（National Hurricane Center）在网站上公开的数据计算得到。

CHI 的计算最初由 Carvill 公司提供。Carvill America Inc. 是一家大型的私人再保险公司，飓风业务是其再保险的主要业务。

2009 年 4 月 9 日，CME 宣布已从 Carvill 公司收购了 Carvill Hurricane Index，获得此指数的知识产权，同时将 Carvill Hurricane Index 更名为 CME Hurricane Index，并委托 EQECAT 公司作为新的 CHI 指数计算代理服务商。

对单次飓风，其 CHI 指数的简化计算公式如下：

$$CHI = \left(\frac{V}{V_0}\right)^2 + \frac{3}{2}\left(\frac{R}{R_0}\right)\left(\frac{V}{V_0}\right)^2 \qquad (12-1)$$

其中，R 是飓风半径，V 是飓风最大风速，参考值 R0 = 60 英里，V_0 = 74 英里/小时。当飓风半径和最大风速与参考值一样时，CHI = 2.5；如果飓风最大风速小于 74 英里/小时，CHI 的值取 0。

此指数相比传统的萨菲尔—辛普森飓风衡量标度（Saffir-Simpson Hurricane Scale）而言，具有两个明显的优点：（1）指数连续性，CHI 可以从 0 连续变化到无穷大，而 SSHS 只有 1 ~ 5 五个离散的等级，无法精确测度飓风带来的潜在损失；（2）考虑了飓风的半径，更加科学地衡量了飓风的损失，有相关性实证研究表明 CHI 可解释保险行业损失的 72%，而 SSHS 仅能解释 54%，可见 CHI 指数比 SSHS 标度可以更好地衡量一场飓风的潜在投保损失额度。

2. 标的区域

目前，飓风指数期货面向 6 个区域设置：墨西哥湾、佛罗里达海岸、南大西洋海岸、北大西洋海岸、美国东海岸、由西经 95 度 30 分、西经 87 度 30 分、北纬 27 度 30 分及美国北部海岸线围成的区域。其中对于登陆或发生在最后一个区域内的飓风，其飓风指数又称为 CHI-Cat-In-A-Box，它的值等于当飓风在"盒子"范围内时所报告的全部 CHI 值中的最大值，如图 12-4 所示。

3. 合约类型

目前，CME 提供了三种飓风指数期货合约类型：针对单次飓风设置的，交易标的为此次飓风的飓风指数 CHI 或 CHI-Cat-In-A-Box；季节性合约，交易标的为每年 1 月 1 日至 12 月 31 日期间历次飓风的飓风指数 CHI 或 CHI-Cat-In-A-Box 的总和；针对飓风季内最大台风设置的，交易标的为全年飓风季中最大飓风的飓风指数 CHI 或 CHI-Cat-In-A-Box。

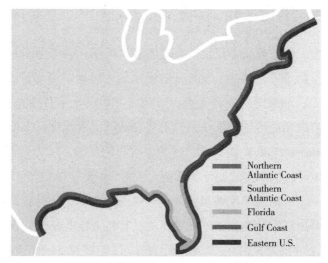

图 12 – 4　五个指定海岸的示意图

4. 市场参与者

飓风指数期货市场的主要参与者同样可以分为两大类：一是对冲风险者（套期保值者），包括保险与再保险公司、能源企业、飓风多发地区的政府部门以及公共事业企业等，它们主要通过购买飓风指数期货以转移本身的风险，平滑或稳定经营业绩；二是投机者或资本市场中的风险爱好者，包括社保基金、套利基金、养老基金等，它们主要看重飓风指数衍生品的获益能力，以期从飓风巨灾事件的不确定性中获得较高收益。

从前面论述可见，在美国，天气衍生品市场发展迅速，各类天气衍生品合约层出不穷，这一方面由于各类行业对天气衍生品的需求迫切，更重要的是得益于美国宽松的金融监管和金融创新环境。我国在天气衍生品领域发展缓慢，现在还没有一个可上市交易的天气衍生品合约，尽管大连商品期货交易所在天气衍生品方面做了很多前期工作，但是我国在天气衍生品的道路任重而道远。

第十三章

国外巨灾风险产品的
实践与经验借鉴

　　巨灾债券是一种保险连接证券，保险公司和再保险公司为规避巨灾造成的损失，采用债券的形式将所承保的巨灾风险证券化。这也是保险证券化最受欢迎的方法。

第一节　巨灾债券的运行机制

一、巨灾债券的运行机制

　　巨灾债券是保险连接证券的一种形式，保险公司或再保险公司为规避巨灾所造成的损失，采用债券的形式将所承保的巨灾风险证券化。它的产生和引入大大增强了保险业的承保能力，为巨灾风险提供了可靠的转移方式，为损失补偿提供了可信的资金来源，也为资本市场的机构投资者提供了收益高风险小的优良投资工具。

（一）巨灾债券的运行机制

这种巨灾债券的发行及运作程序如下：

（1）SPRV与保险公司（分保公司）签订再保险合同，接收分保公司分出来的巨灾风险以及相应的再保险保费，并以此为基础，开始设计、发行巨灾债券产品。

（2）SPRV向投资者发行巨灾债券，同时约定触发条件和债券利率。债券的利率通常为伦敦银行同业拆借利率加风险利差，风险利差依债券发行的条件与债券信用评级而有所不同，一般在2%～3%之间。

（3）SPRV把发行巨灾债券所获得的资金存入一个信托机构，用于购买国库券等低风险的投资，放在信托机构的这些资金将被用来支付分保公司的索赔或投资者的债券投资收益。

（4）在约定的期间内，如果没有发生巨灾事件，SPRV将存入信托机构的资金收回，并按照约定的债券利率支付投资者投资收益，同时交易终止。但是，一旦所约定的巨灾事件发生且达到触发条件要求，SPRV将立即收回存入信托机构的资金，提供给分保公司相应的赔偿，剩余的资金将偿还给投资者，投资者将可能得不到任何利息，本金甚至都可能全部或部分丧失。具体的交易结构在下一节中会详细论述。

巨灾债券与传统债券没有本质区别，也是具有固定债券面额、固定期限，同样具有约定利息率，最大的不同是这类债券内嵌了一种买入期权。买入期权的类型根据执行价格的不同而不同，如果执行价格与再保险赔偿责任高度相关，则债券与普通债券更为接近，具有一定的道德风险；如果执行价格与某约定损失指数相关，则此债券更类似于期权合同，基差风险会更为突出。

（二）巨灾债券的运行要素

若受巨灾债券保护的灾害所造成的损失超过了预先指定的触发条件，债券或本金的利息将根据已发行巨灾债券的具体规定而有所减免。这笔基金就可以帮助安全公司用于支付此次事件的索赔。除了巨灾债券利率问题之外，投资人至少还要考虑其他四个要素：对本金的保护、触发条件、债券的规模和债券的期限。

1. 对本金的保护

一项巨灾债券的本金（Principal）通常是由多个不同的部分（Tranche）组成的，有的可能受到保护，有的则不一定。保证偿还的部分（Protected Tranche）保证投资人能够在债券到期时拿到这部分本金。对这部分本金来说，如果投保的事件发生，特别用途公司将中止支付利息并能够将借款期限延长数年。无保证偿还部分（Unprotected Tranche）其本金和利息在投保事件发生时都面临着风险。

2. 触发条件

各种债券触发条件（Trigger）的性质是不尽相同的。触发条件可以是以损失补偿为基础的（Indemnity Based），这意味着交易是建立在发起人的实际损失基础之上的。这就消除了发起人的基本风险，但这同时也降低了交易对投资者的透明度。触发条件也可以建立在使用某一预先确定的行业损失指数（Industry Index of Losses，如由美国的财产索赔服务机构计算的指数）的行业损失基础之上。触发条件还可以通过某一参考指数（Parametric Index）来确定，此类指数包括发生在旧金山海湾的里氏7级或7级以上的地震，或者袭击佛罗里达州的4级飓风。参考指数向投资者提供了透明度，但是发起人可能要承受较大的基本风险。

3. 债券的规模

近些年来债券发行的规模一直在不断增长。例如，在 1997 年发行的 5 种债券中，只有一种债券的资本总额超过 2 亿美元；而到 2000 年，这一数字就已经变成了两种；2005 年则变成了 4 种（这一年总共发行了 10 种债券）。同样，1997 年时有两种债券的资本低于 5000 万美元（这一年总共发行了 5 种债券），但是在 2003～2007 年新发行的 70 种债券中，没有一种债券的资本低于 5000 万美元。与这些金融工具（相对于传统再保险业务来讲）复杂的履行相关的交易成本使得此类债券的资本规模越来越大。

2007 年美国州立农业保险公司（State Farm Insurance）发行的大额巨灾债券（Jumbo' Cata bond）就达到的 12 亿美元面值。这是有史以来发行的规模最大的债券（原计划发行 40 亿美元债券，但是后来规模缩减到 12 亿美元的票据和定期借款）。此债券的创新在于它是累积性的：公司在此债券的 3 年期限内，保护其保险业务组合免受在一系列预先确定的事件（譬如美国的飓风、日本的地震等）中所遭受的累积性的损失。

4. 债券的期限，保险与再保险价格

债券的期限就是特别用途公司能给安全公司提供保护的持续期间。相对于传统的 1 年期再保险合同，巨灾债券的一大优势就是它通常能够提供为期 1～5 年的期限更长的保护。随着时间的推移，期限较长的巨灾债券的比例会不断上升，有迹象表明此类金融工具已经在再保险业界和金融业界赢得了信任。表 13－1 列出了 1997～2007 年发行的巨灾债券的期限。这些债券的平均期限大约为 3 年，有些巨灾债券只有 1 年的期限，而有些则长达 5 年甚至更久。

表 13 - 1 1997 ~ 2007 年发行的巨灾债券的期限

到期日	1 年	2 年	3 年	4 年	5 年	10 年
1997	2	1	1	0	0	1
1998	7	0	0	0	1	0
1999	5	0	3	0	2	0
2000	3	1	4	0	1	0
2001	2	1	3	1	0	0
2002	0	1	4	2	0	0
2003	0	1	3	1	2	0
2004	1	2	1	1	2	0
2005	1	2	7	0	1	0
2006	2	4	12	1	1	0
2007	4	5	12	3	5	0
总计 91 种	27	18	50	9	15	1

资料来源：（美）昆雷泽等著，与天为战——新巨灾时代的大规模风险管理. 东北财经大学出版社，2011.

假设债券总资本未被触发（在这种情形下不得不在可能有所不同的条件下发行某种新的债券），在大型灾难发生后经常出现的高度不稳定的再保险价格的环境中，巨灾债券能够通过在多年之内为某一预先确定的价格提供保证的方式来为保险公司提供某种重要的稳定性元素。

由于许多公司对 2005 年飓风季节过后巨灾保险价格暴涨的抱怨，以及来自信用评级机构对于巨灾风险管理提出的更为严苛的评级要求所带来的更大的压力，多年期巨灾债券所能提供的价格稳定性对于保险公司和其他发行者来说就显得更为重要。

二、侧挂车的运行机制

后卡特里娜飓风市场环境的现象之一就是所谓的侧挂车的发展。侧挂车公司是一种通过向投资人发行有价证券作为唯一发起人（一家再保险公司或大型保险公司）提供的再保险覆盖的特殊目的公司。提供侧挂车的公司需要注册申请来获得再保险公司的执照。与那些通常提供超额损失再保险的巨灾债券不同，侧挂车通常基于限额分担再保险。侧挂车公司与保险公司分担某些特定保险或者再保险保单的风险，并按照其所占股份交换部分保费（通常不超过50%）和股息。

与巨灾债券相类似，侧挂车也是一种复杂的金融交易。它们通常需要比巨灾债券更大的投资（一般在2亿美元到3亿美元的范围之内，不过也有个别侧挂车的投资低于1亿美元）。一家侧挂车公司一般仅仅运营两年甚至更短的时间，然后依据市场状况自行清算或者延期，而巨灾债券的期限要长达5年甚至更久的时间。另一个区别在于巨灾债券通常是为低概率、高损害事件而设计的套期保值工具，而侧挂车则允许投资人获得整个再保险项目的一小部分收益。

所有在2005年飓风季节后创建的侧挂车公司都是由再保险公司发起的，2006年8月，美国国际集团（AIG）的成员公司列克星敦保险公司（Lexington Insurance Company）创立了自己的侧挂车康克德再保险公司（Concord Re），用限额分担的方式来对其业务进行再保险。这是为初级保险公司构建的第一家侧挂车公司。康克德公司7.3亿美元的资本金来自其控股母公司——康克德控股公司（Concord Re Holdings）——发行的权益证券。

　　总而言之，2005 年的飓风季节使保险公司和再保险公司以及其他一些发行者以史无前例的水平使用着选择性风险转移工具，并且这种趋势一直在延续。在这里的一个重大事件是被卡特里娜飓风摧毁的坎普再保险公司（Kamp Re），公司 1.9 亿美元的巨灾债券是由苏黎世瑞士再保险公司（Swiss Re for Zurich）安排发行。这是第一份完全由投资人出资募集的巨灾债券。2005 年的飓风季节还拖垮了6.5 亿美元的侧挂车奥林匹斯再保险公司（Olympus Re）。这些事件事实上可能会对市场产生积极影响。首先，这些损失并没有阻挡住投资者 2006 年在这些新型金融工具上的投资。那些打赌在 2006 年和2007 年间不会爆发破坏性大西洋飓风的投资人赚了个盆满钵满，因为出乎专家们的预料，这两个飓风季节事实上是多年来天气最温和的两年。其次，发起人第一次从保险联结证券上获得了回报，这使这些金融工具从金融保护的角度来看显得更为"真实可信"。

　　由此我们也看到了进一步拓展这一市场的潜力。在过去 10 年间，保险联结证券市场的活动主要都是由重大灾难事件的发生而触发的，随之而来的是再保险价格的显著增长，这创造了市场想要获得价格更为低廉的金融保护的需求。尽管数据表明未来几年内此类损失惨重的极端灾害事件会有所增加，但是这还不足以产生一个大规模、高流动性和可持续的保险联结证券市场。

第二节　巨灾债券的交易结构与现金流

一、巨灾债券的交易结构

典型的巨灾债券的交易结构中通常是由 SPR 同时扮演分保人

（Ceding insurer）的再保险人（也可能是保险人，然而这种情形比较少见，因此以下仍以再保险人为论述主题），以及巨灾债券的发行人两种角色。虽然直接由分保人发行债券将更有效率，但由于相关法律和监管规定以及税务的考量，通常由 SPR 发行较好。实际中 SPR 常常设置于百慕达或阿曼群岛等金融监管较为宽松的地区。典型的巨灾债券的交易结构如图 13-1 所示。

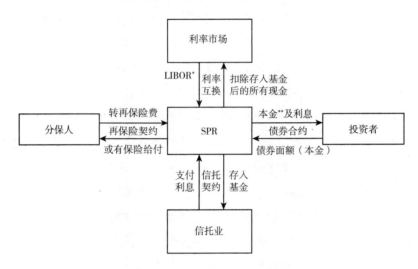

图 13-1　巨灾债券的交易结构

注：*LIBOR 为伦敦银行间隔夜拆借利率；

** 由 SPR 返还本金给投资者的情形，在本金扣除型的巨灾债券中的巨灾损失额度超过债券合约约定的偿付额度时，并不适用。

由图 13-1 可知，整个巨灾债券的交易边程中主要涉及 SPR、分保人、信托业者和投资人等交易当事人，以及信用评级机构等交易关系人。本章将从静态的交易组织架构讲起，即各当事人和交易关系人的角色如下：

1. 特殊目的再保险人

SPR 是为使分保人能透过保险证券化方式，达到获取其他风险资本的目的所设计的交易实体（Entity）。在 SPR 和分保人之间的再保险契约关系中，分保人将在"保险事故"发生时收到 SPR 所给付的约定再保险金；而 SPR 也是专门为分保人巨灾再保险而设立的。这些 SPR 提供比再保险市场更大的承保能力，并能充分地分散巨灾发生时的巨大损失。当再保险市场状况趋于萎靡，再保险的可获得性（Availability）及可负担性（Affordability）严重受限时，SPR 将发挥上述职能。

此外，SPR 处理其获得分保人的保险费及投资人的债券金额的方式，也是了解 SPR 不可或缺的重要一环。就前者而言，分保人的保险费用于支付 SPR 的行政成本及提高投资人可获得的债券利息①；而就后者而言，债券金额通常会和前者的余额一并被投入信托基金中，用以担保 SPR 对分保人及投资人所承担的债务。同时，在本金扣除型的巨灾债券下，SPR 对投资人返还本金的债务是处于或有债务状态，若巨灾损失额度超过此债券合约所约定的偿付额度（Trigger Point）时，所超过的巨灾损失直接从本金中扣除，来赔付 SPR 的再保给付，直到债券全部本金赔付巨灾损失殆尽为止。反之，若保险事故（Triggering Event）并未发生，则证券持有人（Security Holder）将可获得本金的返还和债券利息。

最后，SPR 被限制在仅能为达成此特定巨灾债券的交易目的才能进行交易，不能额外承受其他风险。其主要目的在于充分地保护巨灾债券的投资人，防止因 SPR 从事其他投资活动所可能产生的

---

① 一般而言，巨灾债券的利息均较其他债券的利息来得高。这主要是因为持有巨灾债券的风险较高，其风险溢价（Risk Premium）也相对较高。

亏损，从而间接地损害投资人的利益。而 SPR 必须募集全部所需的债券金额，即它透过再保险契约所承保分保人的全部保险金额，并将此金额放入信托基金中，而不管保险事故是否发生。而此证券资产则必须遵循信托契约的约定进行运用。

2. 分保人

分保人是指原本承担巨灾风险而想要通过 SPR 这一实体将风险证券化后，将风险分散在广大投资者中的企业。这种企业不一定是保险人，也有可能是一般企业厂商。例如，高科技公司也可能通过 SPR 发行债券的方式，转移其庞大的经营风险。

3. 投资者

投资者是指与 SPR 签订债券合约购买巨灾债券的人。投资者可能遭遇到的风险是巨灾事故发生时，债券本金的一部分或全部无法赎回，赎回日期延后的风险。至于其所可能遭遇的 SPR 信用风险，因投资者所交付的债券本金均被投资于信托基金中，因此信用风险几乎为零。然而，虽说信用风险相当低，但相对于其他投资商品而言，巨灾债券投资者因极可能在巨灾事故发生时，面临债券本金的部分或全部无法赎回，或赎回日期延后的风险。因此投资人所可获得的风险溢价（Risk Premium）——即较高的债券利息，通常为 LIBOR 加上几个基本点（Basic Points）。

4. 信托业

信托业在整个巨灾债券交易架构中扮演着资产隔离者的角色。即为了使分保人和投资人对 SPR 的信用风险降至最低，除了严格限制 SPR 仅能从事与这次巨灾债券交易相关的业务外，也将其所有资产移出 SPR 之外，由信托业者进行管理，以达到资金隔离的目的。而信托业者在债券到期时，或巨灾事故发生时，应将信托财产返还给委托人——SPR，再由其给付给投资人或分保人。

5. 信用评级机构（Rating Agencies）

巨灾债券之投资人所面临的风险主要有两个：一是巨灾风险，另一个是债券的信用风险。对于债券的信用风险使用信用评级（Rating）来衡量的。债券信用评级是由专业的信用评级机构（Rating Agencies）来对债券信用程度进行评估，有时信用评级也包含债券发行人的信用强度。在实际中，信用强度是投资人认知发行债券企业信用的参考指标。信用评级指标有助于资本市场中中介资金的效用发挥。信用评级机构的评估结果一般以等级报告。

美国金融监管机构，证监会指定六家机构为全国认定统计信用评级组织（Nationally Recognized Statistical Rating Organization, NRSRO），分别是穆迪（Moody's）、标普（S&P's）、惠誉（Fitch）、道衡（Duff & Phelps）、IBCA 及 Thompson Bank Watch[①]，此外还有若干外国信用评级机构也向美国证监会申请列入其制定名单中。

在衍生性商品分析中，一般要注意信用、市场、流动性、操作及法律等风险，只有在巨灾债券方面，似乎以巨灾风险为主。所以损失模型公司（Loss Modeling Co.）的意见往往对于评级具有举足轻重的影响。

二、巨灾债券的现金流

为了充分了解巨灾债券的整体运作架构的动态层面，对于巨灾债券的现金流的分析至关重要。本书基于巨灾发生前和巨灾发生后对巨灾债券的现金流量进行分析。

---

① 惠誉国际1997年年底并购英国 IBCA 公司，又于 2000 年收购了 Duff & Phelps 和 Thomson Bank Watch。

1. 巨灾发生前的巨灾债券的现金流

图 13 - 2 是巨灾债券交易于巨灾发生前的现金流。

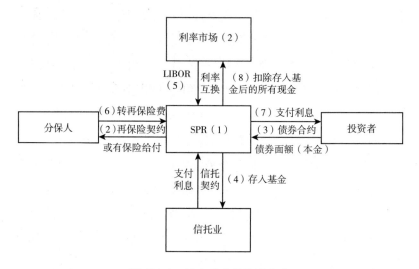

图 13 - 2 巨灾发生前的现金流

（1）在巨灾债券的发行过程中，首先必须设立 SPR 来负责这次交易的中介工作。即 SPR 同时担任再保险人和债券发行公司的双重角色，一方面签订再保险契约；另一方面在资本市场上发行债券，募集所需资金，作为将来再保险给付之用。

为符合分保人要以再保险分保的方式转移巨灾风险，SPR 的设立型态需为保险公司或再保险公司，使巨灾风险的承保成为一般的再保险交易，从而符合再保险监管（或保险监管）的规定，以享受再保险费（保除费）扣抵税负或降低准备金提存的利益。

（2）要利用发行巨灾债券来避险的避险者，一般均为保险公司，这里的保险公司因向 SPR 再保，所以被称为分保人（Ceding Company），SPR 则为再保险公司，两者之间签订再保险契约。

有时，在分保人与再保公司之间还会再邀请一家再保险公司参加。这种情形下，两者的关系变成如下：分保人→再保险公司→SPR（或转再保险公司）。分保人与再保险公司间签订再保险契约，再保险公司因转再保险给 SPR，所以两者之间签订的是转再保险契约。而邀请另一再保险公司加入的原因，是为了避免 SPR 万一有任何不妥事宜发生而可能直接影响到分保人的信誉和财务。

发行巨灾债券的避险者若为非保险的企业，则 SPR 成为保险公司，两者之间所签订的是保险契约。

（3）投资者是指承购巨灾债券的人，其购买巨灾债券需先行支付全部债券价款，即本金，而此笔价款即将来巨灾发生时作为赔偿的资金来源。当 SPR 发行巨灾债券时，是委托承销商（Underwriter）承销的。

（4）SPR 所募得的债券本金全部或一部分存放在信托基金内。信托基金仅能用于购买国库券或政府公债等无风险或低风险的投资项目。一旦约定的巨灾事件（Trigger）发生，才能动用信托基金内的资金，来支付巨灾损失赔款。债券价款全部存放在专业的信托基金管理，是为了将巨灾债券交易和巨灾再保险交易的风险降到最低，以维护交易各方的权益。为此，SPR 与信托业者签订信托契约，而信托业者则依照约定支付利息给 SPR。

（5）SPR 发行巨灾债券需承诺支付利息，即投资者的投资收益。债券利息的利率通常是伦敦同业拆借利率（London Interbank Open Rate，LIBOR）加风险利差（Risk Spread）。风险利差依据债券发行的条件和债券信用评级而不同，一般为 2%～3%。此外，SPR 为避免短期投资组合报酬率低于 LIBOR 的损失风险，通常在利率市场上进行利率互换（Interest Swaps）。

（6）分保人依据再保险契约的约定向 SPR 给付再保险费。

（7）SPR 依据债券发行条件定期向投资者给付债券利息。SPR

所付的债券利息来自再保险费，所以给付再保险费与给付债券利息须相互配合。

（8）用信托基金的利息、保险公司所付保险费除去债券利息发放的剩余部分，在利率市场上进行利率互换。

2. 巨灾发生后的巨灾债券的现金流

图 13-3 为巨灾债券交易与巨灾发生后的现金流。

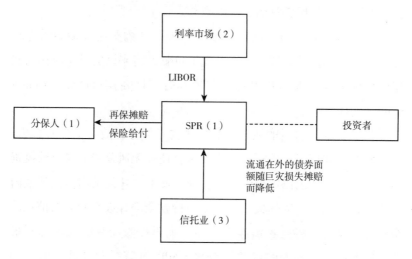

图 13-3　巨灾发生后的现金流

（1）巨灾损失发生后，SPR 依据再保险契约（或保险契约）的约定摊付再保险给付（或保险给付）给分保人（或一般企业）。

（2）上一项摊付的赔款先由利率市场取回换得的利率 LIBOR。

（3）向信托业者取回信托款项，其额度依据债券发行所约定的偿付条件计算。对于投资者而言，债券本金的没收、偿还或债券利息的停付等，则依据债券发行时所约定的偿付条件办理。

第三节　巨灾债券的国际经验

　　自 20 世纪 90 年代，发达国家资本市场转移风险的方式获得成功经验后，世界各国的保险市场以及政府机构都开始进行类似的风险管理工具创新，以求减缓巨灾带来的经济与社会负效应。例如，1998 年东京火灾和海上保险公司发行了东京地区地震风险巨灾债券；2006 年 5 月以及 2009 年 10 月，墨西哥政府通过巨灾债券的作用从国际再保险人那里获得了地震与飓风保险。在金融市场发达以及再保险市场价格波动剧烈的美国，巨灾债券的发行量更是以飞快的速度增长着。

　　这些债券的发行一方面促进了保险业对巨灾风险的承保能力，即在再保险价格不稳定的时期，资本市场为保险人进而为投保人提供了新的融资和风险转移渠道；另一方面，债券的发行也直接提高了投资者投资组合的分散程度。由于作为触发条件的巨灾指数变化与市场组合风险通常被认为是相互独立的，债券进入投资组合有利于分散投资者的投资风险。同时由于内嵌期权存在的缘故，也有利于投资者获取更高的风险溢价。

一、巨灾债券的市场发展

　　十多年来，巨灾债券的年发行金额和数量均呈不断上升趋势。从发行金额来看，1997～2004 年其增长幅度相对缓慢。2005 年美国飓风使保险业带来巨大损失，造成传统再保险市场持续走强，从而给巨灾债券带来了重要的发展机遇。2005～2007 年连续三年发行金额和数量均造历史记录。2006 年巨灾债券的发行金额 47 亿美元，较上年增长了 136%；2007 年发行达到最高峰 70 亿美元，较上年增长了约一半（Guy Carpenter，2008）。从发行数量来看，虽然巨灾债券的发行数目在 2000 年后稍微下降，但 2005 年后又迅速上升。2005～2007 年，巨灾债券分别发行了 10、20 和 27 次。尽管受全球金融危机的影响，2008 年发行总量为 27 亿美元，较上年下降了 62%，但仍居历史上第三位（Guy Carpenter，2009）。这表明巨灾债券市场显示出了良好的弹性与活力。

1997～2007 年，总共发行了 116 只巨灾债券，总交易金额为 223 亿美元。巨灾债券的历年已发行但未到期的总金额是衡量巨灾债券市场大小和风险承担能力最为重要的指标。近年来，巨灾债券的未到期总金额迅速增长。2007 年年底，巨灾债券未到期总金额为 138 亿美元，比 2006 年年底的 85 亿美元增长了 63%，几乎是 2005 年年底 49 亿美元的 3 倍。受金融危机影响，2008 年年底未到期总金额为 118 亿美元，较上年下降了 15%。尽管传统再保险市场占据美国财产保险市场的 82%，巨灾债券的市场份额已发展到占美国财产保险市场的 12%，是第三名行业损失担保市场份额 6% 的两倍。

侧挂车（Sidecars）是通过发行债券为保险人提供再保险保障的机构，它们也受到了资本市场的关注。自 2005 年 11 月到 2006 年 7 月，对冲基金向在北美地区负责自然巨灾的侧挂车进行了超过 30 亿美元的投资。

二、巨灾债券的结构特征

1. 交易量

巨灾债券的交易量逐年增大。1997～2005 年，没有一笔巨灾债券的交易金额大小超过 5 亿美元，但 2006 年有两笔，2007 年有

3 笔都超过了 5 亿美元。2006 年平均交易额高达 2.347 亿美元,较 2005 年的 1.991 亿美元增加了 18%。2007 年巨灾债券的平均交易 金额为 2.591 亿美元,较上年也有所增加。但是,在 2006 年和 2007 年各有 3 笔交易金额低于 1 亿美元,这也显示了投资人对巨 灾债券仍保持一定的谨慎态度。

2. 触发机制

巨灾债券的关键是触发机制的设计,可分为三大类:一是损失 赔偿型,以发起人的实际损失赔偿为触发条件。二是指数型,又可 分为三小类:(1)行业损失指数,由整个保险行业的损失指数为 基础;(2)灾害参数指数,以灾害的物理参数为触发条件,如地 震的震级等;(3)模型损失指数,由对发起人的样本数据进行模 型测算。三是混合型,同时使用两种类型或以上的触发机制,其形 式可分为两类:(1)针对不同巨灾使用不同触发机制,如对美国 飓风使用 PCS 行业损失指数,而对日本地震使用参数指数; (2)同一巨灾风险引入多种触发机制,如同时使用模型损失和行 业损失触发机制。

从 1997 ~ 2007 年的统计数据来看损失赔偿、行业损失、灾害 参数指数触发机制仍是市场主流。2007 年之前,损失赔偿型巨灾 债券发行金额呈下降趋势,但 2007 年选择损失赔偿触发条件的巨 灾债券急剧增加,表明市场对基差风险的重视。巨灾债券越来越倾 向于使用指数型,特别是灾害参数指数触发机制。2006 年开始出 现的混合型债券主要是在吸收损失赔偿触发机制低基差风险和指数 触发机制低道德风险的优点基础上,可以很好地满足债券发起人的 规避风险的要求,同时可以较好地避免投资者担心的道德风险问 题,成为市场上发展较快的类型。2006 年指数型和组合型巨灾债 券的成交量占 80% 以上,其中参数指数所占比重为 34%。

3. 灾害种类

美国地震和飓风继续占据巨灾债券市场的主导地位。2006～2007年，美国飓风连续两年超过地震成为发债最多的巨灾风险。2007年，美国地震、美国飓风、欧洲风暴、日本地震和日本台风的债券都大幅度地增加，表明这些是巨灾债券市场上较受欢迎的风险。近年来，其他非峰值巨灾风险的巨灾债券也受到欢迎，因为通过这些产品，投资者可以实现其投资组合的多样化，进而分散其投资风险。地中海地震、中美洲地震、墨西哥地震、澳大利亚地震，以及美国龙卷风加冰雹的组合风险均成功发行。

4. 债券期限

从债券期限来看，1～2年的短期债券逐渐增多，3年期的债券仍是最常见的，4～5年期债券迅速增加，10年期的长期巨灾债券难以获得市场认可。1～2年的短期债券逐渐增多从某种程度上表现了发起人并不愿意用一个他们认为相对较高的费率来锁定多个巨灾季节。3年期的巨灾债券占据绝大多数的原因是：一方面能够减少频繁变换合约所带来的交易成本上升；另一方面，发起人和投资人可以根据巨灾的最新信息，适时地调整巨灾债券的价格和变更投资组合。2007年，4～5年期债券发行了8只，较往年有了显著增加，表明发起人显然希望在市场价格有吸引力时锁定一个更长的期限。

5. 发起人类型

在发起人类型方面，直接保险公司和再保险公司相似，都是巨灾债券的主要发起人，两者所支持发起债券的金额和次数几乎相当。2006年，由于受卡特琳娜飓风影响，传统再保险的承保能力不足，因此直接保险公司无论在金额和数量上均超过再保险公司成为巨灾债券的主要发起人。但2007年情况正好相反，再保险公司领先直接保险公司。值得注意的是，近年来非保险类公司也开始直接参与到巨灾债券市场：（1）2006 年墨西哥政府发行了 1.6 亿美元的巨灾墨西哥地震债券；（2）同年 Dominion Resources 能源公司为保障其海上石油勘探财产而发行了 5000 万美元的债券；（3）2007 年 JR East 发行了 2.6 亿美元的债券。

6. 债券评级

在债券评级方面，标准普尔 BB 评级无疑占据了巨灾债券市场的主导地位。10 年来共发行 133 只 BB 级别的巨灾债券，占所发行各种评级总量 209 只的 64%。尽管如此，债券评级的范围正在向两边扩展。一方面，2005 年之后，B 评级的债券数量迅速增加。1997~2004 年，总共只发行 7 只 B 级债券，而 2005~2007 年三年内，却发行 33 只 B 评级的债券。这既反映了追求高收益的投资者对市场的影响力日益增强，也反映出债券发起人希望通过巨灾债券来降低其自留风险。另一方面，这两年高评级的债券也有所增加。2006 年，市场首次出现了评级为 AA 级的债券。2007 年有总金额 13 亿美元、共 6 只债券的评级都在 A 级以上，其中包括两只 AAA 的债券。高评级债券的发行从某种程度上反映了投资者希望除了巨灾风险的种类和地理位置之外，投资组合还能在巨灾发生的频率方面得到进一步分散。

第四节　案例分析

自 1994 年巨灾债券开始交易以来，已有不少成功案例。而在这些交易中，有些的交易条件相当简单，有些则相对复杂。其交易名称、约定事项、巨灾风险种类、起赔机制、本金偿还或没收条件、利息给付标准和条件等，皆不尽相同。虽然如此，巨灾债券交易的主要架构与主要项目则大同小异，其基本观念常可相互使用。下面，我们给出两个典型案例，来说明巨灾债券在实际交易中的情形。

案例一 东京海上火灾保险公司的地震风险证券化
——Parametric Re，Ltd. 发行的巨灾债券

日本保险市场在世界排名仅次于美国，而东京海上火灾保险公司在日本保险行业位居"龙头"。自 1996 年日本阪神大地震后，民众和企业在对于地震险的投保需求愈来愈高，东京海上火灾保险公司为解决承保能量不足的问题，开始着手研究巨灾风险证券化的方案。并在 1997 年 11 月以地震风险为标的发行首张巨灾债券。东京海上火灾保险公司将其所承保 15 亿美元的商业地震险，向瑞士再保公司签订 9000 万美元的再保险契约，然后由此保险公司与 Parametric Re 公司就这次地震风险签订转再保险契约，用于风险分散。由 Parametric Re 公司所发行巨灾债券的详细内容如下：

一、起赔条件

（1）启动事件：地震。

（2）地动地点：南关东地区（即东京地区），又可分内侧地区（Innergrid）外侧地区（Outer grid）。

（3）启动时间：十年，自 1997 年 11 月 20 日起至 2007 年 11 月 19 日，或至本金全部没收为止。

（4）启动基准：依日本气象厅（Japan Meteorological Agency，JMA）所公布的资料为准。

（5）启动点和没收本金的程度：依据地震级数之不同制定不同百分比。

① 深度：震中在 61 公里以上；

② 震级：内侧地区 7.1 级以上，外侧地区 7.3 级以上。

（6）巨灾模型及风险分析公司：EQECAT。

地震启动点和本金扣除的程度如表 13 – 2 所示。

表 13 – 2　　　　　　　地震启动点和本金扣除的程度

JMA 公布震中（深度）在 61 公里以上	投资人本金损失比例（%）	
地震级数（芮氏规模）	内侧地区	外侧地区
7.1	25	0
7.2	40	0
7.3	55	25
7.4	70	44
7.5	85	63
7.6	100	81
7.7	100	100

资料来源：刘璐璐. 巨灾风险证券化之研究——我国实施巨灾风险证券化可行性之探讨. 88 页

二、证券发行条件

（1）发行标的：巨灾债券。

（2）发行总额：1 亿美元。

（3）发行者：Parametric Re（位于 Cayman Island）。

（4）发行期间：十年，自 1997 年 11 月 20 日起至 2007 年 11 月 19 日，或至本金全部没收为止。

（5）发行金额：1 亿美元。

（6）证券型态

① 无本金保证偿还：8000 万美元；

② 部分本金保证偿还：2000 万美元。

（7）计息方式

① 无本金保证偿还部分：LIBOR + 4.3%；

② 本金保证偿还部分：LIBOR + 2.06%；

③ 每半年付息一次。

（8）信用等级

① 无本金保证偿还部分：Moody's 评定 Ba2，Duff & Phelps 评定 BB；

② 本金保证偿还部分：Moody's 评定 Baa3，Duff & Phelps 评定 BBB。

（9）证券发行的管理公司：高盛（Goldman Sachs），瑞士再保险资本市场（Swiss Re Capital Markets）。

（10）投资人：有 32 个机构投资人，其中 16% 是避险基金，24% 是人寿保险公司，50% 是相互保险公司和银行，10% 是再保险公司和其他非人寿保险公司。

Parametric Re 证券发行条件如表 13 - 3 所示。

表 13 - 3　　　　　　　　**Parametric Re 证券发行条件**

	Parametric Re	
证券型态	无本金保证偿还部分	本金保证偿还部分
证券金额	8000 万美元	2000 万美元
评等等级	Moody's – Ba2 D&P – BB	Moody's – Baa3 D&P – BBB –
计息方式	每半年付息一次	每半年付息一次
利率	LIBOR + 4.3%	LIBOR + 2.06%
预定到期日	2007. 11. 19	2007. 11. 19

三、交易流程

（1）东京海上保险公司向瑞士再保险公司签订再保险契约，并支付再保险费。

（2）瑞士再保险公司又与 Parametric Re 签订再保契约，并支付再保险费，Parametric Re 是特殊目的公司，且为慈善机构所有。

（3）Parametric Re 发行十年期 1 亿美元债券，此债券分为两部分：第一部分为 8000 万美元的无本金保证偿还债券，其计息方式为六个月付息一次，LIBOR + 4.3%；第二部分为 2000 万美元的部分本金保证偿还债券（本金保证偿还与无本金保证偿还的金额各为 1000 万美元），其计息方式为六个月付息一次，LIBOR + 2.06%，债券到期日为 2007 年 11 月 19 日，且两种债券可以互相交换，交换价值为一比一。

（4）Parametric Re 的投资方式，将其中 9000 万美元投资于有担保的短期投资组合，其余的 1000 万美元存放于 Defeasance Account，由信托银行进行管理。

（5）发生巨灾事故后，Parametric Re 售出短期投资票据，取得资金。

（6）Parametric Re 支付转再保险给付给 Swiss Re，Swiss Re 支付再保险给付给东京海上保险公司。

（7）到期日 Parametric Re 取得信托基金内的资金和利息，无本金保证偿还债券，于风险期间内发生规定地震一次或一次以上时，则从本金扣除应偿付的额度，如有余额则继续付息，到期满前全部本金被扣除完为止。若期满尚有余额，则将余额返还投资人。而部分保证本金债券，于风险期间内发生规定地震一次或一次以上时，扣除本金的累积金额至 1000 万美元为止，另外 1000 万美元于期满后返还给投资人。

东京海上火灾保险公司的地震风险证券化——巨灾事件发生前
如图 13-4 所示。

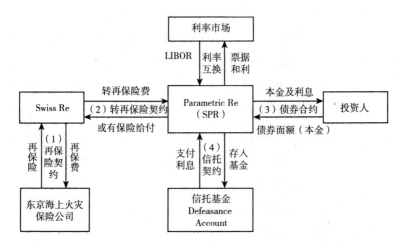

图 13-4 东京海上火灾保险公司的地震风险证券化——巨灾事件发生前

东京海上火灾保险公司的地震风险证券化——巨灾事件发生后
如图 13-5 所示。

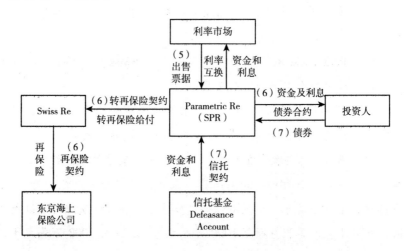

图 13-5 东京海上火灾保险公司的地震风险证券化——巨灾事件发生后

案例二　USAA 保险公司飓风风险证券化

——Residential 再保险公司发行的巨灾债券

飓风的肆虐是美国东海岸常见的自然灾害之一，其中又以佛罗里达州所受的威胁最大，此地区常年遭受飓风的侵袭，使此州的财产保险公司大多不愿意承保当地的飓风风险，尤其在安德鲁飓风过后，市场对于飓风核保意愿更是下降，从而导致飓风承保成本随之水涨船高。当地政府为给居民提供获得飓风风险保障，采取了多项措施，除了劝导保险业者外，还成立了联合核保协会（Joint Underwriting Association，JUA）和飓风巨灾基金以增加承保管道。其他的产险公司，如 USAA 产险公司为消化所承保的飓风风险，与 Residential Re 再保险公司签订了 4 亿美元的超额赔款再保险合约，Residential Re 再保险公司并将此风险证券化。其证券化之详细过程如下：

一、启赔条件

（1）启动事件：飓风（单独发生）

（2）启动地点：美国东部和太平洋沿岸海湾从德州到佛罗里达州到缅因州。

（3）启动期间：一年，即自 1997 年 6 月 16 日起至 1998 年 6 月 15 日，或本金全部没收为止。

① 可延长损失期间至 1998 年 12 月 15 日。

② 本金保证偿还部分的到期日为 2008 年 12 月 14 日（即灾后资金融通，本金保证偿还部分于巨灾发生后，十年内必须偿还债权人）。

（4）启动基准：须达到 Saffir-Simpson index 三级以上。

（5）启动点和没收本金的程度：最终净损失金额为 10 亿美元以上 15 亿美元以下，仅就超过 10 亿美元以上金额部分的 80% 作为没收的债券本金。

（6）巨灾模型和风险分析公司：AIR（Applied Insurance Research）公司。

二、证券发行条件

（1）发行标的：巨灾债券。

（2）发行总额：4.77 亿美元。

（3）发行者：Residential Re 再保险公司（位于 Cayman Island）

（4）发行期间：一年，自 1997 年 6 月 16 日起至 1998 年 6 月 15 日，或本金全部没收为止。

① 可延长损失期间至 1998 年 12 月 15 日。

② 本金保证偿还部分的到期日为 2008 年 12 月 14 日。

（5）偿还金额：4.77 亿美元。

（6）证券型态。

① 部分本金保证偿还：1.64 亿美元。

② 无本金保证偿还：3.13 亿美元。

（7）计息方式。

① 部分本金保证偿还：LIBOR + 2.73%。

② 无本金保证偿还：LIBOR + 5.75%。

③ 每半年付息一次。

（8）信用等级。

① 部分本金保证偿还：S&P 评定 AAA，Moody's 评定 Aaa，Fitch 评定 AAA，Duff & Phelps 评定 AAA。

② 无本金保证偿还：S&P 评定 BB，Moody's 评定 Ba，Fitch 评定 BB，Duff & Phelps 评定 BB。

（9）证券发行管理公司：高盛（Goldman Sachs）、雷曼兄弟（LehmanBrothers）、美林（Merrill Lynch）。

三、交易流程

USAA 保险公司与 Residential Re 再保险公司签订超额再保险契约 4 亿美元，并交付再保费。

（1）Residential Re 再保险公司发行债券给投资人，取得资金，并定期支付利息给投资人。

（2）偿还金额

① Residential Re 再保险公司的债券发行金额的 4.77 亿美元中，将本金保证偿还 0.77 亿美元部分存入指定信托基金内，由信托银行全权管理，并限定投资于美国政府发行或保证发行的零息债券，债券等级 AAA（S&P）或 Aaa（Moody's），且发行期间不得超过十年以上，以保证财产的独立性，确保债券投资人之权益。

② 将没收本金 4 亿美元部分与来自 USAA 保险公司的再保险费以及其他收入，投入货币市场，同时签订利率互换合约，以其短期投资组合的收益交换 LIBOR。

（3）如果约定的起赔条件发生，Residential Re 再保险公司没收无本金保证偿还部分，并取回短期投资组合的资金，向 USAA 保险公司支付再保险给付。

（4）到期日时，Residential Re 再保险公司取回信托基金内之本金保证偿还部分的 0.77 亿美元和利息，并将无本金保证偿还部分扣除赔款后的余额和债券利息，以及将本金保证偿还部分支付给投资人。

参 考 文 献

［1］ AntonisAlexandridis K, Achilleas D. Zapranis （2013）
Weather Derivatives Modeling and Pricing Weather-Related Risk, 2013.

［2］ Black Scholes M. （1973） The Pricing of Options and Corpo-
rate Liabilities ［M］. Journal of Economy. 1973, 81 （3）: 637 –654.

［3］ Cao M, Wei J （2003） Weather derivatives: A new class of
financial instruments. University of Toronto. http: //www. rotman. utoro-
nto. ca/ ~ wei/research/JAI. pdf. Accessed 5 Jan 2006.

［4］ Ceniceros R （2006） Weather derivatives running hot. Bus
Insur 40 （32）, p. 11.

［5］ Challis S （1999） Bright forecast for profits. Reactions June
edition.

［6］ CME （2005） An introduction to CME weather products.
http: //www. cme. com/edu/res/bro/cmeweather. Accessed 15 Jan 2007.

［7］ Considine G （2000） Introduction to weather derivatives.
http: //www. cme. com/files/weather. pdf. Accessed 10 Jan 2006.

［8］ Dorfleitner G, Wimmer M （2010） The pricing of tempera-
ture futures at the Chicago MercantileExchange. J Bank Finance. doi:
10. 1016/j. bankfin. 2009. 12. 04.

［9］ Dubrovsky M, Buchtele J, Zalud Z （2004） High-frequency

and low-frequency variability instochastic daily weather generator and its effect on agricultural and hydrologic modelling. Climate Change 63: 145 – 179.

[10] Dutton JA (2002) Opportunities and priorities in a new era for weather derivatives. Bull AmMeteorolSoc 83: 1303 – 1311.

[11] Eric Cowan (1999) Topical Issues In Environmental Finance [R] Research Paper was Commissioned by the Asia Branchofthe Canadian International Development Agency (CIDA).

[12] Edwards M, Simmons P (2004) Preliminary results for the measurement of willingness to pay forclimate derivatives. In: 48th annual conference of the Australian Agricultural and ResourceEconomics Society, Melbourne, Feb 2004.

[13] Gabbi G, Zanotti G (2005) Climate variables and weather derivatives: gas demand, temperatureand the cost of weather for a gas supplier. http: //www. efmaefm. org/efma2005/papers/285 – zanotti _ paper. pdf. Accessed 12 Aug 2008.

[14] Hanley M (1999) Hedging the force of nature. Risk Professional 1: 21 – 25.

[15] Harrington S, Niehaus G (2003) United grain growers: enterprise risk management and weatherrisk. Risk Manage Insur Rev 6 (2): 193 – 217.

[16] Henley A, Peirson J (1998) Residential energy demand and the interaction of price and temperature: British experimental evidence. Energy Econ 20: 157 – 171.

[17] Hess U, Richter K, Stoppa A (2002) Weather risk management for agriculture and agri-business indeveloping countries. In:

Dischel RS (ed) Climate risk and the weather market: financial risk-management with weather hedges. Risk Books, London.

[18] Hull CJ (2003) Option, futures and other derivatives, 5th edn. Prentice Hall, New Jersey.

[19] Lee Y, Oren SS (2007) An equilibrium pricing model for weather derivatives in a multicommodity setting. Paper presented at the decision and risk analysis, Univeristy of Texas, Dallas, 21 – 22 May.

[20] Myers RJ, Liu Y, Hanson S (2005) How should we value agricultural insurance contracts. In: American agricultural economics associastion annual meeting, Rhode Island, 24 – 27 July 2005.

[21] Muller A, GrandiM (2000) Weather derivatives: a risk management tool for weather-sensitiveindustries. Geneva Pap Risk Insurance25 (1): 273 – 287.

[22] NinaKozlecka, JulienPaulou (2009) Carbon funds outlook, ICF International. January, 2009: 8 – 22.

[23] Sonia Labatt, Rodney R White1 Environmental Finance [M] NewYork: John Wiley and Sons, 2002.

[24] Simmons P, Edwards M, Byrne J (2007) Willingness to pay for weather derivatives by Australianwheat farmers. In: European association of agricultural economists, 101st Seminar, Berlin, 5-6July 2007.

[25] Turvey CG (2001) Weather derivatives for specific event risks in agriculture. Rev Agricul Econ 23 (2): 333 – 351.

[26] Jose Salazar (1998) Environmental Finance: LinkingTwo World [R] Presentedat a Workshopon Financial Innovationsfor Biodiversity Bratislava, Slovakia.

［27］ Robert J. Shiller，（2006），"Tools for Financial Innovation：Neocalassical versus Behavioral Finance"，The Financial Review 41（2006），pp. 1 – 8.

［28］ WRMA ，（2009）Celebrating 10 years of weather risk industry growth. http：//www. wrma. org/pdf/WRMA ＿ Booklet ＿% 20FINAL. pdf. Accessed 22 Aug 2009.

［29］ WRMA（2010）Weather derivatives volume plummets. www. wrma. org/pdf/weather derivatives volume plummets. pdf. Accessed 22 Jan 2010.

［30］埃里克·班克斯. 天气风险管理：市场、产品和应用［M］. 李国华，译. 经济管理出版社，2011.

［31］保罗·萨缪尔森，威廉·诺德豪斯. 宏观经济学［M］. 萧琛主，译. 人民邮电出版社，2008.

［32］崔铁宁. 循环型社会及其规划理论与方法［M］. 北京：中国环境科学出版社，2005.

［33］崔兆杰，张凯. 循环经济理论与方法［M］. 科学出版社，2008.

［34］曹爱红，齐安甜. 环境金融［M］. 中国经济出版社，2012.

［35］曹俐. 液态生物质燃料补贴政策机理与实证研究［M］. 经济科学出版社，2014.

［36］陈岱孙，厉以宁. 国际金融学说史［M］. 北京，中国金融出版社，1991 – 01.

［37］陈红. 行为金融学研究综述——行为金融学对传统金融学的扬弃［J］. 经济经纬，2005（4）：129 – 131.

［38］陈洁民，李慧东，王雪圣. 澳大利亚碳排放交易体系的

特色分析及启示［J］．生态经济，2013（4）：70－74＋87．

［39］陈喜红．环境经济学［M］．化学工业出版社，2006．

［40］陈彦斌，周业安．行为资产定价理论综述［J］．经济研究，2004（6）：117－127．

［41］丹尼斯·米都斯等著．罗马俱乐部关于人类困境的报告：增长的极限［M］．吉林人民出版社，1997．

［42］邓常春，任卫峰，邓莹．全球气候变化、低碳经济与环境金融［M］．光明日报出版社，2013．

［43］邓莹．构建我国环境金融的战略思考［J］．财经问题研究，2010（7）：70－74．

［44］窦学诚．环境经济学范式研究［M］．北京：中国环境科学出版社，2004．

［45］董志，康书生．赤道原则的国际实践及启示［J］．金融教学与研究，2009（2）：39－41，52．

［46］杜莉等著．低碳经济时代的碳金融机制与制度研究［M］．中国社会科学出版社，2014．

［47］方灏，马中．论环境金融的内涵及外延［J］．生态经济，2010（9）：50－53，72．

［48］冯瑞萍．我国商业银行碳金融业务发展研究［D］．山西财经大学，2015．

［49］付晓东．循环经济与区域经济［M］．经济日报出版社，2007．

［50］郭濂．低碳经济与环境金融，理论与实践［M］．中国金融出版社，2011．

［52］覃成林，管华．环境经济学［M］．北京：科学出版社，2003．

[53] 韩立岩, 支昱. 巨灾债券与政府灾害救助 [J]. 自然灾害学报, 2006 (1): 17 - 22.

[54] 黄琛. 可持续发展与循环经济 [J]. 理论与实践, 2003 (6): 38 - 39.

[55] 黄润庭, 郭阳, 傅国华. 我国农业巨灾债券多期定价的实证研究——基于海南省天然橡胶产量数据 [J]. 广东农业科学, 2015 (9): 186 - 192.

[56] 霍华德·C. 昆雷泽. 与天为战: 新巨灾时代的大规模风险管理 [M]. 东北财经大学出版社, 2011.

[57] 姜学民. 生态经济学概论 [M]. 武汉: 湖北人民出版社, 1984.

[58] 经济合作与发展组织. 环境税的实施战略 [M]. 张世秋等, 译. 北京: 中国环境科学出版社, 1996.

[59] 蕾切尔·卡逊. 寂静的春天 [M]. 吉林人民出版社, 1997.

[60] 雷立钧. 碳金融——国际经验与中国实践 [M], 经济科学出版社, 2010.

[61] 刘海龙, 郑立辉, 吴冲锋. 现代金融理论的进展综述 [J]. 系统工程理论与实践, 2001 (1): 14 - 20 + 40.

[62] 刘海龙, 吴冲锋. 期权定价方法综述 [J]. 管理科学学报, 2002 (2): 67 - 73.

[63] 刘天齐. 环境经济学 [M]. 中国环境科学出版社, 2003.

[64] 刘思跃, 袁美子. 国外碳金融理论研究进展 [J]. 国外社会科学, 2011, 04: 105 - 111.

[65] 蓝虹. 论碳基金发展中的风险及其治理 [J]. 中央财经

大学学报，2012（5）：30－35.

［66］李瑾，顾庆平. 透视美国排污权金融产品：种类、市场与设计［J］. 上海金融，2009（10）：64－67.

［67］李健. 金融创新与发展［M］. 北京：中国经济出版社，1998.

［68］李妍辉. 论环境治理的金融工具［D］. 武汉大学，2012.

［69］李晓绩. 排污权交易制度研究［D］. 吉林大学，2009.

［70］李永，吴丹，崔习刚. 基于扩展 O－U 模型的天气衍生品定价拟合优化分析［J］. 统计与决策，2013（18）.

［71］陆巍峰. 基于排污权交易的浙江省绿色金融创新［J］. 浙江金融，2010（12）：42－44.

［72］梁立俊. 行为金融学学科发展研究综述［J］. 经济经纬，2006，06：126－128.

［73］罗晓燕. 排污权交易一级市场与二级市场交易模型研究：重庆大学，2011 年 4 月硕士论文，16－17.

［74］马歇尔. 经济学原理［M］. 华夏出版社，2012，01.

［75］尼可·汉利，杰森·绍格瑞，本·怀特著. 环境经济学教程［M］. 曹和平，李虹，张博译. 中国税务出版社，2005.

［76］齐建国，尤完，杨涛. 现代循环经济理论与运行机制［M］，北京：新华出版社，2006.

［77］索尼娅·拉巴特，罗德尼 R·怀特. 碳金融［M］. 石油工业出版社，2010，01.

［78］生柳荣. 当代金融创新［M］. 北京：中国金融发展出版社，1998.

［79］世界银行碳金融网站. http：//www. carbonfinance. org.

［80］沈湛．我国暴雨灾害期权的简易设计［D］．厦门大学，2002．

［81］汤姆·惕腾伯格著．环境经济学与政策［M］．朱启贵，译．上海财经大学出版社，2003．

［82］唐建荣，生态经济学［M］．化学工业出版社环境科学与工程出版中心，2005．

［83］武普照，王倩．排污权交易的经济学分析［J］．中国人口．资源与环境，2010，S2：55－58．

［84］希克斯．经济史理论［M］．上海，商务印书馆，1987．

［86］肖宏．天气风险证券化探析［J］．商业时代，2008，04：94＋91．

［87］肖序，张彩平．环境金融：一门新兴的学科［J］．统计与决策，2009，21：163－165．

［88］谢世清．CME-Carvill 飓风指数期货与期权分析［J］．证券市场导报，2009（6）．

［89］谢世清．巨灾债券的精算定价模型评析［J］．财经论丛，2011，01：70－76．

［90］谢世清，梅云云．天气衍生品的运作机制与精算定价［J］．财经理论与实践，2011，06：39－43．

［91］谢世清．巨灾债券的十年发展回顾与展望［J］．证券市场导报，2010，08：17－22．

［92］许卉冰．我国发行巨灾债券之可行性探讨［J］．财会月刊，2011，17：82－83．

［93］鄢斌．排污权资产证券化及其制度构建探析［J］．环境经济，2010，11：24－29．

［94］许黎惠．市场导向型环境金融创新研究［D］．武汉理

工大学，2013.

[95] 严琼芳，洪洋. 国际碳基金：发展、演变与制约因素分析 [J]. 科技进步与对策，2011年11月第27卷，第22期，135 – 139.

[96] 羊志洪，鞠美庭，周怡圃，王琦. 清洁发展机制与中国碳排放交易市场的构建 [J]. 中国人口. 资源与环境，2011，08：118 – 123.

[97]] 余冬筠，沈满洪. 排污权抵押贷款的理论分析 [J]. 学习与实践，2013，01：41 – 46.

[98] 于力. 天气风险管理与天气指数期货 [J]. 期货日报，20. August. 2003.

[99] 汪培. 跨界流域的排污权交易机制研究 [D]. 中南民族大学，2011. 23.

[100] 王卉彤，陈保启. 环境金融：金融创新和循环经济的双赢路径 [J]. 上海金融，2006，06：29 – 31.

[101] 王金南. 环境经济学 [M]. 北京：清华大学出版社，1994.

[102] 王军. 循环经济的理论与方法 [M]. 经济日报出版社，2007.

[103] 王伟. 资源经济学 [M]. 中国农业出版社，2007.

[104] 王遥. 碳金融——全球视野与中国布局 [M]. 北京：中国经济出版社，2010.

[105] 王勇. 极端天灾风险互换天气金融衍生品 [J]. 上海证券报. 2010，08：封6.

[106] 翁成峰，韦勇凤，巴曙松. 中国参数化地震巨灾债券的定价分析 [J]. 中国科学技术大学学报，2013，12：1026 – 1032.

[107] 赵文会. 排污权交易市场理论与实践 [M]. 中国电力

出版社，北京，2010 年 12 月第 1 版.

［108］赵子明. 论经济全球化背景下中国清洁发展机制的经济学分析［D］. 吉林大学，2009. 12 - 14.

［109］张建华. 低碳金融——应对气候变化的金融解决方案设想［M］. 上海：上海交通大学出版社，2011 年 6 月第 1 版.

［110］张伟，李培杰. 国内外环境金融研究的进展与前瞻［J］. 济南大学学报（社会科学版），2009，02：5 - 8.

［111］张峥，徐信忠. 行为金融学研究综述［J］. 管理世界，2006，09：155 - 167.

［112］郑爽. 国际碳市场发展及其对中国的影响［M］. 中国经济出版社，2013 年 1 月第 1 版.

［113］郑爽. 国际 CDM 现状分析［J］. 中国能源，2005（6）：19 - 23.

［114］周革平. 现代资产组合理论的产生与发展综述［J］. 金融与经济，2004，08：10 - 12.

［115］朱琼. 兴业银行第一个试水节能减排融资，掘金千亿绿色信贷［N］. 中欧商业评论，2008.

［116］左玉辉. 环境经济学［M］. 北京：高等教育出版社，2003 年 12 月第 1 版.